www.ingramcontent.com/pod-product-compliance
Lightning Source LLC
Chambersburg PA
CBHW070958040426
42443CB00007B/558
9781939123107

On the Relationship between

Language, Culture, Perception, and Built Environment

Nasser Barati
Farzad Zarringhalam

©2012 All rights reserved
Publisher: Supreme Century
Prepare for publishing by asanashr
ISBN: 978-1-939123-10-7

Preface

Language, as one of the semiotic systems, encounters culture on the one hand, and has interrelationship with the people who live in that lingo-society on the other. According to several scientific experiments "Language" and "Environmental Perception Process" are also shaping a unique phenomenon. So one can say that language can be considered as one of the most important tools/processes by which people can understand or communicate with the constructed environment. Accordingly, one of the methods that can be used for perceiving the depth of people's culture and beliefs is to refer to their language in a framework of cultural semiotics. Sapir-Whorf hypothesis and some other theories have demonstrated the mutual relationship between language and people perception. Therefore, it can be argued that every language provides a framework for thinking and experience. In this day and age, if we want to achieve the sustainable environment, we must know more and more about man's perception and factors involved. Language and words are among these factors.

In this book we want to show this interrelationship and explain how it works. To achieve this purpose, first, the relationship between language, culture, perception and built environment and also some rationalists' views will be studied. Then we will discuss the signs and culture, especially in the philosophy of structuralism and post-structuralism. Finally, in the second part, five semantic fields in Persian language will be reviewed as case studies: 'space and place', 'communal living spaces', 'connectional spaces', 'artificial green spaces' and 'residential spaces'.

Nasser Barati
naser_barati2006@yahoo.com

Farzad Zarringhalam
farzad.zar@gmail.com

فهرست مطالب

پیشگفتار

از زمان پیروزی انقلاب در سال ۱۳۵۷ شمسی، تحولات عمیقی در نظام معماری و شهرسازی ایران اتفاق افتاد. در سال‌های نخستِ بعد از انقلاب، برخوردی شدید و دفع‌کننده نسبت به آنچه در قالب طرح‌های معماری و نیز برنامه‌ها و طرح‌های توسعه در شهرها اتفاق افتاده بود، اتخاذ شد. برای مثال طرح‌های جامع به عنوان نماد دخالت فرهنگی غرب در شکل‌دهی به فضاهای شهری در ایران تلقی گردیده و طرح‌های موجود به‌کلی کنار گذاشته شدند. چند سال بعد و هنگامی که تب انقلابی‌گری سال‌های اول تا حدودی فروکش کرد، به تدریج معماری و شهرسازی دوران پهلوی، ابتدا به کندی و با اعمال برخی ملاحظات و بعدها با سرعتی حتی بیشتر از گذشته، احیا و به‌کار گرفته شدند. سرعت توسعه و گسترش شهرهای بزرگ و کوچک در ایران، رشد جمعیت در سال‌های ابتدای انقلاب و نیز مهاجرت نسبتاً زیادِ روستائیان به شهرها باعث شدند که در مواردی حتی طرح‌های معماری و شهرسازی در سال‌های قبل از انقلاب، از منظر بوم‌گرایی و هویت قابل قبول‌تر به‌نظر آیند. این در حالی است که شعارها و اهداف انقلاب مسیر دیگری را نشان می‌دادند و البته هنوز هم نشان می‌دهند.

معماری و شهرسازی در ایران، تا قبل از هجوم معماری و شهرسازی مدرن، و به‌واسطه‌ی قرن‌ها تجربه و به اصطلاح «ورز خوردن» در مکان‌ها و زمان‌های مختلف در این سرزمین پهناور، خود تبدیل به گنجینه‌ی بسیار ارزشمندی از ارزش‌ها، اصول، احکام، ضوابط، معیارهای کیفی و در کنار آن، اندازه‌ها، ابعاد و ویژگی‌های کمّی شده بودند. معماری و شهرسازی مدرن، با منطق خشک، و اتکا بر تندخویی و ضدیتی که با تاریخ و فرهنگ‌های بومی داشت، اصول، احکام، الگوها و اندازه‌های یک‌نواختی را در قالب رویکرد جهان‌شمول خود به سراسر جهان صادر نمود. این روند طی حدود یک قرن بنیاد معماری و شهرسازی بومی در همه جهان را به لرزه انداخت و بسیاری از جوامع، کم و بیش در مقابل عمل‌گرایی و دستاوردهای اقتصادی و تکنولوژیکی آن سر فرود آوردند و تسلیم شدند. جالب آن‌که هرچه قدمت تاریخی و فرهنگی چنین جوامعی بیشتر بود، اثرات تخریب معماری و شهرسازی مدرن در آن‌ها نیز گسترده‌تر و تأسف برانگیزتر

می‌نمود. بدون هیچ شکی یکی از آن جوامع، جامعه و فرهنگ ایران است. به موازات این یورش و تخریب و همچنین پاکسازی فرهنگی-هویتی صورت گرفته، نگاه میراثیِ صرف به بناها و فضاهای زیستی گذشته و تحت لوای برچسب «عناصر و بافت‌های تاریخی»، این زمینه‌ی فرهنگی و در ظاهر فنی-اقتصادی را هم فراهم نمود که همگان شهرهای مملو از ارزش‌های فضایی، فرهنگی، زیستی، انسانی و تاریخی را امری مربوط به گذشته و فاقد ارزش و توان شکل و پاسخ دادن به نیازهای امروز تلقی نمایند. این دیگر تیر خلاصی بود بر بحث معماری و شهرسازیِ بومی در ایران و کشورهای مشابه.

خوشبختانه از سال‌های اولیه‌ی بعد از انقلاب، افرادی در حوزه‌های مختلف و با انگیزه‌های متفاوت سعی کردند مقهور عظمت ظاهری شهرسازی و معماری مدرن قرار نگیرند و تا آن‌جا که ممکن است به جستجوی راه‌هایی برای خلاص شدن از زیر یوغ آن بپردازند. در همین حال، پایه‌های کاخ عظیم و ظاهراً غیر قابل نفوذ معماری و شهرسازی مدرن یکی پس از دیگری فرو می‌ریخت. با آن‌که نحله‌ی فکری پست‌مدرن نیز در این حوزه نتوانست توفیق چندانی به‌دست آورد ولی حداقل فضاهایی را برای معتقدان به بوم‌گرایی فراهم آورد تا آن‌ها بتوانند در سایه‌ی آن نفسی تازه کنند و به فعالیت‌های آشکار و پنهان خود سرعت، جلا و استحکام ببخشند.

متن حاضر از جمله فعالیت‌هایی است که در واقع ادامه‌ی سال‌ها تلاش برای زمینه سازیِ شکل‌گیریِ چارچوب‌هایی برای تدوین نظریاتی به سوی شهرسازی و معماریِ بومی است. این موضوع که چگونه می‌توانیم شرایط و عناصر کمّی و کیفی حال حاضر را به گذشته‌ی تاریخی خود پیوند بزنیم، یک بحث قدیمی در حوزه‌ی احیای فرهنگ کهن در دنیای امروز و بهره‌گیری از آن به‌طور بایسته‌ی آن بوده است. اگر می‌گوییم حدود یک قرن است که معماری و شهرسازیِ با هویت و اصیلِ ما از روند طبیعی و تاریخی خود جدا افتاده و به بیراهه رفته است، حال چگونه می‌توانیم این حرکت و سیر انحرافی را به مسیر درست خود بازگردانیم. در این کتاب و مقالات موجود در آن، به عنوان نمونه، سعی شده است نشان داده شود که این اتصال، از جمله می‌تواند از طریق زبان – به‌خصوص زبان فارسی– صورت بپذیرد. زبان، همان‌گونه که در بخش اول کتاب به آن پرداخته خواهد شد، یکی از خصوصیات نوع انسان و پیوند دهنده‌ی او به جهان بیرون

است. زبان بستر ادراک، فهم و تفکر انسان را فراهم می‌آورد و شاید بتوان گفت جهان، برای انسان آن جهانی است که زبانِ او برایش شناختنی و قابل درک کرده است. در ایـن کتاب ما ضمن اشاره به اهمیت زبان (به عنوان یک نظام نشانه‌ای) در برقراری رابطـه‌ی متقابلِ انسان، فرهنگ، ادراک و محیط تنها به یک بعد خاص از این ارتباط یعنی واژه‌ها (در حوزه‌های معنایی) در زبان در فرایند ادراک و تعامل بین انسان بـا محـیط خـواهیم پرداخت. این اشاره‌ای است به این حقیقت که زبان نقشی بسیار گسترده‌تر در فرایندهای ادراک و شناخت محیط از سوی انسان دارد. ادعا و فرضیه ما بر این اساس آن است کـه *زبانِ فرد از جمله مهم‌ترین عواملی است که ماهیت، ویژگی، معنـا و خاصـیت محـیط را برای فرد تعریف و تعیین می‌کند و بر ادراک او از محیط تأثیر می‌گذارد.* بدین‌ترتیب اگـر این فرض را بپذیریم، یکی از راه‌های حفظ و بالندگی محیط، زبان، تـاریخ و فرهنـگ در هر جامعه‌ای، برقراری ارتباط متقابل و مستمر بین محیط و زبان در آن جامعه است.

ناصر براتی
فرزاد زرین‌قلم

بخش یکم

زبان، ادراک، نشانه و فرهنگ

ارتباط میان زبان، اندیشه، ادراک و فرهنگ، موضوعی است که سال‌هـا پیرامـون آن بحث‌های بسیاری انجام شده و از جنبه‌های مختلف مـورد بررسـی قـرار گرفتـه اسـت. سؤالاتی که ذهن اندیشمندان را از گذشته تا کنون در رابطه با این موضوع مشغول کرده است، به‌طور خلاصه (و نه کامل) می‌توان این‌گونه برشمرد: زبـان چیسـت و جنبه‌هـا و وظایف آن کدام‌ها هستند؟ ارتباط زبان با اندیشه و تفکر چگونه است و آیا تفکـر بـدون زبان امکان دارد؟ زبان به تفکر شکل می‌دهد و یا صرفاً ابـزاری اسـت بـرای بیـان آن؟ نسبت درک پدیده‌های جهان و به‌طور کلی ادراک با زبان چیسـت؟ فرهنـگ چیسـت و دربرگیرنده‌ی چه اموری است؟ ارتباط زبان و تفکر با فرهنگ چگونـه و از چـه جهتـی است؟ و ده‌ها پرسش کلی و جزئی دیگر که اگر بخواهیم تمام آن‌ها را مطرح کنیم شـاید چندین صفحه را به خود اختصاص دهد.

در این بخش و در طی فصل‌های آن سعی خواهیم کرد تا حدودی به این پرسش‌هـا پاسخ دهیم و آرای برخی از اندیشمندان را پیرامون آن‌ها بیـان کنـیم. آنچـه کـه مسـلم است، حوزه‌های مختلفی از علم به پیش‌برد این موضوعات و ارائه‌ی پاسخ‌هـایی بـرای سؤالات مطرح شـده کمـک کرده‌انـد. حوزه‌هـایی چـون زبان‌شناسـی، روان‌شناسـی، نشانه‌شناسی، مردم‌شناسی و یا حتی عصب‌شناسی و زیست‌شناسی و جز این‌ها. هر کـدام از این رشته‌ها به موازات پیشرفت‌های چشمگیر در حوزه‌ی تخصصی خود، در ارتبـاط بـا موضوعاتی که یاد شدند نیز دستاوردهای بسیاری داشته‌اند؛ با این همه بسیاری از مسائل در این حوزه هنوز حل نشده باقی‌مانده‌اند و یـا اطلاعـات انـدکی از آن‌هـا داریـم. البتـه بگذریم از این‌که شاید برخی از این مسائل در گروه «مسئله‌هـا» جـای گیرنـد و برخـی دیگر در گروه «رمز و رازها»\[1\]. بنابراین در این مطالعـه نـه تـوان پـرداختن بـه همه‌ی جنبه‌های موضوعات تا کنون مطرح شده را داریم و نـه قصد آن، بلکـه در نظر داریـم

---

۱. چامسکی (۱۳۸۸) با قائل شدن این دو گروه، گروه اول یعنی مسئله‌هـا را در قالـب امکانـات شـناختی حیوانات می‌داند ولی گروه دوم یعنی رمز و رازها را نه (چامسکی، ۱۳۸۸: ۴۲).

مطالب را تا آن‌جا بیان کنیم که بتوانیم به هدف مطلوب خود یعنی ارتباط زبان، محیط و طراحی محیطی برسیم.

از آن‌جا که مخاطبان اصلی این کتاب طراحان محیطی (معماران و شهرسازان) فرض شده‌اند، چگونگی ترتیب‌گذاری فصل‌ها کمی دشوار بود؛ چراکه برای شروع مباحث از هر قسمتی، دانستن یک سری مفاهیم از دیگر فصل‌ها لازم بود و اگر آن مطالب را در همان فصل اول ادغام می‌کردیم، حاصل چیزی نبود جز متنی آشفته با انبوهی از اطلاعات نشانه‌شناسی و زبان‌شناسی که هر مخاطبی (البته مخاطبان اصلی) را یا خسته می‌کرد و از ادامه باز می‌داشت و یا در نگاهی خوش‌بینانه در صورت ادامه، وی را با حجم زیادی از اطلاعاتِ در ظاهر بی‌ارتباط مواجه می‌کرد. به همین جهت و برای جلوگیری از سردرگمی خواننده و در راستای هدف این کتاب، فصل اول را به همان موضوع اصلیِ مطالعه یعنی ارتباط زبان، تفکر، ادراک و فرهنگ اختصاص دادیم؛ هرچند که به ناچار برخی از جنبه‌های آن در فصل‌های بعدی آشکار می‌شوند. البته این بدان معنا نیست که فصل‌های بعدیِ این بخش به عنوان توضیحی برای فصل اول نوشته شده‌اند، بلکه هر کدام خود موضوعی با اهمیت هستند و بخشی از اهداف اصلی مطالعه را پیگیری می‌کنند.

فصل ۱: زبان، ادراک، محیط و فرهنگ

مقدمه:

در این فصل پس از توضیح کوتاهی دربارهٔ چیستی زبان و جنبه‌های آن، به رابطهٔ میان زبان و اندیشه و ادراک خواهیم پرداخت و نظریه‌های مختلف در این ارتباط را بررسی می‌کنیم. بحث پیرامون ارتباطِ زبان، ادراک، تفکر و فرهنگ از مهم‌ترین بخش‌های این فصل است. در انتها نیز در مورد برخی از جنبه‌های نظریه‌های مطرح شده –از میان نتایج حاصل از این مطالعه– توضیحاتی را یادآوری کرده و هدف خود را از نشان دادن رابطهٔ زبان با ادراک و فرهنگ، مشخص می‌کنیم. شاید بتوان گفت اصلی‌ترین قسمت این فصل را بحث پیرامون نظریهٔ بنجامین لی وُرف (یکی از تأثیرگذارترین افرادی که دربارهٔ نسبت زبان و ادراک نظریاتی را ارائه داده است)، نمونه‌هایی که وی مطرح کرده است و همچنین پیشینهٔ آرای او در نظریات دیگر افراد و نحله‌ها تشکیل می‌دهد.

۱-۱- زبان و جهانی‌های زبانی

در نگاه نخست «زبان» و چیستی آن ممکن است برای مردم امری عادی و بـدیهی تلقی شود. اما اگر کمی بیشتر در آن تعمق کنیم به پیچیدگی و گستره‌ی وسیع مسائل موجود در آن پی خواهیم برد: مثلاً این‌که «زبان» آیا تنها زنجیره‌ای از اصوات است کـه در پی یکدیگر می‌آیند و یا شامل باهم‌آیی علائم نوشتاری نیز می‌شود؟ و یا این مورد که واژه‌ها به عنوان یکی از واحدهای زبانی، نام‌هایی هستند که بـر روی اشیا گذاشتیم یـا آن‌ها تنها مفاهیمی ذهنی هستند و غیر مادی؟ و بسیاری مسائل از این دست. برخی از فرهنگ‌های ابتدایی در رویارویی با این مسائل، زبان را موهبتی ممتـاز مـی‌دانستند کـه خداوند به آدمی عطا کرده است (روبینز، ۱۳۸۷: ۱۳) و حتی در قرون وسطا زبان چیـزی نبود جز شکوفا شدن و پروبال گرفتن «کلمه‌ی آغازین» (فکوهی، ۱۳۸۵: ۳۰۱). جدای از این نظرها و با وجود تمام اختلاف‌هایی که در نظریه‌های گوناگون دیده می‌شود، تقریبـاً اکثر دانشمندان و نظریه‌پردازان معترف‌اند که زبان پدیـده‌ی بسیار پیچیـده‌ای اسـت و جنبه‌های گوناگون دارد. (برای مطالعـه‌ی بیشـتر ن.ک. بـه براتی، ۱۳۸۲الـف و براتـی ۱۳۸۲ب)

باطنی (۱۳۸۵الف) به دلیل تفاوت‌های بسیار در تعاریفی که از زبان ارائه شده اسـت، بررسی آن‌ها را راهی مناسب برای شناخت ماهیت زبان نمی‌داند. وی پیشـنهاد مـی‌کنـد برای دست‌یابی به این امر باید ویژگی‌های برجسته‌ی زبان را به شیوه‌ی پدیدارشناسـی برشمرد و سپس نتیجه گرفت که هر پدیده‌ای که دارای این ویژگی‌ها باشد، زبان نامیـده شود. وی بدین ترتیب چهار ویژگی اصلی را برای زبان برمی‌شمرد:

۱. قراردادی بودن: این ویژگی به عنوان یکی از مهم‌ترین ویژگی‌های زبان است، به این مفهوم که رابطه‌ی بین واژه‌ها و معانی آن‌ها رابطه‌ای است اتفاقی یا قراردادی و بین صورت و معنا رابطه‌ی ذاتی وجود ندارد. در مورد این ویژگی اگر از اسـتثناها بگـذریم، در زبان ما با واژه‌هایی سروکار داریم که نه از تلفظ آن‌ها می‌توان به معنی آن‌ها پی برد و نه از روی معنی می‌توان صورت آن‌ها را پیش‌بینی کـرد (بـاطنی، ۱۳۸۵الـف: ۱۳). اگـر از جنبه‌ای دیگر به این ویژگی یعنی قراردادی بودن زبان نظر بیفکنیم متوجه خواهیم شـد

که از سویی الزام و اجباری نیز در کار است. به بیان دیگر نوزاد همین‌که سخن گفتن را آغاز می‌کند، خود را در جامعه‌ی زبانی می‌یابد که به قراردادهای آن تن می‌دهد و انتخابی برای فرد در میان نیست (قیطوری، ۱۳۷۸: ۹۱). این ویژگی یکی از مهم‌ترین جنبه‌های نظریه‌ی زبان‌شناسی ساختگرای سوسور نیز هست که در فصل آینده بیشتر و کامل‌تر به آن خواهیم پرداخت.

۲. عدم وابستگی به محیط: این ویژگی ناظر به آزاد بودن زبان از قید زمان و مکان است. این رهایی از زمان و مکان، برای ما این امکان را به وجود می‌آورد که بتوانیم درباره‌ی گذشته، حال و آینده و یا درباره‌ی آنچه در دورترین نقاط جهان وجود دارد و یا حتی آنچه که وجود خارجی ندارد، سخن بگوییم. این خاصیت زبان، میدان اندیشه‌ی ما را به طور نامحدودی می‌گستراند (همان: ۱۳-۱۴).

۳. ساخت دوگانه: منظور از این ویژگی زبان وجود نوعی ساخت دو مرحله‌ای است، به‌طوری که واحدهای رده‌ی بالاتر از عناصر رده‌ی پایین‌تر ساخته می‌شوند. مزیت این ساخت دوگانه آن است که از تعدادی محدود صدا می‌توان تعدادی نامحدود واژه ساخت و با ترکیب کلمات در سطحی بالاتر می‌توان تعدادی نامحدود جمله ساخت و در نتیجه تعداد نامحدودی پیام مبادله کرد (همان: ۱۴).

۴. خلاقیت: منظور از خلاقیتِ یک نظام ارتباطی این است که برای تولید و درک زنجیره‌های تازه، و در نتیجه برای مبادله‌ی پیام‌های تازه، توانایی نامحدود داشته باشد. هر یک از زبان‌های انسانی دارای این ویژگی هستند و توانایی آن را دارند که از تعداد محدودی واژه، تعداد نامحدودی جمله بسازند که برای نخستین بار گفته و شنیده می‌شوند (همان: ۱۵).

این چهار ویژگی، نظام زبان را از سایر نظام‌های ارتباطی جدا می‌کند. در حقیقت می‌توان ادعا نمود هر نظام ارتباطی که دارای این ویژگی‌ها باشد، به یقین یکی از زبان‌های انسانی است. از سویی دیگر برخی از اندیشمندان در عین برشمردن این ویژگی‌ها، برای زبان جنبه‌ها و یا وظایفی را نیز قائل شده‌اند. برای مثال آندره مارتینه برای زبان وظایفی چون ایجاد ارتباط (به عنوان وظیفه‌ی اساسی ابزارِ زبان)، تکیه‌گاهی

برای اندیشه‌ی بشر، بیان درون انسان و همچنین زیباشناختی را نام می‌برد (مارتینه، ۱۳۸۷: ۱۰-۱۱). پیش از پرداختن به موضوعات دیگر، اجازه بدهید کمی بیشتر درباره‌ی ویژگی چهارم یعنی «خلاقیت» به دلیل اهمیتِ آن توضیح دهیم و از این طریق به مباحث دیگر بپردازیم.

یکی از شاخص‌ترین نحله‌هایی که به این ویژگی یعنی جنبه‌ی خلاقانه‌ی کاربرد زبان پرداخته است خردگرایان[۲] هستند. آن‌ها این جنبه از زبان را یکی از مهم‌ترین تمایزات میان حیوانات و انسان‌ها می‌دانند. همان‌طور که گفته شد منظور از جنبه‌ی خلاقانه‌ی کاربرد زبان آن است که انسان‌ها قادرند برای بیان افکار خود واژگان را در قالب عبارات و جمله‌ها در کنار یکدیگر قرار دهند و بی‌نهایت عباراتی بسازند که کسی نه شنیده و نه گفته باشد و همچنین در تولید آن‌ها توانایی نامحدود داشته باشند. به بیانی دیگر انسان توانایی تولید عبارات برای اولین بار را دارد (چامسکی، ۱۳۸۹: ۱۰). از آن‌جا که این امکان نمی‌تواند به وجود تفاوت‌های فیزیولوژیکی انسان[۳] و یا به هوش وی[۴] ارتباطی داشته باشد، پس باید مربوط به ذهن باشند؛ و این همان نظری است که دکارت بدان اعتقاد داشت و ذهن را ماده‌ای می‌دانست که جوهر اصلی آن تفکر است (همان).

این امر بدین معناست که زبان تنها برای رساندن خبر و یا درخواست و دستور دادن به کار نمی‌رود؛ در این صورت حیوانات را می‌توان با اندکی تساهل دارای زبانی همچون

---

۲. اصحاب خردگرایی (که دکارت و پیروانش باب نهادند) می‌کوشیدند راز تحققی بودن دانش بشری را در حقایق ابطال ناپذیر خرد آدمی بجویند. این دیدگاه در برابر تجربه‌گرایی قرار می‌گیرد. تجربه‌گرایی بر این نظر است که دانش بشری به تمامی از جهان خارج برگرفته می‌شود و حواس ما در این فرآیند از جهان برداشت‌هایی را فراهم می‌کند و آنگاه ذهن ما روی برداشت‌ها فعل و انفعالاتی را انجام می‌دهد. (روبینز، ۱۳۸۷: ۲۴۵)

۳. چراکه حیواناتی را می‌توان یافت که مانند ما صحبت می‌کنند (مانند طوطی و مرغ مینا) ولی قادر نیستند یک عبارت از خود تولید کنند که شخصی باشد.

۴. در این مورد مورد می‌توان شاهد افرادی عقب‌مانده و یا حتی دیوانه بود که قادرند عباراتی را برای افکار خود تولید کنند.

زبان ما دانست. شلگل معتقد بود که ما کلمات را به یکدیگر می‌چسبانیم نه برای آنکه صرفاً قصدمان را به دیگری بفهمانیم بلکه تا درونی‌ترین حالات و احساسات خود را نیز -هرچند به صورت اجمالی- بیان کنیم. وی تمامی آنچه که به این طریق عنصر درونی انسان را متجلی می‌سازد «زبان» می‌دانست (Chomsky, 2009: 68). شلگل در جای دیگر می‌گوید «زبان و ذهن» و «تفکر و واژه» از یکدیگر جدایی ناپذیرند، بنابراین از آنجا که تفکر یکی از خصوصیات نوع انسان است، می‌توانیم واژه‌ها را به واسطه‌ی معنا و اهمیت‌شان ذات اصلی انسان بنانیم (Ibid: 76). او در نظریات خود برای انسان جهانِ موضوعات قائل است که در آن زندگی می‌کند و برای حیوان جهان مقتضیات (چامسکی، ۱۳۸۹: ۲۴). در حقیقت ذهن انسان از طریق زبان به طبقه‌بندی و دسته‌بندی موضوعات می‌پردازد[۵].

این بحث در نگاه نخست ساده و بدیهی می‌نماید ولی هنگامی که آن را با نظریه‌های زبان‌شناسی رفتارگرا مقایسه کنیم، به اهمیت آن بیشتر پی‌خواهیم برد. در دوره‌ی زبان‌شناسی رفتارگرا ادعا بر این بود که دانش زبانِ یک فرد، مجموعه‌ای است از الگوها و از طریق تکرار و تمرین آموخته می‌شود. آن‌ها در نهایت خلاقیت را موضوعی مربوط به «قیاس» می‌دانستند[۶] (چامسکی، ۱۳۹۰ الف: ۲۳). ولی در کاربرد خلاق زبان اعتقاد بر این است که «آنچه ما به هنگام کاربرد معمولی زبان بیان می‌کنیم، کاملاً جدید است و تکراری از آنچه قبلاً شنیده‌ایم نیست؛ حتی شباهتی به الگوی جمله‌ها یا سخنی که قبلاً شنیده‌ایم ندارد.» (همان) خردگرایان معتقد بودند که ساختاری فکری وجود دارد

---

۵. گروهی از زبان‌شناسان پورت رویال (که به‌کار تحقیق در باب دستور در مدارسی به همین نام مشغول بودند) و افراد تحت تأثیر آن‌ها نظری مشابه این دیدگاه داشتند. آن‌ها برای کلمات طبقاتی در نظر می‌گرفتند و تعدادی از آن طبقات را مربوط به موضوع‌های فکر می‌دانستند (همچون اسم) و تعدادی را مربوط به شکل یا شیوه‌ی فکر (همچون فعل) (روبینز، ۱۳۸۷: ۲۷۴).

۶. به این معنا که فرد با قیاس از آنچه که شنیده است به ترکیب واژگان و ساخت جملاتی جدید دست می‌زند. در این دیدگاه زبان شامل مجموعه‌ای قراردادی از الگوهاست که با تکرار و تعمیم آموخته و منجر به تشکیل مجموعه‌ای از عادات گفتاری می‌شود (چامسکی، ۱۳۸۹: ۳۴).

که خود جهانی است و از آن همه‌ی انسان‌ها است. این ساختار از بنیاد، مستقل از هر زبان به‌خصوص است و بنابراین می‌توان آن را در قالب زبانی جهانی بازآورد (روبینز، ۱۳۸۷: ۲۵۶). دکارت در نظریات خود تصورات را از تفکرات جدا نمی‌داند. او اعتقاد داشت به جز تصوراتی که مضمون خاص دارند، سایر تصورات فطری‌اند (سورل، ۱۳۷۹: ۱۰۱). بنابراین در نظر دکارت ذهن دارای برخی قابلیت‌ها یا تصورات فطری است. این موضوع به معنای آن است که ذهن انسان آن‌چنان ساخته شده که برخی مفاهیم را که حاصل تجربه نیست از پیش در خود دارد و این مفاهیم شکل کلی دانشی را که بعداً در اثر تجربه از راه حواس برای انسان حاصل می‌شود، تعیین می‌کنند (باطنی، ۱۳۸۵ب: ۳۳). چامسکی که خود را از پیروان دکارت می‌داند، معتقد است که ذهن کودک در هنگام تولد به‌گونه‌ای است که درباره‌ی ساخت بنیادی زبان، تصورات پیش‌ساخته و ناآگاهی دارد و همین شالوده‌ی فطری، یادگیری زبان را برای او تا این حد آسان می‌کند. در نظر وی وجوه اختلاف زبان‌های انسانی بسیار کمتر از وجوه اشتراک آن‌ها است (همان: ۳۴). بنا بر این نظریه، ساختارهای دستوریِ همه‌ی زبان‌های شناخته شده‌ی بشری تا حدود زیادی مشترک است (سورل، ۱۳۷۹: ۱۰۲) که به آن‌ها «همگانی‌های زبانی» گفته می‌شود. در حقیقت می‌توان گفت خردگرایان به دنبال دستوری جهانی بودند. این دیدگاه در طول تاریخ زبان‌شناسی از رواقیون گرفته تا دوره‌ی پس از خردگرایان و حتی تا دوره‌ی حاضر به گونه‌ای پیگیری شده است.

بنابراین به طور کلی می‌توان گفت خردگرایان وجود چیزی به نام ذهن را در همه‌ی افراد ثابت می‌کنند و زبان را ابزار تفکر می‌دانند. هومبولت از افرادی است که چنین دیدگاهی اتخاذ می‌کند. وی گفتار را ابزار تفکر و خودبیانگری می‌دانست و بر آن بود که این موضوع نقشی ماندگار و سازنده در نیروی خلاق فکر، جهان‌بینی و ارتباط فکری انسان دارد (چامسکی، ۱۳۸۹: ۲۶). در نظر او سخنگوی زبان از مجموعه‌ای ابزارهای محدود، استفاده‌ای نامحدود می‌کند و بدین ترتیب، دستور زبان وی باید شامل نظام محدودی از قواعد باشد (چامسکی، ۱۳۹۰ الف: ۳۰). هومبولت در عین تأکید بر ویژگی‌هایی همگانی برای زبان‌ها (که ناشی از ذهن انسان‌اند) برای هر زبان دیدگاه منحصر به فرد خود را نیز قائل بود (چامسکی، ۱۳۸۹: ۲۶).

چامسکی ارتباط زبان و تفکر را در مراحل آغازین و پایانی دوره‌ای که وی دوره‌ی «زبان‌شناسی دکارتی»[۷] می‌نامد با یکدیگر نسبتاً متفاوت می‌داند. دیدگاه‌های نخستین، ساخت زبان را بسیار نزدیک به ماهیت تفکر و حتی علم زبان را یکسان با علم تفکر می‌دانستند. از سوی دیگر و در اواخر دوره این نظر که زبان وسیله‌ی بیان افکار است را بدین نظریه بازگو می‌کند که زبان نقش سازنده‌ی تفکر را دارد (Chomsky, 2009: 77). برای مثال لامتری در دیدگاه خود که در آن ساختار مغز را در مقایسه‌ی تصاویری که مشاهده می‌کنیم توضیح می‌دهد، برای زبان نقشی سازنده قائل است. وی بیان می‌کند که مغز پس از دریافت علائم و اشیا به بررسی رابطه‌ی آن‌ها و دسته‌بندی می‌پردازد که این امر بدون وجود زبان غیر ممکن است (چامسکی، ۱۳۸۹: ۳۵).

۱-۲- زبان، ادراک، فرهنگ و «فرضیه‌ی ساپیر-وُرف»

حال به بررسی دیدگاهی دیگر می‌پردازیم که از گذشته تا کنون -و به‌خصوص در دو قرن اخیر- بسیار بحث برانگیز بوده است. دیدگاهی که معتقد است هر زبانی دارای دنیای ادراکی متفاوتی است. یکی از محوری‌ترین موضوعات این فصل نیز همین ارتباط میان زبان و درک از جهان است که به آن خواهیم پرداخت. اما برای مطالعه‌ی دقیق‌تر این رابطه، لازم به نظر می‌رسد که نخست بدانیم تفکر چیست و به چه نوع فعالیت ذهنی‌ای تفکر می‌گوییم.

ارائه‌ی تعریفی کامل و دقیق از تفکر بسیار مشکل است. تمامی نظریه‌هایی که در مورد تفکر و نقش زبان در ارتباط با آن مطرح شده است را می‌توان برروی پیوستاری در نظر گرفت که در دو سر آن دو دیدگاه متضاد قرار دارند. یکی دیدگاه افرادی است که معتقدند تفکر بدون زبان امکان دارد و دیگری دیدگاهی که ماهیت اندیشه را تحت‌الشعاع زبان می‌داند. گروهی که اعتقاد بر امکان تفکر بدون زبان دارند، ماهیت

---

۷. این دوره شامل سده‌های هفدهم، هجدهم و اوایل نوزدهم می‌شود و عمدتاً به دورانی اشاره دارد که در آن خردگرایی و اندیشه‌های آنان تأثیر بسزایی در روند مطالعات زبان‌شناسی داشته است.

تفکر را چیزی از نوع حل مسئله می‌دانند[۸]. آن‌ها برای اثبات ادعای خود، مثال‌ها و نمونه‌های متفاوتی را ارائه کرده‌اند؛ همچون توانایی بسیاری از حیوانات -که فاقد زبان و جنبه‌ی خلاقانه‌ی کاربرد آن هستند- برای حل مسائل و در نتیجه داشتن تفکر و یا در مثالی دیگر موجودیت مفاهیم ذهنی در کرولال‌ها که فاقد زبان هستند (باطنی، ۱۳۸۵ الف: ۷۵). در سوی دیگر این پیوستار دیدگاه کاملاً متضادی قرار دارد. بنجامین لی وُرف و ادوراد ساپیر از جمله شناخته شده‌ترین افرادی هستند که نظریاتی از این دست (و نسبتاً افراطی‌تر از سایرین) مطرح کرده‌اند. (برای مطالعه‌ی بیشتر ن.ک به: Barati, 1997) بنا بر ادعای ورف، ساخت زبان بر روی چگونگی تفکر فرد و همچنین رفتار او تأثیرگذار و ادراک افراد در زبان‌های گوناگون از پدیده‌ها متفاوت است (Kramsch, 1998: 11-12). تقریباً می‌توان ادعا نمود سایر نظریه‌هایی که در رابطه‌ی زبان و تفکر بیان شده‌اند جایی میان این دو دیدگاه قرار دارند. این نظریه‌ها به لحاظ تاریخی از نخستین بحث‌هایی که پیرامون زبان‌شناسی می‌شده تا دوره‌های متأخر وجود داشته است. برای نمونه و روشن‌تر شدن مطلب، در ادامه به چند مورد از آن‌ها اشاره می‌شود.

افلاطون از جمله فیلسوفانی بود که تفکر را با زبان یکی می‌پنداشت. وی معتقد بود تفکر حرف‌زدن روح با خودش است (باطنی، ۱۳۸۵الف: ۷۴). اسپینوزا و هگل نیز نظری مشابه داشتند و بنا بر استدلال آن‌ها، آنچه با ادراک حسی تجربه می‌کنیم، تنها در صورتی وارد آگاهی ما می‌شود که این تجارب را به واحدهای زبانی بیندیشیم (قیطوری، ۱۳۷۸: ۹۴). نگاهی دیگر به رابطه‌ی زبان و تفکر، نگاه رواقیان است؛ آن‌ها معتقد بودند نخست تأثر ذهنی برای آدمی حاصل می‌شود و سپس ذهن از سخن بهره گرفته و آن تجربه‌ای که تأثر ذهنی پدید آورده است را در قالب کلمات بیان می‌کند (روبینز، ۱۳۸۷: ۴۱).

---

۸. حل مسئله عبارتست از آرایش تازه‌ی مفاهیم و تجارب و دانسته‌های شخص به‌گونه‌ای که قادر باشد به راه‌حلی برای مشکل پیش‌آمده دست پیدا کند (باطنی، ۱۳۸۵ الف: ۷۵).

از نظریات متأخر می‌توان به آرای هایدگر، سوسور، ویگوتسکی و گادامر اشاره کرد. هایدگر از جمله فیلسوفانی است که نظریات قابل توجهی را در ارتباط زبان با تفکر بیان کرده است. او معتقد است سخن متفکر، سخنِ او نیست، بلکه در سخن او حقیقت وجود بیان می‌شود. وی می‌گوید «تفکر وجود کلام (زبان) را محافظت می‌کند و در این محافظت وظیفه‌ی آن را تکمیل می‌نماید.» (صافیان، ۱۳۷۸: ۵۰) همچنین هایدگر عبارت «زبان خانه‌ی وجود است» را مطرح می‌کند بدین معنا که وجود در تفکر به زبان می‌آید. رابطه‌ی بین انسان و زبان در نظر او این‌گونه است که زبان به انسان تعلق ندارد و انسان نیست که زبان را به کار می‌برد، بلکه انسان به زبان تعلق دارد و توسط آن به‌کار گرفته می‌شود (همان: ۵۱-۵۳). سوسور (که گاه از او به عنوان پدر زبان‌شناسی نوین یاد می‌کنند) برآن بود که صدا و اندیشه به کمک طرز کار جوهر زبان یکی می‌شوند و هر زبان، جهان را به شکلی متفاوت سامان می‌بخشد (کالر، ۱۳۸۶: ۲۲ و روبینز، ۱۳۸۷: ۴۲). در عین حال و در نظریه‌ای دیگر ویگوتسکی (یکی از روان‌شناسان روس) معتقد به رابطه‌ای پویا میان تفکر و واژه بود. وی رابطه‌ی بین تفکر و واژه را نوعی حرکت مستمر رفت‌وبرگشتی می‌دانست: از تفکر به واژه و از واژه به تفکر. به عقیده‌ی او نقش گفتار صرفاً این نیست که تفکر را صورتی خارجی ببخشد، بلکه تفکر در فرآیند شکل‌گیری از مراحل مختلفی عبور می‌کند و در گفتار کامل می‌شود. (آقاگل‌زاده، ۱۳۸۲: ۶۰-۶۱) در نهایت گادامر جهانی جز زبان برای بشر متصور نبود و تعبیر زبانی را صورت تمامی انواع تعبیر می‌دانست. وی همچنین معتقد بود زبان نه صرفاً یکی از دارایی‌های انسان، بلکه جهان متکی به زبان انسان است (قیطوری، ۱۳۷۸: ۱۰۶).

با بیان این مقدمات درباره‌ی رابطه‌ی تفکر و زبان، باز می‌گردیم به نظریه‌ی ورف و پیشینه‌ی آن. اگر بخواهیم پیشینه‌ی نظریاتی که ورف ارائه داده است را جستجو کنیم باید به آرای نحله‌هایی مانند رمانتیسیسم و افرادی چون هردر و هریس رجوع کرد. جنبش رمانتیسیسم که به نوعی واکنشی در برابر خردگرایی محسوب می‌شود تأکید بر پیوند تنگاتنگ زبان‌ها (با ویژگی‌های خاص خود) با تاریخ و حیات مردمانی که بدان زبان‌ها سخن می‌گویند، دارد (روبینز، ۱۳۸۷: ۳۳۵). در این دوره به وابستگی زبان و تفکر بیشتر توجه می‌شود و نسبیت زبانی همراه با نسبیت فرهنگی از زمره‌ی امور معتبر و

درخور توجه است (همان: ۲۵۶). جیمز هریس -یکی از زبان‌شناسان قـرن هجـدهم در انگلستان- از جمله افرادی بود که هرچند بر جهانی‌هـای زبـانی تأکیـد داشت و بنـای نظریه‌ی خود را نیز بر آن استوار ساخت ولی در عین حال برای ویژگـی‌ها و مختصات فردی هر زبانی ارزش و اعتباری به‌خصوص قائل بود؛ و از این نظر هـریس پیشـاهنگ همان بینش و برداشت زبان‌شناسانه‌ی مختص جنبش رمانتیسیسـم بـود (همان: ۳۳۱- ۳۳۵).

هردر از دیگر اندیشمندانی بود که زبان و اندیشه را جدایی‌ناپذیر می‌دانست؛ بنـا بـر همین اصل وی بر آن بود که باید انگاره‌های فکری ملت‌هـای مختلـف را در چـارچوب زبان‌های خود آن ملت‌ها درک و فهم کـرد و غیـر ایـن، درک و فهـم درسـتی صـورت نمی‌گیرد. در نگاه هردر، زبان هم ابزار اندیشـه‌ی آدمـی اسـت، هـم محتـوای آن و هـم صورت آن (روبینز، ۱۳۸۷: ۳۲۷-۳۲۸). این دیدگاه در دوره‌های دیگر نیز گـاه بـا شـدت بیشتر و گاه آرام‌تر دنبال می‌شده است. هومبولت با اختیـار دیـدگاهی اساسـاً رمانتیـک (چامسکی، ۱۳۸۹: ۲۶) پا را یک قدم فراتر از آنچه هـردر گفتـه بـود مـی‌گـذارد و بیـان می‌کند که «گفتار و سخن هر ملتی روح آن ملت است، و روح آن ملت گفتار و سخن آن است» (روبینز، ۱۳۸۷: ۳۷۳).

ساپیر نیز در همین ارتباط در نظریات خـود مـی‌گویـد زبان، تجربـه را بـرای مـا در چارچوبی مشخص قرار می‌دهد و حدود تجربه را برای ما تعیین می‌کند، و به همین علت است که ما ناآگاهانه انتظارات ضمنی خود را که در اثر وجود زبان در ما ایجاد شده است به قلمروی تجربه فرا می‌افکنیم (هنله، ۱۳۷۲: ۷۸).

حال با بیان این پیشینه باز می‌گردیم به آرای ورف و نظریاتی که وی در مورد زبـان مطرح کرده است. ورف با بسط آرای ساپیر مبنی بر تأثیر عادات زبانی گروه‌ها در درک و دریافت جهان به این نتیجه رسید که ما جهان را آنچنان درک می‌کنیم که زبان برای ما ترسیم می‌کند و زبان نه تنها وسیله‌ای برای بیان عقاید نیست بلکه حتی به آن‌ها شـکل می‌دهد (پالمر، ۱۳۸۷: ۹۹-۱۰۰).

فرضیه‌ی ورف در حقیقت شامل دو بخش است: «جبر زبانی» و «نسبیت زبانی». جبر زبانی در حقیقت به این مفهوم باز می‌گردد که زبان جریانِ شناختی غیرزبانی ما را تعیین می‌کند (Carroll, 2008: 396). این امر بدین معنی است که ما تنها می‌توانیم در مقولاتی بیندیشیم که زبان برای ما فراهم می‌آورد، و در حقیقت این زبان است که نحوه‌ی تفکر ما را تعیین می‌کند (Yule, 2006: 218). و اما نسبیت زبانی باز می‌گردد به آنکه چنین جریانِ شناختی‌هایی که تعیین شده‌اند از زبانی به زبان دیگر متفاوت هستند. بنا بر این بخش از فرضیه، سخنگویانِ زبان‌های متفاوت به صورت‌های گوناگونی فکر می‌کنند (Carroll, 2008: 396). می‌توان گفت به عقیده‌ی ورف ما طبیعت را از میان خطوطی که زبان برای ما تعیین می‌کند تشریح می‌کنیم و طبقه‌بندی و تشخیص انواع پدیده‌های جهان را از خود آن درنمی‌یابیم، بلکه به عکس این ذهن ما (و در حقیقت سیستم زبانی موجود در ذهن ما) است که به جهان سامان می‌دهد (Ibid).

ورف برای اثبات فرضیه‌ی خود، مثال‌های مختلفی ذکر می‌کند. او در یک مورد ادعا می‌کند که تمایزگذاری به تعداد واژه‌ها در یک حوزه‌ی خاص (مثلاً حوزه‌ی رنگ‌ها، میوه‌ها و جز آن) مرتبط است و هر چه تمایزگذاری بیشتر باشد، تعداد واژه‌ها در یک حوزه بیشتر است؛ و سپس برای اثبات آن مثالی را از زبان هوپی (یکی از زبان‌های مردم آمریکا، آریزونا) می‌آورد. ورف می‌گوید در زبان هوپی برای تمامی چیزهایی که پرواز می‌کنند جز پرندگان، تنها یک واژه وجود دارد. برای مثال ساکنین قبیله‌ی هوپی برای هواپیما، خلبان، حشره و مانند این‌ها تنها از یک اسم استفاده می‌کنند، در حالی که برای ما ممکن است این حوزه بسیار گسترده به نظر برسد (Ibid: 397).

یکی دیگر از مثال‌هایی که دائماً در متون مختلف استفاده می‌شود، مثال «برف» است. این نمونه بر پایه‌ی این بحث قرار دارد که اسکیموها واژه‌های بسیاری برای صحبت در مورد آنچه که ما «برف» می‌نامیم، به کار می‌برند. اگر ما به یک منظره‌ی پر از برف در زمستان نگاه کنیم احتمالاً جز سفیدی -همان که همیشه آن را در مقوله‌ی «برف» تشخیص می‌دهیم- چیز دیگری نمی‌بینیم. در حالی که اگر یک اسکیمو به همان منظره نگاه کند می‌تواند تعداد زیادی از انواع برف -که در زبان وی برای آن‌ها واژه‌های مختلف وجود دارد- را از یکدیگر تشخیص دهد. این نظام متفاوت طبقه‌بندی

زبان اسکیموها احتمالاً منجر به تفاوت در دیدن و همچنین تفکر (درباره‌ی آنچه که می‌بینند)، در نسبت با سخنگویان زبان انگلیسی و یا مثلاً فارسی می‌شود (Yule, 2006: 218).

اجازه دهید در همین‌جا موضوع فرهنگ را نیز به میان آوریم و ارتباط زبان را با آن بررسی کنیم. شاید مشکلی که قبل از چنین بررسی‌ای با آن روبه‌رو خواهیم شد، مشکلِ تعریف فرهنگ است. درباره‌ی چیستی فرهنگ و مفهوم مورد نظر این پژوهش از آن در فصل سوم به تفصیل سخن خواهیم گفت. بنابراین اگر در این‌جا تعریفی از فرهنگ ارائه می‌دهیم قصد بررسی جنبه‌های مختلف آن و اموری را که در بر می‌گیرد نداریم، بلکه ضرورتی جهت ادامه‌ی بحث است. به همین جهت فرهنگ را در این قسمت چنین تعریف می‌کنیم: «فرهنگ عبارت است از یک دستگاه نشانه‌ای که در آن نشانه‌ها به هیچ وجه محدود نیستند. در این معنا نشانه هر آن چیزی است که از جهتی و یا بر حسب ظرفیت خود به جای چیز دیگر می‌نشیند. فرهنگ به عنوان چنین دستگاه نشانه‌ای در اجتماع فراگرفته می‌شود و شیوه‌های معقول رفتار در جامعه مربوط به دانستن فرهنگ و نشانه‌ها است.» حال با ارائه‌ی این تعریف اگر بتوانیم میان عناصر زبانی خاص و جنبه‌هایی از فرهنگ، ارتباطی بیابیم تا حدی توانسته‌ایم به رابطه‌ی میان زبان و فرهنگ پی‌ببریم.

مثال‌هایی که در مورد واژگان زبان‌های مختلف برشمردیم تا حدودی می‌تواند تفاوت میان اندیشه و عقاید سخنگویان آن زبان‌ها را بیان کند. همچنین از سوی دیگر می‌توان گفت واژه‌ها، محیط یک قوم را منعکس می‌کنند. در واقع کل واژه‌های یک زبان سیاهه‌ی پیچیده‌ای از اندیشه‌ها، تصورات، علایق و مشاغلی است که توجه آن قوم را به خود جلب کرده‌اند (هنله، ۱۳۷۲: ۸۱). به عنوان نمونه‌ای دیگر برای اثبات این ادعا، «زبان قوم پایی‌یوت (Paiute) که قومی صحرانشین است، می‌تواند خصوصیات جغرافیایی بیابان را به تفصیل توصیف کند و این امر در سرزمینی که مشخص کردن جای چاه‌های آب مستلزم دانستن نشانی‌های پیچیده‌ای است، ضروری است. ساپیر خاطرنشان می‌سازد که آنچه در مورد محیط طبیعی صادق است، با وضوح بیشتری در مورد عرصه‌ی اجتماعی نیز صدق می‌کند. در فرهنگ‌های گوناگون، سلسله‌مراتب

اجتماعی با همه‌ی پیچیدگی‌هایشان و نیز تمایزات شغلی به تمامی در زبان‌شان انعکاس می‌یابند.» (همان) مارتینه در همین ارتباط معتقد است: «عملاً هر زبانی، سازمان‌بندی ویژه‌ای از داده‌های تجربه‌ی انسان را ارائه می‌دهد. یادگیری یک زبان دیگر، به منزله‌ی گذاشتن برچسب‌های تازه‌ای روی اشیاء آشنا نیست، بلکه عادت کردن به تجربه‌ی دیگرگونه‌ای است از آنچه که محتوای ارتباط زبانی را می‌سازد.» (مارتینه، ۱۳۸۷: ۱۵)

پالمر در کتاب معنی‌شناسی (۱۳۸۷) در مورد نیازهای فرهنگی و ارتباط آن با واژه‌ها از مثال رنگ‌ها به نقل از کانکلین سخن می‌گوید. وی بیان می‌کند در زبان هانونو (Hanunoo) در فیلیپین چهار رنگ اصلیِ سیاه، سفید، قرمز و سبز وجود دارد، «که با سه ملاک از یکدیگر متمایز می‌گردند. اول، روشن یا تیره بودن رنگ میان سفید و سیاه تمایز می‌گذارد (تمام رنگ‌های روشن «سفید» هستند و بنفش، آبی و سبز پررنگ «سیاه»اند). دوم، تمایز میان قرمز و سبز، بر این مبنا قرار دارد که تمام گیاهان حتی بامبو که قهوه‌ای روشن است، سبز هستند. سوم، تمایز میان سیاه و قرمز از یک سو و سفید و سبز از سوی دیگر، به این صورت که دو رنگ اول محوناشدنی بوده و در ذهن بیشتر نقش می‌بندند.» (پالمر، ۱۳۸۷: ۱۳۰) سپس پالمر، خود، در ادامه می‌گوید که «این تقسیم‌بندی بر اساس مختصات فیزیکی رنگ‌ها ارائه نشده بلکه بر نیازهای فرهنگی این جامعه منطبق است. برای مثال نیاز به تشخیص درخت بامبوی زنده از خشک شده به این صورت که اولی «سبز» و دومی «قرمز» است.» (همان)

کالر در کتاب خود (۱۳۸۶) که درباره‌ی آرای سوسور (یکی از تأثیرگذارترین افراد در زبان‌شناسی قرن اخیر) نوشته است، از قول وی یاد می‌کند که «چقدر ساده است فکر کنیم که زبان مجموعه‌ای اسم است» و در ادامه می‌گوید «اگر زبان صرفاً گنجینه‌ای از لغات برای مجموعه‌ای از مفاهیم جهانی می‌بود، مشکلی برای برگرداندن یک زبان به زبانی دیگر وجود نداشت.» (کالر، ۱۳۸۶: ۲۱) وی برای اینکه نشان دهد معادل‌های یک زبان با زبانی دیگر اساساً متفاوت است و زبان گنجینه‌ی لغات نیست، نمونه‌هایی را یاد می‌کند. برای مثال می‌گوید «مفهوم «aimer» را در زبان فرانسه نمی‌توان مستقیماً به انگلیسی انتقال داد؛ در این مورد باید میان «to like» و «to love» انگلیسی، یکی را انتخاب کرد.» (همان) بنابراین زبان‌های مختلف صرفاً به نام‌گذاری مقولات نمی‌پردازند،

بلکه آن‌ها را بر حسب علائق خود بیان می‌دارند و هر زبان، جهان را به شکلی متفاوت برش می‌زند (همان: ۲۲). مارتینه می‌گوید این نکته که واژه‌های یک زبان معادل‌های دقیقی در زبانی دیگر ندارند «با گوناگونی نحوه‌ی تجزیه‌ی داده‌های تجربه ارتباط نزدیک دارد. این امکان نیز هست که تفاوت در امر تجزیه‌ی زبانی، نحوه‌ی متفاوتی از نگرش به یک پدیده را به دنبال آرد و یا این‌که دریافت متفاوتی از یک پدیده، به تجزیه و تحلیل متفاوتی از موقعیت بینجامد.» (مارتینه، ۱۳۸۷: ۲۴)

تا کنون تقریباً نتایج آزمایش‌ها و تجربه‌ها برای ما مشخص کرده است که ادراک، تنها ثبت و ضبط امور ارائه شده نیست، بلکه ادراک متأثر از مجموعه‌ی ذهنی است (هنله، ۱۳۷۲: ۸۱). انسان بر اساس نیازهایش از داده‌های محیط اطراف خود برمی‌گزیند. چنین انتخاب‌هایی هدفمند هستند و به عوامل زیادی همچون زبان، فرهنگ، ارزش‌های فردی و جز آن ارتباط دارد. در این معنا، شخص ادراک کننده را نباید ابزار ثبت کننده‌ی منفعلی دانست که تنها طرحی پیچیده دارد (همان: ۸۲). به بیان دیگر می‌توان گفت ادراک فرایند کسب اطلاعات از محیط اطراف انسان است و فرایندی است فعال و هدفمند. ادراک نقطه‌ای است که شناخت و واقعیت به هم می‌رسند (لنگ، ۱۳۹۰: ۹۷ به نقل از Neisser, 1977). لنگ خود در این زمینه می‌گوید: «اطلاعاتی که از محیط کسب می‌شود خواصی نمادین و معنابخش دارد، ویژگی‌هایی دارد که واکنش‌های ذهنی ایجاد می‌کند و پیام‌هایی دارد که نیازها را بر می‌انگیزد.» (لنگ، ۱۳۹۰: ۱۰۲) فرایند ادراک، فرایندی است بسیار پیچیده که در این‌جا قصد پرداختن به آن را نداریم و تنها به ذکر این نکته بسنده می‌کنیم که هم داده‌های محیطی وارد شده از طریق اندام‌های حسی و هم اطلاعات ذخیره شده در مغز، در فرایند ادراک مؤثر هستند.

حال با در نظر گرفتن این فرضیات درباره‌ی ادراکِ انسان، در مورد واژه‌ها باید به دنبال آن باشیم که آیا ادراک با دانستن واژه یا واژه‌ها ارتباط دارد؟ در این مورد به مثالی از زبان قوم ناواهو (Navaho) می‌پردازیم. در زبان این قوم در بحث رنگ‌ها «هیچ واژه‌ای که معادل «سیاه»، «خاکستری»، «قهوه‌ای»، «آبی» و «سبز» باشد، وجود ندارد. اما دو واژه هست که مشابه «سیاه» است. یکی سیاهِ تاریکی و دیگری سیاهِ رنگ اجسامی مانند زغال. برای رنگ‌هایی که ما «خاکستری» و «قهوه‌ای» می‌نامیم، در آن

زبان فقط یک واژه و برای «آبی» و «سبز» نیز تنها یک کلمه موجود است... احتمال این هست که ادراک ناواهویی در مواردی خود را در این باره دردسر ندهد که آیا رنگ جسمی که می‌بیند، قهوه‌ای است یا خاکستری. افراد این قوم نه‌تنها در این‌باره که آیا رنگ جسمی که در نور کم قرار گرفته است آبی است یا سبز بحثی نمی‌کنند، بلکه حتی میان رنگ‌های آبی و سبز فرق نمی‌گذارند.» (همان) بنابراین می‌توان گفت که «فقط آن جنبه‌هایی از محیط مشاهده می‌شوند که با کاربرد مجموعه‌ی واژه‌ها مربوط باشند ولی دیگر جنبه‌ها نادیده می‌مانند. در حقیقت واژگان در قوم ناواهویی آن‌ها را به این جهت سوق می‌دهد که تمایزاتی را که ما معمولاً در می‌یابیم از چشم آن‌ها پوشیده بدارد.» (همان)

۱-۳- نقدهایی بر «فرضیه‌ی ساپیر-ورف» و بیان نکاتی پیرامون آن‌ها

بر فرضیه‌ی ورف تا کنون نقدهای بسیاری نوشته و بر جنبه‌های مختلف آن ایراداتی وارد شده است. در اینجا بر اساس نیاز این مطالعه، به دو مورد از آن‌ها می‌پردازیم.

نخست آن‌که برخی از زبان‌شناسان معتقدند واژه‌های ساده معیار مناسبی برای سنجیدن مفاهیمِ در نظرِ سخن‌گویان یک زبان نیست. در حقیقت این تصور اشتباهی است که واژگان یک زبان را نماینده‌ی تمام مفاهیم موجود در یک فرهنگ بدانیم. تجربه‌های جدید همیشه ما را وادار نمی‌کنند که واژه‌های جدیدی بسازیم، بلکه در مواردی دست به تولید «عبارات» می‌زنیم (Steinberg & Sciarini: 2006: 189). برای مثال آنچه که در زبان فارسی با واژه‌های «عمو» و «دایی» مشخص می‌کنیم در انگلیسی برای آن‌ها لفظ «uncle» به کار می‌رود. ولی این به معنای عدم تشخیص این دو مفهوم برای سخنگوی زبان انگلیسی نیست، چرا که وی این مفاهیم را از طریق

عباراتی چون «paternal uncle» و «maternal uncle» مشخص می‌کند[۹]. در مورد مثال «برف» که از آن یاد کردیم، مارتین در مقاله‌ای موضوع تازه‌ای را مطرح می‌کند و می‌نویسد در زبان اسکیموها بیش از دو ریشه‌ی متمایز برای برف وجود ندارد و سایر واژه‌ها از این دو ریشه گرفته شده‌اند. بنابراین وی نتیجه می‌گیرد که اسکیموها همان تمایزاتی را برای «برف» قائل‌اند که یک انگلیسی زبان[۱۰] (Martin, 1986: 422).

دوم، برخی پژوهشگران دریافته‌اند که در حقیقت این واژگان نیستند که علائق و نیازهای ما را تعیین می‌کنند، بلکه نیازها و علائقِ ما تعیین‌کننده‌ی تولید واژگان و استفاده از آن‌ها هستند (Steinberg & Sciarini: 2006: 186). برای مثال امروزه مردم تعداد اندکی واژه در ارتباط با اسب‌ها و اصطلاحات مربوط به حمل‌ونقل توسط اسب‌ها می‌دانند، در حالی که درباره‌ی اتومبیل، اجزا و عملکرد آن واژه‌های زیادی به کار می‌برند و می‌دانند. بنابراین واژگان برای کاربرد و استفاده انتخاب می‌شوند (Ibid).

چنین دیدگاهی که معتقد است علائق و نیازهای انسان تعیین‌کننده‌ی تولید و استفاده از واژگان هستند، به دیدگاه وارون (از نویسندگان لاتین زبان) شباهت بسیار دارد. وارون بر آن بود که واژگان زبان در زمینه‌هایی که به لحاظ فرهنگی مهم‌ترند تمایزاتی به مراتب بیشتر از زمینه‌های دیگر پدید می‌آورد (روبینز، ۱۳۸۷: ۱۱۴-۱۱۵). مثلاً زبان لاتین برای اسب و مادیان از دو واژه استفاده می‌کند، در حالی که در مورد جنس نر کلاغ و جنس ماده‌ی آن، دو لفظ متفاوت به کار نمی‌برد (همان: ۱۱۵). به نظر می‌رسد این دیدگاه نه تنها در یک زبان بلکه در میان زبان‌های مختلف نیز می‌تواند معتبر باشد. برای

---

۹. در مثالی دیگر می‌توان به واژه‌ی «palm» در زبان انگلیسی اشاره کرد که به معنای «کف دست» است. اگرچه در این زبان برای «روی دست» واژه‌ای وجود ندارد. ولی آن‌ها برای اشاره به این مفهوم از عبارت «back of the hand» استفاده می‌کنند. بنابراین نبود یک واژه در زبان به معنای نبود آن مفهوم نیست (Steinberg & Sciarini: 2006: 190).

۱۰. وی این واژه‌ها را در زبان اسکیموهای گرینلند غربی «qanik» (برف در هوا) و «aput» (برف روی زمین) می‌داند که به ترتیب معادل «flake» (یا snowflake: برف‌ریزه، برف‌دانه) و «snow» در زبان انگلیسی هستند.

مثال در زبان عربی برای شتر ده‌ها واژه وجود دارد که از جنبه‌های مختلف با یکدیگر متفاوت هستند در حالی که در زبان فارسی چنین نیست؛ و این به دلیل اهمیت بیشتر این حیوان برای سخنگویان آن زبان است. یا در مثالی دیگر آنچه که در فارسی ما با کلمه‌های «پسرعمو»، «پسرعمه»، «پسردایی»، «پسرخاله» و «دخترعمو»، «دخترعمه»، «دختردایی»، «دخترخاله» مشخص می‌کنیم در انگلیسی برای تمام آن‌ها لفظ «cousin» به کار می‌رود. این موضوع دلیلی نمی‌تواند داشته باشد جز این‌که اهمیت مقوله‌ها از فرهنگی به فرهنگ دیگر تفاوت دارد.

با توجه به دیدگاه‌هایی که مورد بررسی قرار گرفتند، می‌توان گفت تجربه‌ها و آزمایش‌ها تا کنون فرضیه‌ی ساپیر-ورف را -در گونه‌ی غیر افراطی و متعادل آن- تأیید کرده است. به بیان دیگر می‌توان ادعا کرد که ساخت زبانی یک فرد بر روی درک و دریافت وی تأثیر گذار است (Lyons, 1981: 307).

حال در اینجا قصد داریم در ارتباط با دو نکته‌ای که در مورد فرضیه‌ی ورف مطرح شد مباحثی را بیان کنیم. در مورد نقد اول که عدم وجود واژه‌ها به عدم وجود مفاهیم تعبیر شده است، باید به دو موضوع اشاره کرد. نخست آن‌که در مورد ارتباط واژه‌ها و ادراک، ما در همه‌ی مثال‌ها به دنبال اثبات نبودِ برخی مفاهیم در یک زبان که واژه یا واژه‌هایی برای آن‌ها وجود ندارد، نبوده‌ایم. هنله در این ارتباط می‌گوید: «ما مدعی تأثیر واژگان، مقدم بر همه، بر ادراک شده‌ایم... در هیچ موردی نه ادعا کرده‌ایم و نه خواسته‌ایم ادعا کنیم که زبان یگانه عامل مؤثر، یا حتی مقدم‌ترین عامل مؤثر بر اندیشه است... به علاوه مدعی نیستیم که مطالعه‌ی یک زبان، فی‌نفسه کافی است تا خصلت کلی اندیشه‌ی سخن‌گویان آن زبان را نشان دهد.» (هنله، ۱۳۷۲: ۹۰) به عنوان مثال در همان نمونه‌ای که واژه‌های مرتبط با رنگ‌ها در زبان قوم ناواهویی را بررسی کردیم، نباید این‌گونه تصور شودکه افراد این قوم از تمایز رنگ‌هایی که برای ما آشنا هستند، ناتوانند؛ بلکه واژگان آن‌ها باعث می‌شود که از برخی تمایزات چشم‌پوشی کنند و توجه خود را به جنبه‌های دیگری از محیط معطوف دارند. همان‌گونه که مثلاً ما به دو نوع سیاهی‌ای که آن‌ها از طریق واژگان خود متمایز می‌کنند، به دلیل نداشتن واژه‌هایی برای آن‌ها تمایز نمی‌گذاریم، هرچند که می‌توانیم آن‌ها را درک کنیم، چراکه در غیر

این‌صورت سخن گفتن از آن مفاهیم ممکن نبود. بنابراین می‌توان گفت مجموعه‌ی واژگان یک زبان برخی از شیوه‌های ادراک را محتمل‌تر می‌کند (همان: ۹۱).

موضوع دومی که در مورد نقد نخست به فرضیه‌ی ورف مایلیم به آن اشاره کنیم، آن است که به نظر می‌رسد همیشه نمی‌توان با قطعیت به وجود مفاهیم در صورت نبود واژه‌هایی برای آن‌ها تأکید ورزید. بگذارید پیش از بیان هر نکته‌ی دیگری مثالی را ارائه کنیم. برای نمونه از واژه‌ی «scullery»[۱۱] در زبان انگلیسی یاد می‌کنیم. برای مفهومی که از طریق این واژه در زبان انگلیسی مشخص می‌شود در زبان فارسی و در نظر سخنگویان به این زبان (و در فرهنگ آنان) نه تنها واژه (دال)، بلکه حتی مفهومی (concept) نیز وجود ندارد. بنابراین به نظر نگارندگان در مواردی نبود واژه، گاه، به معنای نبود مفهوم در یک زبان و فرهنگ است. در حقیقت این موضوع شکل دیگری از بحثی است که کالر در مورد تفاوت در مدلول‌های میان دو زبان یاد کرده بود. در بخش دوم این کتاب برخی از این نمونه‌ها را خواهیم دید که در زبان فارسی مفاهیمی وجود دارند که شاید در برخی از زبان‌های دیگر نتوان یافت.

و اما در مورد نقد دومی که آن را مطرح کردیم و به نقش تعیین کننده‌ی علایق و نیازها در تولید واژگان می‌پرداخت. در این‌جا بحث روابط علی پیش می‌آید. به نظر می‌رسد که رابطه‌ی علت و معلولی فرهنگ (که شاید بتوان علایق را متأثر از مقولات فرهنگی دانست) و زبان نمی‌تواند رابطه‌ای یک سویه باشد. به بیان دقیق‌تر و به احتمال زیاد، این رابطه، رابطه‌ی علّیِ متقابل است. اثبات این موضوع به دلیل آن‌که تولید و یا حذف واژگان و تغییر در مفاهیم آن‌ها به یک‌باره اتفاق نمی‌افتد، کمی دشوار است. با این همه برای نمونه در همان مثال واژه‌های مرتبط با اسب، مادیان و جنس نر و ماده‌ی

---

۱۱. در فرهنگ لانگمن در معنای این واژه « a room next to the kitchen in a large house, where cleaning jobs were done in past times» و در فرهنگ وبستر « a room for cleaning and storing dishes and cooking utensils and for doing messy kitchen work» آمده است.

کلاغ، اگرچه نیاز و یا عدم نیازها (ی فرهنگی) باعث شده است که دو جنس متفاوتِ کلاغ از طریق واژه‌ها مشخص نشود ولی در عین حال به احتمال، این عدم تمایزگذاری نیز باعث می‌شود که سخن‌گویان آن زبان –به‌صورت ناخوآگاه– نیازی به وجود تمایز میان آن‌ها احساس نکنند.

در بخش دوم، هنگام مطالعه‌ی واژه‌های «حوزه‌های معنایی»[۱۲] به درک میزان اهمیت آن حوزه‌ها در «جهانِ زبانی–فرهنگیِ»[۱۳] خود خواهیم رسید. می‌توان گفت سخنگویان زبان فارسی از طریق افزایش تمایزاتی که در واژه‌ها (نشانه‌ها)ی یک حوزه قائل شده است، آن حوزه برای آن‌ها از اهمیت بیشتری (به لحاظ فرهنگی) برخوردار و در زمینه‌ی عناصر انسان‌ساخت نیز دستاوردهای بیشتری داشته است. برای مثال فرض کنید در حوزه‌ی معنایی فضاهای سکونتی (همچون خانه) وجود واژه‌های متعدد نشان می‌دهد که این عنصر فرهنگی برای ما اهمیت بسیاری داشته است. هر واژه گویی چنان چراغی بر فراز این عنصر فرهنگی قرار می‌گیرد و از طریق نوری که می‌افکند، جنبه‌ای از آن را برای ما روشن می‌کند. همان‌گونه که در مثال رنگ‌ها یاد شد، با مطالعه‌ی واژه‌های هر حوزه در بخش آینده، به این موضوع نیز پی خواهیم برد که چه جنبه‌هایی از محیط (البته محیط انسان‌ساخت) برای ما از اهمیت بیشتری برخوردار است و در این فرهنگ، مردم به کدام یک از جنبه‌های این عناصر محیطی توجه بیشتری معطوف می‌دارند.

البته ممکن است بگوییم حتی در صورت بی‌اطلاعی از این مطالعه، مردم به صورت ناخودآگاه به این جنبه‌ها توجه دارند. در پاسخ باید بگوییم هرچند که این موضوع درست است ولی به نظر می‌رسد که طراحان و برنامه‌ریزان باید از این ساختارها به صورت خودآگاه اطلاع داشته باشند، تا بتوانند آنچه را که طراحی می‌کنند با فرهنگ و اجتماع

---

۱۲. در فصل چهارمِ همین بخش به این مفهوم خواهیم پرداخت.

۱۳. این نام را از کتاب زبانِ باز (آشوری، ۱۳۸۹) وام گرفته‌ایم؛ و به جهانِ درک شده‌ی یک فرد از خلال زبان و فرهنگ او اشاره دارد، بر مبنای آنچه که در تأثیر ساخت زبانی فرد در درک و دریافت او یاد شد.

هماهنگ سازند و عناصر طراحی شده، عناصری باشند منطبق بر نیازها (ی فرهنگی) و علایق مردم و مورد قبول آن‌ها. هرچند که این عامل به یقین نمی‌تواند تنها عامل موفقیت طرح‌ها باشد ولی شاید یکی از مهم‌ترین آن‌ها است. دانستن این مطلب می‌تواند علاوه بر آنچه که گفته شد، تلاشی در جهت دست‌یابی به توسعه‌ی پایدار نیز باشد. چراکه پایداری جز تأکید بر جنبه‌های محیط طبیعی، به جنبه‌های محیط‌های انسان‌ساخت نیز توجه دارد و در غیر این‌صورت به پایداری در تمام جنبه‌ها نمی‌توان دست یافت. ادوارد هال معتقد است ارتباط بین انسان و بُعد فرهنگی همان است که وی و محیطِ زیست او یکدیگر را شکل می‌دهند. انسانِ امروز در جایگاهی است که محیط زندگی خود را می‌سازد، و در این معنا خود او است که مشخص می‌کند چه موجودی خواهد بود؛ و وحشتناک در این میان آن است که ما بسیار کم از انسان چیزی می‌دانیم. وی می‌گوید عدم شناخت کافی ما از انسان و محیط زیستِ او فرایند توسعه‌ی فنی کشورهای توسعه نیافته را مشکل‌تر و پیچیده‌تر می‌کند. (Hall, 1966: 4) بنابراین نیاز ما امروزه به طرح‌ها و برنامه‌ریزی‌های شهری و معماریِ مبتنی بر درک نیازها و جنبه‌های دیگرِ انسان در قالب محیط‌های فرهنگی خود، بیشتر از هر زمان دیگری است. شناخت انسان، نیازها و علایقِ فرهنگیِ وی و همچنین نحوه‌ی ادراک او از محیط (و متقابلاً تأثیر بر آن) از طریق زبانی که به آن سخن می‌گوید، از تلاش‌های این پژوهش است و همان‌طور که گفته شد نه به عنوان تنها راه ممکن، بلکه در کنار سایر مطالعات و علوم مرتبط.

در فصل‌های آینده به این موضوع اشاره خواهد شد که زبان به عنوان یک نظام نشانه‌ای، اجتماعی است. در زبان و مطالعه‌ی آن ما عموماً به دنبال یافتن تفاوت‌های فردی نیستیم. مثلاً ممکن است یک واژه علاوه بر معانی که عموم سخن‌گویان پیرامون آن توافق دارند[۱۴] برای هر شخص مفهوم و بارعاطفی خاصی داشته باشد. به عنوان مثال

---

۱۴. این موضوع در فصل‌های آینده بیشتر مورد تحلیل قرار خواهند گرفت و به مفاهیمی چون معانی صریح و ضمنی خواهیم پرداخت.

مفهوم واژه‌ی «زندگی» ممکن است برای فردی که تجربیات خاصی را در زندگی خود داشته و با مشکلات فراوان روبه‌رو بوده است با فردی دیگر با تجربیاتی دیگر، متفاوت باشد، ولی ما در این‌جا به این تفاوت‌ها نمی‌پردازیم. در واقع این موضوع، یکی از دلایل ما در انتخاب نظام زبان برای این مطالعه بوده است. به نظر می‌رسد در طراحی و برنامه‌ریزی (به‌خصوص طراحی و برنامه‌ریزی شهری) ما نباید به دنبال تفاوت‌های فردی باشیم، بلکه باید توجه خود را به آنچه اجتماعی و عمومی است معطوف کنیم. البته منظور ما جستجو در آنچه که جهانی باشد نیست بلکه نادیده گرفتن تفاوت‌های فردی در یک اجتماع و فرهنگ خاص است. بگذارید از همان عبارت چامسکی درباره‌ی جهانی‌های زبان استفاده کنیم ولی آن را این‌گونه تغییر دهیم و بگوییم اختلاف‌های فردی در ادراک و رفتارهای مردم یک فرهنگ بسیار کمتر از اشتراکات آن‌ها است.

بنابراین به‌طور خلاصه این پژوهش تلاش دارد تا برخی از ساختارها و روابط ناخودآگاه در پدیده‌های فرهنگی خاص (معماری و شهرسازی) که در سطحی زیرین در فرهنگ (به عنوان دستگاهی نشانه‌ای) وجود دارد را از طریق مطالعه‌ی واژگان چندین حوزه، به سطح خودآگاه آورد تا بتواند به عنوان تلاشی برای شناخت هرچه بیشتر انسان (در اجتماع و فرهنگ خاص) و چگونگی رابطه‌ی وی با محیط، در طراحی و برنامه‌ریزی به کار رود.

۱-۴- زبان و هویت

هرچند که ممکن است ارائه‌ی چنین بحثی در این‌جا کمی نامربوط به سایر قسمت‌های این فصل به نظر برسد، ولی به دلیل آن‌که هویت، امروزه یکی از بحث‌های مهم در حوزه‌ی معماری و شهرسازی است، مناسب به نظر رسید که بسیار کوتاه درباره‌ی رابطه‌ی هویت و زبان مطلبی گفته شود. هدف اصلی این بحث که به صورت خلاصه بیان می‌شود، این است که گفته شود توجه به زبان در طراحی و برنامه‌ریزی علاوه بر آنچه که یاد شد، به مسائل هویتی نیز می‌تواند توجه داشته باشد. هویت ابتدا موضوعی ساده به نظر می‌رسد ولی هرچه در آن بیشتر تعمق کنیم و به جنبه‌های گوناگون آن بپردازیم، پی به پیچیدگی‌های آن خواهیم برد. در مورد هویت همچون فرهنگ، تعاریف

گوناگونی داده شده است که در آن‌ها اختلاف نظرهای فراوان دیده می‌شود. در این‌جا از بیان این نظریات خودداری کرده و فرض را بر این می‌گذاریم که هویت به طور کلی به معنی چیستی و پاسخی به پرسش ماهیت است (قمری و حسن‌زاده، ۱۳۸۹: ۱۵۵). هویت دارای اقسام گوناگونی همچون قومی، زبانی، دینی و جز آن است (همان). از سویی دیگر زبان یکی از عوامل تأثیرگذار در هویت در کنار عواملی چون مذهب و تاریخ است (Shohamy, 2006: 143). همان‌طور که مشخص است زبان از یک سو یکی از اقسام هویت و از سویی دیگر تأثیرگذار در هویت است. به طور کلی پایداریِ هویتی از مهم‌ترین موارد در ایجاد حس امنیت روانی و رفاه است و بالعکس پراکندگی هویتی باعث اضطراب، تشویش و از کار افتادگی (Bloom, 1993: 50). از جنبه‌ای دیگر هویت در سطوح گوناگون وجود دارد. روان‌شناسانی چون فروید به بررسی این موضوع پرداخته‌اند و هویت را از سطح فردی (ابتدایی‌ترین سطح) تا ملی (عالی‌ترین سطح) رده‌بندی می‌کنند که در مراحل مختلف رشد، به تکامل می‌رسد (قمری و حسن‌زاده، ۱۳۸۹: ۱۵۵). در حقیقت افراد از طریق به اشتراک گذاشتن هویت، با یکدیگر ارتباط می‌یابند و بدین ترتیب از هویت مشترک خویش حفاظت می‌کنند و آن را غنا می‌بخشند (Bloom, 1993: 26). هابس‌باوم از افرادی است که تأثیر زبان در هویت ملی را تأیید می‌کند (Hobsbawm, 1996: 4). گروهی از زبان‌شناسان نیز بخشی از مطالعات خود را به این موضوع اختصاص داده‌اند. زبان‌شناسان مکتب آرمان‌گرای (زیبایی‌شناختی) از این جمله‌اند. آن‌ها بر این باور بودند که زبان در درجه‌ی اول بیان فردی حالات شخص است و تغییرات زبانی حاصل کارهایی است که افراد آگاهانه در زبان انجام می‌دهند و احتمالاً احساسات ملی خود را منعکس می‌کنند (روبینز، ۱۳۸۷: ۴۰۸).

بحثِ بیشتر درباره‌ی موضوع هویت ملی و زبان نیاز به توضیح نکات دیگری دارد که از حوصله‌ی این کتاب خارج است و به همین سبب این مبحث را تمام و تنها به یادآوری این نکته بسنده می‌کنیم که مطالعه و پژوهش در مورد هویت بدون تأکید بر زبان اگر به بیراهه نرود، احتمالاً ناقص خواهد بود.

خلاصه‌ی مطالب

مطالب این فصل به‌طور عمده به روابط زبان، تفکر، ادراک و فرهنگ اختصاص داشت. نخست با تعریف زبان از طریق ویژگی‌های اصلی آن به بررسی بخشی از آرای خردگرایان موسوم به جنبه‌ی خلاقه‌ی کاربرد زبان پرداختیم و نظریات مختلف را درباره‌ی این موضوع مطرح کردیم. خردگرایان همان‌طور که دیدیم به وجود برخی قابلیت‌های ذهنی در افراد قائل هستند و در مقابل تجربه‌گرایی قرار می‌گیرند. سپس در ادامه‌ی این بحث به رابطه‌ی زبان و تفکر در نظر افراد مختلف پرداختیم، نظریه‌هایی که از نگاه‌هایی ساده تا افراطی را در برمی‌گرفتند. حجم قابل‌توجهی از این قسمت به بررسی آرای ورف اختصاص داشت. ورف در نظریه‌ی خود قائل به تأثیر ساخت زبان بر روی چگونگی تفکر و رفتار فرد بود. او همچنین ادراک افراد در زبان‌های گوناگون از پدیده‌ها را متفاوت می‌دانست. در همین میان بحث فرهنگ و ارتباط آن را با زبان و ادراک مطرح کردیم و رابطه‌ی زبان و ادراک و تفکر را به صورت کامل‌تر مورد بحث قرار دادیم. دیدیم که انسان در فرایند ادراک تنها ضبط‌کننده نیست، بلکه موجودی پویا است. سپس ارتباط واژگان زبان را با ادراک محیط با ارائه‌ی مثال‌های گوناگون مورد بررسی قرار دادیم. در پایان این قسمت و پس از بررسی برخی از انتقادهایی که به نظریه‌ی ورف تا کنون وارد آمده است و بیان نکاتی پیرامون آن‌ها، آنچه که در این مطالعه به دنبال آن هستیم را مطرح کردیم. در بخش انتهایی فصل نیز به بررسی رابطه‌ی زبان و هویت پرداختیم تا نشان دهیم که اهمیت زبان علاوه بر تأثیرش در ادراک محیط و تفکر، از جنبه‌ی هویتی نیز هست.

در فصل آینده به بحث نشانه و نشانه‌شناسی می‌پردازیم و نظام زبان را از چنین منظری به عنوان یکی از نظام‌های نشانه‌ای بررسی خواهیم کرد.

فصل ۲: نشانه و نشانه‌شناسی

مقدمه

در این فصل به‌منظور ورود به موضوع فرهنگ و رویکردی که در نظر گرفته‌ایم، به بررسی و ارائه‌ی برخی از مفاهیم دانش «نشانه‌شناسی» خواهیم پرداخت. بدین جهت ابتدا به مفهوم نشانه از دیدگاه سوسور و پیرس –از بنیان‌گذاران علم نشانه‌شناسی– پرداخته و در مواردی تفاوت میان این دو دیدگاه توضیح داده می‌شود. سپس نظریات مختلف در این حوزه را به صورت خلاصه تا پساساختگرایی پی می‌گیریم. این مفاهیم تا آنجا شرح داده می‌شوند که ورود ما را به بحث فرهنگ ممکن سازند و ارائه‌ی ابعاد تازه‌تر و بازتعریف برخی از آن‌ها به فصل ۳ موکول می‌شوند.

۲-۱- نشانه از دیدگاه سوسور

هرچند که سوسور را بیشتر به عنوان زبان‌شناس می‌شناسند، ولی نظریـات وی در زمینه‌ی نشانه‌شناسی آن‌چنان قابل توجه اسـت کـه در متـون مختلـف از او (بـه همـراه پیرس) به عنوان یکی از بنیان‌گذاران علم نشانه‌شناسی یـاد مـی‌کننـد. در نظـر سوسـور زبان‌شناسی تنها یکی از نظام‌های نشانه‌ای است (کالر، ۱۳۸۶: ۱۸).

سوسور از نشانه الگویی دو قسمتی ارائه می‌کند: دال (تصور صوتی) و مدلول (تصور مفهومی) و نشانه‌ی زبانی این مفهوم (مدلول) را به تصـور صـوتی (دال) پیونـد مـی‌زنـد (سوسور، ۱۳۸۹: ۹۶). به بیان دیگر نشانه کلیتی حاصل از پیوند میان دال و مدلول است. این رابطه‌ی بین دال و مدلول را اصطلاحاً «دلالـت» مـی‌نامنـد. از نگـاه سوسـور دال و مدلول جنبه‌ی مادی ندارند، بلکه متعلق به نظامی انتزاعی و اجتماعی هسـتند. دال و یـا همان تصور صوتی، آوایی مادی نیست که جنبه‌ی فیزیکی داشته باشد و از سـوی دیگـر دلالت نیز به مفاهیم صورت می‌گیرد و نـه بـه چیزهـا (سـجودی، ۱۳۹۰ الـف: ۱۳-۱۵) بنابراین نشانه به کلی غیر مادی است. برای درک بهتر مفهوم تصور صوتی موقعیت‌هـایی را به یاد آورید که ما با خودمان صحبت می‌کنیم و یا قطعـه شـعری را در ذهـن خـود و بدون حرکت دادن زبان یا لب‌هایمان مـی‌خـوانیم (Saussure, 2011: 66). «بنـابراین نشانه‌ی زبانی جوهری ذهنی با دو رویه است که می‌تواند به یـاری تصـویر زیـر نمـودار شود.» (سوسور، ۱۳۸۹: ۹۷)

تصویر شماره‌ی ۱: نشانه از نگاه سوسور، در این تصویر پیکان‌ها بیانگر رابطه‌ی دلالت هستند.

(مأخذ: سوسور، ۱۳۸۹: ۹۷)

برای روشن‌تر شدن این موضوع فرض کنید هر یک از ما بخواهیم واژه‌ی «اسب» را تلفظ کنیم. آواهای تولیدی هر یک از ما از تلفظ این واژه، به لحاظ فیزیکی بـا یکـدیگر متفاوت خواهد بود و با استفاده از دستگاه طیف‌نگار حتی متوجه خواهیم شـد کـه هربـار

خودمان این واژه را تلفظ می‌کنیم نیز با دفعات قبل و بعد آن تفاوت دارد. با این وجود هر بار، ما واژه‌ی «اسب» را تلفظ کرده‌ایم و مخاطبمان نیز همین واژه را می‌شنود. بنابراین تفاوت‌های فیزیکی در درک ما از این واژه اثری ندارد. ولی اگر این تفاوت‌ها به حدی برسد که «اسب» با دیگر واحدها مانند «است» و یا «کسب» اشتباه شود دیگر نمی‌توان مدعی تلفظ واژه‌ی «اسب» شد. بدین‌گونه ما دو «اسب» داریم: یکی زنجیره‌ی اصوات است (و در هر تلفظ به لحاظ فیزیکی متفاوت) و دیگری آنچه در نظام زبان مطرح می‌شود و در تقابل با واحدهای دیگر این نظام است. این «اسب» دوم همان «دال» یا تصور صوتی است. (صفوی، ۱۳۸۱: ۴۹)

سوسور علاوه بر مفهوم «دلالت»، مفهومی را تحت عنوان «ارزش» مطرح می‌سازد. وی در مفاهیمی که از نشانه به دست می‌دهد تأکید می‌کند که نشانه‌ها را باید در نظامی که در آن قرار دارند بررسی کرد. سوسور معتقد است نظام با جمع‌آوری تک‌تک نشانه‌ها به وجود نمی‌آید، بلکه کلیت دستگاه باید به عنوان نقطه‌ی شروع باشد و از این طریق می‌توان به عناصر متشکله‌ی آن دست یافت (سوسور، ۱۳۸۹: ۱۶۳). حال در این نگاه «ارزشِ» هر نشانه از جایگاه آن در درون نظام به دست می‌آید. بنابراین ارزش‌ها نه به‌طور مثبت بلکه به صورت منفی و از طریق رابطه‌شان با دیگر واحدهای دستگاه تعریف می‌شوند و دقیق‌ترین ویژگی آن‌ها این است که چیزی هستند که دیگران نیستند (همان: ۱۶۸). به این ترتیب در نظام زبان با دو رابطه‌ی دلالت و ارزش روبه‌رو هستیم. «دلالت» رابطه‌ای ایجابی بین دال و مدلول در درون نشانه است و «ارزش» رابطه‌ای سلبی در بین نشانه‌ها و درون نظام. سوسور دو مثال معروف در این زمینه مطرح می‌کند که به دلیل اهمیت آن‌ها در درک موضوع به شرح‌شان می‌پردازیم. او در یکی از مثال‌هایش بازی شطرنج را نمونه می‌آورد. سوسور می‌گوید در شطرنج یک مهره نه به دلیل شکل و اندازه‌ی ظاهریش بلکه به خاطر ارتباطش با دیگر مهره‌ها ارزش یک مهره‌ی شطرنج را پیدا می‌کند. این مهره در خارج از خانه‌های شطرنج و سایر شرایط بازی بیانگر چیزی نیست و تنها زمانی به عنصر واقعی و ملموس بازی تبدیل می‌شود که ارزش خود را در بر گیرد و در جلد آن فرو رود. همچنین اگر در جریان یک بازی مهره‌ای (مثلاً اسب) گم شود و یا بشکنند می‌توان به جای آن از یک شیء دیگر استفاده کرد که کوچکترین

شباهتی با مهره‌ی اصلی نداشته ولی در بازی ارزش آن را دارا باشد و همچون عنصری همانند به کار رود؛ به شرط آنکه ارزش مهره‌ی اسب بـه آن داده شـود (سوسـور، ۱۳۸۹: ۱۵۹). ولی ارزشِ این مهره چیست؟ این «ارزش» از ارتباطش با دیگر مهره‌ها مشـخص می‌شود. مثلاً اسب آن چیزی است که شاه یا وزیر نیست و روابط و تمایزات بین مهره‌ها در یک نظام (بازی شطرنج) است که ارزش مهره را مشخص می‌کند.

بنابراین دلالت و ارزش در مفاهیمی که بیان شدند به توده‌های بی‌شکل اندیشه و آوا شکل می‌دهند. در حقیقت جهان مادی بیرون از زبان پر از آشفتگی و بی‌نظمـی اسـت و این نظام زبان است که امکان طبقه‌بندی و شناخت جهان را فراهم می‌کنـد. بـرای درک بهتر این مطلب به مثال معروف دیگر سوسور در این زمینه می‌پردازیم. سوسور می‌گویـد: «می‌توان دو قطار سریع‌السیر «ژنو-پاریس ۸:۴۵ شب» را نمونه آورد که با فاصـله‌ی ۲۴ ساعت حرکت می‌کنند. برای ما این دو، همان «قطار سریع‌السیر»اند، حتی اگـر احتمـالاً لوکوموتیو، واگن‌ها و کارکنان‌شان کاملاً متفاوت باشند... آنچه قطار سریع‌السیر را شـکل می‌دهد عبارت است از ساعت حرکت، مقصد و به‌طور کلی تمام شرایطی که این قطار را از قطارهای سریع‌السیر دیگر متمایز می‌سازد.» (سوسور، ۱۳۸۹: ۱۵۶) وی در این رابطـه همچنین یک کوچه را مثال می‌زند که «اگر کوچـه‌ای خـراب و سـپس بازسـازی شـود، می‌گوییم این همان کوچه است، در صورتی که ممکن است از مصالح سـاختمانی قبلـی هیچ‌چیز باقی نمانده باشد.» (همان) بنابراین در این مثال‌ها مشاهده می‌کنیم کـه ارزش، مفهومی مربوط به افتراق‌ها و تمایزات در یک نظام اسـت. مـثلاً جایگـاه افتراقـی قطـار سریع‌السیر «ژنو-پاریس ۸:۴۵ شب» در نظام کلی قطارها و یـا جایگـاه کوچـه در میـان سایر کوچه‌ها است که ارزش و معنی پیدا می‌کند.

در بخش دوم این کتاب به رابطه‌ی افتراقی ارزش و اهمیت آن بیشتر پی‌خواهیم برد. مثلاً در فصل پنجم آن بخش در حـوزه‌ی فضـاهای سـکونتی، بـه سـه واژه (نشـانه)ی «خانه»، «سرا» و «اقامتگاه» برمی‌خوریم. هرچند که در مقابل هر واژه مفاهیم آن آمـده است ولی زمانی به ارزش مثلاً «خانه» پی می‌بریم که واژه‌های دیگر را نیز داشته باشیم و بدانیم «خانه» آن‌چیزی است که «سرا» و «اقامتگـاه» (و همـین‌طـور دیگـر واژه‌هـا) نیست، و به همین ترتیب برای دیگر واژه‌ها. علاوه بر این گفتیم که ایـن روابـط، جهـانِ

آشفته را برای ما شناختنی می‌کند و نظم می‌دهد. مثال خود را از همین واژه‌های یاد شده انتخاب می‌کنیم. همه‌ی ما در طول زندگی خود با صدها یا هزاران ساختمان و بنا روبه‌رو می‌شویم و پس از دیدن، هرکدام از آن‌ها را در مقوله‌ای قرار می‌دهیم. به عنوان مثال بیشتر این بناها را «خانه» می‌نامیم، با وجود تمام اختلاف‌هایی که ممکن است داشته باشند؛ و این کار را از طریق «ارزش» که رابطه‌ای است افتراقی انجام می‌دهیم. به بیان دیگر تا زمانی که تمایزات به حدی نرسیده است که ما بنا را «سرا»، «اقامتگاه»، «عمارت» و جز این‌ها بدانیم، آن بنا همان «خانه» است و هربار که با خانه‌ای جدید روبه‌رو شویم دیگر نمی‌گوییم پس این چیست؟ این مسئله در طراحی و برنامه‌ریزی بسیار مهم است. ما باید در طرح‌های خود به این روابط و ارزش نشانه‌ها آگاه باشیم. مثلاً تا چه حد تغییر در «خانه»ای که در حال طراحی آن هستیم، آن بنا را همچنان به عنوان «خانه» حفظ می‌کند و چه زمانی و در چه صورتی «سرا» و یا «اقامتگاه» می‌شود؟ بنابراین به نظر می‌رسد آگاهی و توجه به این تمایزات و ارزش نشانه‌ها (واژه‌ها) امری بسیار مهم و ضروری در طراحی و برنامه‌ریزی است.

تصویر شماره‌ی ۲: روابط میان واژه‌ها و ارزش آن‌ها، جهان را برای ما شناختنی می‌کنند و نظم می‌دهند. (در تصویر زیر چرا هر دو بنای پایین را (با وجود تفاوت‌ها) خانه و بنای بالا را کاخ می‌نامیم؟)

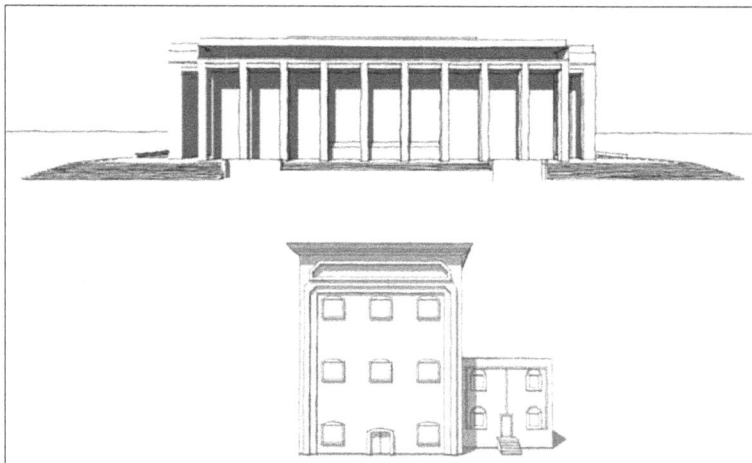

مأخذ: نگارندگان

یکی دیگر از جنبه‌های نظریه‌ی زبان‌شناسی ساختگرای سوسور و از اصول اساسی آن «اختیاری» بودن نشانه‌ی زبانی است. به بیان دیگر پیوند میان دال و مدلول (صورت و معنی) از ذاتی اختیاری برخوردار است (سوسور، ۱۳۸۹: ۹۸). کالر در همین ارتباط مثالی را بیان می‌کند. او می‌گوید در انگلیسی دالی که از طریق dog -برای صحبت درباره‌ی نوعی حیوان- نمایانده می‌شود هیچ برتری مطلوبی نسبت به توالی‌های آوایی دیگر ندارد و مثلاً lod، tet یا bloop نیز اگر مورد تأیید اعضای جامعه‌ی زبانی وی قرار می‌گرفتند به همین خوبی می‌توانستند از عهده‌ی این کار برآیند. در حقیقت هیچ رابطه‌ای طبیعی میان دال و مدلول وجود ندارد[۱۵] (کالر، ۱۳۸۶: ۱۹). این اصل به عنوان یکی از مهم‌ترین اصول نظریه‌ی سوسور است که در فصل گذشته، هنگام تعریف ویژگی‌های زبان از آن کردیم و در آینده نیز به آن بازخواهیم گشت.

گفتیم که دال و مدلول در نظر سوسور هر دو مفهومی انتزاعی هستند و دلالت به مفاهیم صورت می‌گیرد و نه به چیزها. اما در مورد چیستی دال و مدلول از دیرباز دیدگاه‌های متفاوتی وجود داشته است. یکی از این نظریه‌ها -که به آرای افلاطون باز می‌گردد- دال را واژه‌ی موجود در زبان می‌داند و مدلول را آن پدیده‌ی دنیای خارج که دال مذکور به آن دلالت می‌کند (صفوی، ۱۳۹۰: ۵۴). این دیدگاه مشکلات بسیاری را به وجود می‌آورد که در این‌جا به دو مورد آن اشاره می‌شود (برای مطالعه‌ی بیشتر ن.ک. به: پالمر، ۱۳۸۷: ۴۴–۴۸ و صفوی، ۱۳۸۲: ۸۸–۹۱). نخست آن‌که بسیاری از واژه‌ها به چیزی در جهان خارج ارجاع نمی‌دهند. مثلاً ممکن است ما بتوانیم «اتوبوس» و یا «درخت» را به چیزی ارجاع دهیم ولی در مورد واژه‌هایی چون «جالب»، «مشکل»، «چاق»، «عشق»، «فرشته» و «شنیدن» چه‌طور؟ دو دیگر آن‌که ما هنگام استفاده از دالی چون «صندلی» به چه چیزی ارجاع می‌دهیم؟ اگر به صندلی‌ای خاص در جهان ارجاع می‌دهیم پس چرا می‌توانیم انواع و اقسام صندلی‌ها را تشخیص دهیم؟ همچنین ما به کجای صندلی و چه قسمت‌هایی از آن ارجاع می‌دهیم؟ جدای از این مشکلات این

---

۱۵. در این‌جا از استثنائاتی همچون «نام‌آوا»ها (مانند واق‌واق و یا شرشر در فارسی) چشم پوشی می‌شود.

دیدگاه را به این شکل می‌توان خلاصه کرد: واژگان برچسب‌هـایی هسـتند بـرای اشـیا (پالمر، ۱۳۸۷: ۴۴).

راسـل در دیـدگاهی دیگـر قائـل بـه وجـود واژگـان بـه دو صـورت «مصداقی» و «قاموسی» بود. واژگان مصداقی با اشاره به اشیا کـه «مصـداق» واژه هسـتند فراگرفتـه شده و واژگان قاموسی بر اساس واژگان مصداقی تعریف مـی‌شـوند (پالمـر، ۱۳۸۷: ۵۰). ویتگنشتاین از جمله فیلسوفانی است که به پیچیدگی این موضوع این‌گونه اشاره می‌کند که «من باید در یک زبان استاد باشم تا بتوانم تعریف‌هـای اشـاره‌ای آن زبان را درک کنم». در حقیقت مشکل تعریف اشاره‌ای در واژه‌های مصداقی این است که مـا بـه چـه چیزی اشاره می‌کنیم؟ مثلاً در مورد صندلی اگر به چهار پایه‌ی آن اشاره کنیم پس میـز هم باید نوعی صندلی بدانیم. و اگر به کل آن اشاره داریم، آن کل چیسـت کـه مـثلاً بـا نیمکت تفاوت دارد (همان: ۵۱). باز مـی‌گـردیم بـه نظریـه‌ی سوسور و آنچـه کـه وی نشانه‌ی زبانی می‌نامید و شامل صورت و معنی بود. اکنون بهتر می‌توان مفهومی که وی از تمایزات ارائه می‌داد را درک نمود. سوسور از دیدگاه مصداقی فاصله می‌گرفت و معتقد بود معنای نشانه‌ها نه از طریق اشاره و ارجاع به جهان، بلکه از طریق رابطـه و تمـایزات تعیین می‌شود. در فصل چهارم با تفصیل بیشتر به این موضوع خواهیم پرداخت.

در پایان این قسمت به طرح دو مفهوم «درزمـانی» و «همزمـانی» از نگـاه سوسور می‌پردازیم. سوسور از این دو مفهوم به عنوان قوانینی در زبـان‌شناسـی نـام مـی‌بـرد. او قانون همزمانی را تعبیر و بیانی ساده از نظم موجود در زبان می‌دانـد کـه تنهـا وضعیت موجود را نشان می‌دهد. منظور از قانون در این‌جا نوعی ترتیب و اصل بیان نظـم اسـت. ترتیبی که امری الزامی نیست و به همین سبب ناپایدار اسـت (سوسور، ۱۳۸۹: ۱۳۲). از سوی دیگر رویدادهای درزمانی در زبان نـاظر بـه دگرگـونی‌هـا در طـول زمـان هسـتند (همان: ۱۳۵). به بیان دیگر زبان‌شناسی درزمـانی بـه بررسـی روابـط عناصـری متـوالی می‌پردازد که در جریان زمان، جانشین یکدیگر می‌شوند (همان: ۲۰۳).

لاینز در این باره مثالی ذکر می‌کند و می‌گوید موتورِ یک رولز رویس (با فرض یک مدل خاص در یک سال خاص) را در نظر بگیرید. در مورد این موتور ما می‌تـوانیم یـک

توضیح و تفسیر درزمانی از آن ارائه بدهیم که چه تحولاتی در طول سال‌ها در طراحی آن اتفاق افتاده است. در همین حال به جای آن می‌توانیم نقش و وظیفه‌ی هر قسمت را در یک نظام همزمانی توضیح دهیم و این‌که چگونه اجزا با یکدیگر هماهنگ شده و چطور یک موتور کار می‌کند؛ این توضیح، توضیحی ساختاری و غیرتاریخی است. (Lyons, 1981: 219) او در ادامه می‌گوید که به دلیل آن‌که زبان‌ها طراحی نشده‌اند و براساس اهداف بیرونی یا درونی –حداقل در نگاه سوسور– در طول زمان دچار تغییر نشده‌اند، بنابراین نباید به این قیاس (موتور اتومبیل) بیش از حد تأکید ورزیم (Ibid). در مورد بخش دوم این کتاب قصد ما بیشتر مطالعه‌ای همزمانی بوده است. به بیان دیگر در این مطالعه به دنبال تغییرات واژه‌ها و حوزه‌ی مفهومی و همچنین یافتن ریشه‌های آن‌ها نبوده‌ایم، هرچند که گاه بنا به ضرورت به این مسائل اشاره کرده‌ایم.

هرچند نشانه در نظریات سوسور ابعاد دیگری نیز دارد ولی در این قسمت به این بحث پایان داده و به ذکر نظر ناویل (همکار سوسور) درباره‌ی آرای وی در مورد نشانه‌ها بسنده می‌کنیم. ناویل می‌گوید: «فردینان دو سوسور بر اهمیت دانشی بسیار کلی تأکید دارد و آن را نشانه‌شناسی می‌نامد که هدفش یافتن قوانین آفرینش و تأویل نشانه‌ها و معنی آن‌هاست... و از آن‌جا که مهمترین نظام نشانه‌ای موجود همانا زبان قراردادی بشر است، پیشرفته‌ترین شکل نشانه‌شناسی طبعاً زبان‌شناسی یا دانش بررسی قوانین حاکم بر حیات زبان است.» (یاکوبسن، ۱۳۸۵: ۲۸)

۲-۲- نشانه از دیدگاه پیرس

چارلز سندرس پیرس با برگرفتن اصطلاح «نشانه‌شناسی» از جان لاک به تشریح نظریه‌ی نشانه‌ها پرداخت و برای نخستین بار «نشانه‌شناسی» را شاخه‌ای نوین از دانش بشری معرفی کرد (یاکوبسن، ۱۳۸۵: ۲۷). پیرس نشانه را چیزی می‌دانست «که برای کسی در مناسبتی خاص به عنوانی خاص نشان چیز دیگری باشد.» (احمدی، ۱۳۸۹ الف: ۳۵). در نگاه پیرس نشانه الگویی سه وجهی دارد:

– نمود (representamen): صورتی است که نشانه به خود می‌گیرد و لزوماً مادی نیست.

- تفسیر (interpretant): نه تفسیرگر بلکه معنایی که از نشانه حاصل می‌شود.

- موضوع (object): چیزی است فرای نشانه که نشانه به آن ارجاع می‌دهد. (Chandler, 2007: 29)

پیرس تعامل میان نمود، موضوع و تفسیر را «نشانگی» (یا فرآیند نشانگی) می‌نامد (سجودی، ۱۳۹۰الف: ۲۱). چندلر به نقل از یکی از شاگردان خود مثالی را درباره‌ی این الگوی سه وجهی ذکر می‌کند و می‌گوید این سه وجه همچون برچسبی بر روی جعبه‌ای مات است که ماده‌ای داخل آن قرار گرفته است. این برچسبِ روی جعبه نشان می‌دهد که داخل آن چیزی قرار گرفته و هنگامی که برچسب را می‌خوانیم به چیستی آن پی می‌بریم. فرایند نشانگی به این ترتیب است: نخست چیزی است که به آن توجه می‌شود یعنی جعبه و برچسب (نمود)؛ این امر ما را وا می‌دارد تا متوجه شویم داخل این جعبه چیزی قرار دارد (موضوع)؛ این درک و فهم و همچنین علم به آن‌که داخل جعبه چه چیزی است، به وسیله‌ی تفسیر میسر شده است. نکته‌ی مهمی که در این میان وجود دارد آن است که موضوعِ نشانه همیشه پنهان است. در حقیقت ما نمی‌توانیم جعبه را باز کنیم و داخل آن را بررسی کنیم؛ چرا که اگر این امکان وجود داشت، دیگر نیازی به نشانه برای اشاره به آن نبود. بنابراین ما تنها از خلال توجه به جعبه و برچسب و خواندن آن، درباره‌ی آن ماده چیزی می‌دانیم و یک تصویر ذهنی از آن ماده در مغز ما شکل می‌گیرد. (Chandler, 2007: 31)

تصویر شماره‌ی ۳: برچسبی بر روی جعبه‌ای مات مثالی از الگوی سه‌وجهی نمود، موضوع و تفسیر

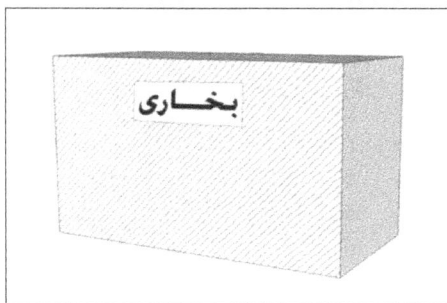

مأخذ: نگارندگان

همانطور که مشخص است در الگویی که سوسور به دست داده است -و در مورد آن سخن گفتیم- در مقایسه با الگوی پیرس، ابژه یا موضوع جایی ندارد. پیرس خود بیان می‌کند: «نشانه چیزی است که از جهتی یا بر حسب ظرفیت خود به جای چیز دیگر می‌نشیند. خطابش به کسی است، یعنی در ذهن آن‌کس نشانه‌ای هم‌ارز و برابر یا شاید نشانه‌ای بسط‌یافته‌تر به وجود آورد. نشانه‌ای که به این ترتیب آفریده می‌شود را من تفسیر (مورد تأویلی) نشانه‌ی نخست می‌نامم. نشانه نه از همه جهت، بلکه در ارجاع به نوعی ایده که من گاهی زمینه‌ی نمود نامیده‌ام، جانشین ابژه می‌شود.» (احمدی، ۱۳۸۹ ب: ۲۳ و سجودی، ۱۳۹۰ ب: ۶۲) می‌بینیم که در نظر پیرس تفسیر ذهن مخاطب خود یک نشانه است و این فرایندی است که پایانی ندارد. او می‌گوید: «معنای بازنمود هیچ نیست مگر بازنمودی دیگر» (سجودی، ۱۳۹۰ ب: ۶۳)

می‌توان گفت در الگوی پیرس بازنمون شبیه به دال و تفسیر شبیه به مدلول سوسوری است. اما در الگوی سوسور جایی به موضوع (ابژه) داده نشده است (Silverman, 1983: 15 به نقل از سجودی، ۱۳۹۰ الف: ۲۲).

برای نشانه تا کنون طبقه‌بندی‌های متفاوتی ارائه شده است. یکی از آن‌ها طبقه‌بندیِ سه‌گانه‌ی پیرس از نشانه است که هنوز اعتبار دارد و در مطالعات نشانه‌شناختی به صورت گسترده‌ای به آن ارجاع داده می‌شود. پیرس سه نوع نشانه را این‌گونه طبقه‌بندی می‌کند (Peirce, 1998: 273):

الف. نماد (Symbol): در نمادها، نشانه بر اساس رابطه‌ای دلبخواهی یا کاملاً قراردادی به موضوع دلالت می‌کند. می‌توان گفت در نماد، نشانه مشابه موضوعش نیست. برای نمونه زبان به طور عام و چراغ‌های راهنمایی در این طبقه جای می‌گیرند. (سجودی، ۱۳۹۰ الف: ۲۵)

ب. شمایل (Icon): در نشانه‌های شمایلی، رابطه‌ی نشانه و موضوعِ آن بر تشابه استوار است و نشانه برخی کیفیات موضوع را دارد. کاریکاتور و ماکت مثال‌هایی از این طبقه هستند. (همان)

پ. نمایه (Index): این نوع نشانه‌ها دلبخواهی نیستند، بلکه مستقیماً و به طریقی به موضوع خود وابسته‌اند و این رابطه قابل مشاهده و یا قابل استنتاج است. دود، جای‌پا، ضربان قلب و دماسنج را می‌توان از جمله نشانه‌های نمایه‌ای دانست. (همان)

در تقسیم‌بندی فوق، از نماد به نمایه میزان قراردادی بودن نشانه‌ها کاهش می‌یابد. به بیان دیگر دال‌های نمایه‌ای و شمایلی بیشتر در قید مدلول‌هایشان هستند در حالی که در نشانه‌های نمادین این مدلول‌ها هستند که به واسطه‌ی دال‌ها تعریف می‌شوند (همان: ۲۶). در این مورد پیرس خود واژه‌ی «man» را در موردِ نماد مثال می‌زند و این‌که این سه حرف هیچ شباهتی به یک مرد ندارند و صدای این حروف نیز به هیچ وجه ارتباطی با مرد ندارد (Chandler, 2007: 39). نکته‌ای که در این‌جا باید به آن اشاره شود این است که همیشه تشخیص نماد، شمایل و یا نمایه‌ای بودن یک نشانه به آسانی امکان‌پذیر نیست و گاه ممکن است یک نشانه در هر سه طبقه جای گیرد. آنچه که جایگاه نشانه‌ها را در این طبقات مشخص می‌کند، بافت‌های خاص کاربرد هر نشانه است (سجودی، ۱۳۹۰ الف: ۳۳). مثلاً یک دال ممکن است در بافتی در منش شمایلی به کار گرفته شود و در بافت دیگری در منش نمادین: «عکس یک زن ممکن است در بافتی معرف مقوله‌ی گسترده‌ی زنان باشد و یا ممکن است به طور خاص، زن بخصوصی را که به تصویر درآمده است نشان دهد.» (همان)

۲-۳- نشانه از دیدگاه پساساختگرایان

پساساختگرایی که بیشتر مبتنی بر اندیشه‌های دریدا است تقریباً در دهه‌ی ۱۹۶۰ و پس از آن شکل گرفت که در آن زبان، همچون گذشته، مبنای حرکت است (هارلند، ۱۳۸۸: ۱۸۳). دریدا به عنوان بنیان‌گذار این شیوه‌ی تفکر با طرح مفاهیم جدیدی همچون «تمایز و تعویق» و «انتشار» متن را به کانون وفور معنا تبدیل کرد که در آن معنا پیوسته به تعویق می‌افتد (سجودی، ۱۳۹۰ ب: ۹۰).

سوسور با آنکه ارتباط دلالی زبان با جهان خارج را قطع کرده بود اما مفهوم متافیزیکی مدلول را حفظ نمود تا به یک نظام همزمان، ایستایی لازم را ببخشد. دریدا با استفاده از آرای پیرس (و با تحسین دقت نظر وی) از همین‌جایی که سوسور به بحث

خود پایان می‌دهد، بحث دیگری را آغاز می‌کند و همین پیوند متافیزیکی بین دال و مدلول را می‌گسلد تا دال‌ها انرژی دلالی بی‌پایان خود را پیوسته پویا و فعال داشته باشند (سجودی، ۱۳۹۰ ب: ۶۶). سوسور به دال در برابر مدلول اولویت می‌دهد، دریدا این گرایش را ادامی داد ولی در نظریه‌ی او دال‌ها مانند دال‌های قدیم نیستند. «این دال‌ها قبل از هرچیز و در وهله‌ی نخست دلالت کننده‌اند، یعنی به دور از خود و به دال دیگر اشاره می‌کنند. اگرچه در نظریه‌ی زبانی دریدا هیچ حرکتی از دال به مدلول وجود ندارد، در هرحال نوعی حرکت وجود دارد؛ حرکت از دال به دال. در حقیقت روند دلالت چیزی جز دال‌های در حرکت نیست.» (هارلند، ۱۳۸۸: ۱۹۶) به‌این‌ترتیب هر مدلول در حکم دالی است برای مدلول دیگر و همین‌گونه این رابطه ادامه می‌یابد. دریدا می‌گوید آنچه که حرکت دلالت را به راه می‌اندازد همانچه است که باز ایستادن آن را غیر ممکن می‌کند (Derrida, 1998: 49). آنچه که در مورد وفور معنا گفتیم به چنین مفهومی باز می‌گردد. هارلند در این‌باره می‌گوید مدلول به شکل فکر یا تصویر در ذهن خواننده موجود و معرف نقطه‌ی پایانی است که معنا در آن‌جا متوقف می‌شود. اما در برداشت دریدا یک دال به دال دیگر اشاره می‌کند و آن دال نیز به نوبه‌ی خود به دالی دیگر و این زنجیره تا بی‌نهایت ادامه می‌یابد (هارلند، ۱۳۸۸: ۱۹۶).

دریدا با قرار دادن پدیدارشناسی پیرسی در مقابل پدیدارشناسی هوسرلی معتقد بود این دو با یکدیگر تفاوت بنیادین دارند. هوسرل به دنبال سطح حقیقی زبان بود. وی بیان را زبان حقیقی می‌داند و بیان از دیدگاه او یعنی معنا، آن‌طور که مورد نظر و قصد گوینده است. در نگاه وی معنا دیگر صرفاً معنای واژگان نیست، بلکه معنای مورد نظر کسی از معنای واژگان است (همان: ۱۸۴). اما از دیدگاه دریدا زبان حقیقی، زبان در انسانی‌ترین وجه خود نیست، بلکه زبان در زبانی‌ترین و خودکفاترین شکل خود است. وی این زبان در خودکفاترین شکل خود را «نوشتار» می‌داند. نوشتار -به شکل علامت‌هایی بر صفحه‌ی کاغذ- لازم نیست با حضور پدیدآورنده‌ی خود جان بگیرند (همان: ۱۸۶). بدین ترتیب پدیدارشناسی هوسرل که شیء را فی‌نفسه عین حضور و اصل حقیقت می‌دانست در مقابل پدیدارشناسی پیرسی که ظهورِ چیزی، خود، صرفاً وجود را آشکار نمی‌کند بلکه تنها نشانه‌ای می‌سازد، قرار می‌گیرد (Derrida, 1998: 49). دریدا با طرح مفاهیم

«تمایز و تعویق» و «انتشار» بر این باور است که مدلول پیوسته به تعویق می‌افتد و بازنموده همیشه از قبل نمود است. در این نگاه چیزها خود نشانه‌اند (Ibid) و نظام نشانه‌ای پیوسته از نشانه‌ای به نشانه‌ی دیگر در حرکت است و حقیقت را به تعویق می‌اندازد (سجودی، ۱۳۹۰ الف: ۳۸).

هرچند که هنوز بسیاری مطلب در زمینه‌ی نشانه مانده است که در این‌جا مطرح نکردیم، ولی برای ورود به موضوع فرهنگ نسبتاً کافی می‌نماید. بنابراین در این‌جا به این فصل پایان داده و در فصل‌های آینده دوباره به این موضوعات بازخواهیم گشت.

خلاصه‌ی مطالب

در این فصل نگاهی کلی به موضوع «نشانه» داشتیم و با آرای سوسور آن را آغاز کردیم. همان‌طور که دیدیم سوسور الگویی دووجهی از نشانه به دست داده و نشانه را مفهومی انتزاعی می‌دانست. دال، مدلول، دلالت و ارزش از مفاهیمی بودند که در این ارتباط تعریف شدند. اختیاری بودن نشانه و همچنین برخی تقابل‌های دوگانه (همچون دال و مدلول و روابط همزمانی و درزمانی) بخش‌های مهمی از نظریات سوسور را تشکیل می‌دهند. سپس به بررسی آرای پیرس در مورد نشانه پرداخته شد و الگوی سه‌وجهی وی را معرفی کردیم. در مورد تمایز میان الگوی سوسوری و پیرسی نیز مطرح شد که در الگوی سوسور، موضوع یا ابژه جایی ندارد. آنگاه از طبقه‌بندی پیرس از نشانه سخن گفتیم و این‌که بافت کاربردی نشانه‌ها مشخص‌کننده‌ی جایگاه نشانه‌ها در این طبقات است. پس از آن و در قسمت پایانی به مفهوم نشانه از منظر پساساختگرایان پرداخته و بر دیدگاه‌های دریدا مروری کلی نمودیم: دریدا با ستایش نظریات پیرس و در ادامه‌ی آنچه سوسور در باب جدایی مدلول از جهان خارج گفته بود، دلالت بی‌پایان نشانه‌ها را مطرح کرد.

در فصل بعد به مفاهیم فرهنگ از دیدگاه‌های مختلف (و عموماً در سده‌ی بیستم) با تأکید بر نظریات ساختگرایان و پساساختگرایان خواهیم پرداخت.

فصل ۳: مفهوم فرهنگ

مقدمه

همانطور که یاد شد جهت تلاش در یافتن روشی برای پاسخ به نیازهای امروز و حل مسائلی که در طراحی و برنامه‌ریزی با آن روبه‌رو هستیم موضوع فرهنگ و مطالعه‌ی فرهنگی -البته با اتخاذ رویکردی خاص- در این مطالعه پیشنهاد خواهد شد. در این‌جا قصد داریم به بررسی چرایی انتخاب موضوع فرهنگ بپردازیم. برای این منظور باید نخست مفهوم فرهنگ مورد نظر این پژوهش را مشخص نمود. بدین جهت ابتدا مفاهیم فرهنگ را از دید برخی افراد و نحله‌ها مورد بررسی قرار داده و مفاهیمی چون «متن» و «رمزگان» نیز به صورت مختصر بررسی خواهند شد. در نهایت با طرح بحثی پیرامون ترجمه و روابط بین فرهنگی و سپس تبیین آن مفهومی از فرهنگ که در نظر داریم، به این فصل خاتمه می‌دهیم.

۳-۱- نظریات مارکس، آرنولد، ویلیامز و اسـلامی‌ندوشـن دربـاره‌ی فرهنگ

مفهوم فرهنگ در قرن بیستم با آنچه در پیش از آن وجود داشته تفاوت‌های بسیاری کرده و گسترده‌تر شده است. این امر علل بسیاری از جمله افزایش تماس‌ها و ارتباطـات فرهنگی، آمیختگی تجارت و فرهنگ، نقش رسانه‌ها و ابزارهـا، فراینـد جهـانی شـدن و مانند این‌ها داشته است (بشیریه، ۱۳۷۹: ۷). علاوه بر این مسائل، شیوه‌ی زیست مـردم امروزی -و به تبع آن شیوه‌ی زیست فرهنگی- تفاوت‌هـای آشـکار و بسیاری را بـا سده‌های پیشین پیدا کرده است، به‌گونه‌ای که عمومـاً فرآورده‌ها و مظاهر فرهنگی امـروز سعی دارند به علایقی چون رفاه، فراغت، لذت‌جویی و جزاین‌ها پاسخ دهند (همان: ۹).

برای نشان دادن چنین تمایزاتی نخست به دیدگاه مارکسیسم در رابطـه بـا فرهنـگ می‌پردازیم. کارل مارکس بر آن بود که ایدئولوژی مجموعه‌ای از اندیشـه‌هـای کـاذب و نادرست است که آگاهانه توسط طبقه‌ی حاکمه برای قانونی جلوه دادن و ارتقای جایگـاه خودشان به کار می‌رود. این اندیشه‌ها به این دلیل نادرست خوانده می‌شـوند کـه وانمـود می‌کنند به کل جامعه توجه دارند در حالی که برای ارتقای گروهی خاص مـورد اسـتفاده قرار مـی‌گیرنـد (Noth, 2004: 12). مـارکس معتقـد بـود اندیشـه‌هـای حـاکم همـان اندیشه‌های طبقه‌ی حاکمه است و همین طبقه است که منشأ ایده‌های مسلط بـه شـمار می‌رود. از این دیدگاه فرهنگ محصولِ ایـدئولوژی اسـت کـه ایـن دو خـود در مقابـل زیربنای اقتصادی، روبنا به حساب می‌آیند. به بیان دیگـر می‌تـوان ادعا نمـود از دیـد مارکسیستی، فرهنگ فرآورده‌ی کنش‌ها و کردارهای طبقات اجتماعی است و به توجیـه منافع آن طبقات می‌پردازد و این همان کار اصلی فرهنـگ اسـت (بشیریه، ۱۳۷۹: ۱۸). این نظریه بعدها تعبیرهای بسیار پیچیده‌تـری پیـدا کـرد؛ نظریـه‌هایی کـه از «صـنعت فرهنگ» بر اساس سرمایه‌داری سخن می‌گوینـد از ایـن دسـت هسـتند. بـه طـور کـل نظریه‌ی فرهنگی مارکسیسم بر اقتصاد سیاسی فرهنگ و نقش آن‌هـا در حفـظ جایگـاه طبقه‌ی حاکمه تأکید دارد (همان: ۴۰).

یکی دیگر از نظریه‌های مربوط به فرهنگ که مورد تأیید و تأکید بسیاری دیگر قرار گرفته و جایگاهی ویژه در میان مفاهیم فرهنگ یافته است، آن مفهومی است که ماتئو آرنولد به دست داد. این شاعر و ادیب انگلیسی فرهنگ را بهترین اندیشه‌ها و کردارهای آدمیان و سرچشمه‌ی آن را عشق به کمال می‌داند (Arnold, 1869: 6). در حقیقت فرهنگ در این نگاه بهترین آن‌چه اندیشیده شده و گفته شده است. به نظر آرنولد فرهنگ با سنت، قدرت و دولتِ نیرومند نسبتی بسیار نزدیک دارد و بدون دولت، فرهنگ ممکن نیست (بشیریه، ۱۳۷۹: ۵۰). به عقیده‌ی وی اکثریت همواره در اشتباه بوده است و آن‌ها هیچ‌گاه نمی‌توانند به معرفت و حقیقت برسند بلکه این امکان تنها برای نخبگان محدودی وجود دارد، هرچند که آن‌ها نیز اغلب در راه بسط فرهنگ ناکام می‌مانند (همان: ۵۱). همان‌گونه که گفته شد بسیاری دیگر از اندیشمندان از فرهنگ مفهومی شبیه به این نظر ارائه کرده‌اند. اسلامی‌ندوشن در نظری مشابه فرهنگ را نتیجه‌ی رفتارها و کردارهای نجیبانه و تعالی‌بخش انسان می‌داند که به او امکان تجربه‌ی زندگی در عالمی والاتر از عالم غرایز را داده است (اسلامی‌ندوشن، ۱۳۵۴: ۷۶). به اعتقاد وی فرهنگ زاده‌ی انتخاب‌هاست، انتخاب‌هایی که بهترین‌های خود و بهترین‌های تاریخی بوده‌اند (همان: ۳۳). وی در جایی دیگر می‌گوید «فرهنگ از آنجا که میوه‌ی بهترین استعدادها و اندیشه‌ها و کردارهای یک قوم است، همواره برجسته‌ترین افراد یک ملت، مبیّن و پرورنده و نقل‌دهنده‌ی آن می‌شوند.» (همان: ۲۵) مشاهده می‌شود که این نظریات بسیار شبیه به آن مفهومی است که آرنولد در نظر داشت.

در نظریه‌ای دیگر (که در برخی جنبه‌ها مشابه نظریه‌ی آرنولد است) ویلیامز، یکی از برجسته‌ترین اندیشمندان سوسیالیست انگلیسی در حوزه‌ی مطالعات فرهنگی، فرهنگ را از سه منظر کلی تعریف کرده است. در منظر نخست وی فرهنگ را آرمان و کمال مطلوب می‌داند که ارزش‌های عام و مطلق در آن تجلی می‌یابند. او در منظری دیگر از فرهنگ مفهومی به دست می‌دهد که در آن کردارها و آثار فرهنگیِ موجود مظهر اندیشه و عمل انسان هستند؛ و نهایتاً فرهنگ را به عنوان مقوله‌ای اجتماعی و یا شیوه‌ی خاصی از زندگی می‌داند (بشیریه، ۱۳۷۹: ۶۰). این نظر به آن‌چه که گودِناف مردم‌شناس، از فرهنگ در نظر داشت نزدیک است. وی فرهنگ را دانشی می‌دانست که در اجتماع

فراگرفته می‌شود. دانش در این مفهوم همه‌ی دانستنی‌هاست، از دانستنی‌های عملی گرفته تا نظری (افخمی، ۱۳۷۸: ۶۱). همان‌گونه که مشخص است در معنای اخیر، ویلیامز به فرهنگ آن‌چنان می‌نگرد که مردم در آن زندگی می‌کنند و جنبه‌ی آرمانی ندارد. به اعتقاد وی هدف اصلی مطالعه‌ی فرهنگ کشف تجربه‌ی مشترک و یا ساختار احساسی نهفته در پس مظاهر فرهنگی است (بشیریه، ۱۳۷۹: ۶۱). واضح است که در چنین مفهومی از فرهنگ، ویلیامز به مردم و جامعه اهمیت بیشتری می‌دهد.

۳-۲- نظر ساختگرایان درباره‌ی فرهنگ

نظریه‌های فرهنگی ساختگرایان -در کلیت خود- در مقابل نظریات فوق که عمدتاً ریشه در سنت‌های اومانیستی دارند، قرار می‌گیرد. ساختگرایی به دنبال یافتن ساختارهای کلی و اساسی است که معنا را باعث می‌شوند. فرض اصلی ساختگرایی بر این است که عناصری در پس هر فرآورده‌ی فرهنگی یافت می‌شوند که با یکدیگر رابطه‌ای شبکه‌وار در حکم ساختاری کلی دارند که در هسته‌ی پدیده‌های فرهنگی مورد نظر نهفته‌اند و همه‌ی اجزا را به عنوان بازتولید پس از کشف این ساختار و بر اساس آن می‌توان توضیح داد (بشیریه، ۱۳۷۹: ۶۹). به همین دلیل است که ساختگرایی به آثار منفرد علاقه‌ای نشان نمی‌دهد بلکه با مطالعه‌ی بسیار متون منفرد در جستجوی یافتن نظام ساختاری بنیادی است (سجودی، ۱۳۹۰ ب: ۸۴).

ساختگرایان در دو سطح به مطالعه‌ی متون می‌پردازند. نخست بررسی متون به منظور کشف دستورهای بنیادی که آن متون را شکل داده است و دیگر، مطالعه‌ی متون برای اثبات درستی عملکرد دستورهای کشف شده (همان). بنابراین هر فرهنگی در نگاه ساختگرایان دارای ساختاری اساسی است و هر جزء فرهنگی تنها درون کل ساختاری معنا می‌یابد. به همین سبب آن‌ها اعتقاد داشتند که تا ساختار و قواعد اساسی را در نیابیم، پدیدارهای فرهنگی را درنخواهیم یافت (بشیریه، ۱۳۷۹: ۷۳). آنچه که در این میان باید توجه داشت نگاه ساختگرایان به جهان به عنوان قلمرویی آشفته و بی‌نظم است. این نظمی که ما در دنیا می‌بینیم، نظمی است که ما از طریق ساختارها به آن داده‌ایم: چارچوب‌هایی مفهومی برای نظام دادن و درک هستی‌های فیزیکی (سجودی، ۱۳۹۰ ب:

۸۴). در فصل قبلی درباره‌ی این موضوع هنگام سخن درباره‌ی مفهوم ارزش مثال زدیم و در مورد بناها گفتیم که هر یک از آن‌ها را در مقوله‌ای خاص (مانند خانه، سرا و جز آن) قرار می‌دهیم و وجود تفاوت‌ها را در رابطه‌ای افتراقی نادیده می‌گیریم.

کلود لوی‌اشتروس، مردم‌شناس ساختگرا از جمله مهم‌ترین افرادی است که به مطالعات ساختگرایانه پرداخته است. هدف او چون سایر ساختگرایان کشف اصول ساختاری مشترک در پس مظاهر فرهنگی مختلف بود. لوی‌اشتروس با تأکید بر آرای تروبتسکوی (یکی از برجسته‌ترین پایه‌گذاران زبان‌شناسی ساختگرا) یکی از اصول روش ساختگرا را مطالعه‌ی زیرساخت‌های ناخودآگاه زبانی می‌داند (:Levi-Strauss, 1963 33). در نظر وی اصول ساختاری مشترک در ذهن انسان نهفته‌اند. برای مثال هنگامی که ما صحبت می‌کنیم قواعد نحوی زبانمان برای ما خودآگاه نیستند و ما به صورت ناخودآگاه آن‌ها را به کار می‌بریم (Ibid, 56). این اصول نامرئی و ناخودآگاه‌اند که همواره در سطوح مختلف بازتولید می‌شوند و پدیده‌های فرهنگی گوناگون مظاهر گوناگون ساختاری واحد هستند (بشیریه، ۱۳۷۹: ۷۳). لوی‌اشتروس معتقد بود از طریق زبان‌شناسی می‌توان به ساخت‌های نظام‌های اجتماعی و فرهنگ پی‌برد، زیرا آن چیزهایی که زبان را می‌سازند همان‌هایی هستند که در ساخت فرهنگ دخیل‌اند. (Levi-Strauss, 1963: 67-69).

نکته‌ای که باید در این قسمت به آن اشاره شود، تفاوتی ظریف اما بسیار مهم میان ساختگرایی سوسوری و ساختگرایی پساسوسوری (فرانسوی) است. سوسور با قیاس مفهوم زبان و آیین‌ها و شیوه‌های ادب و احترام و جز آن، از نشانه‌شناسی مفهومی اجتماعی به دست می‌دهد. به بیان دیگر وی نشانه‌شناسی را دانشی می‌داند که به بررسی نقش نشانه‌ها در زندگی جامعه می‌پردازد (سوسور، ۱۳۸۹: ۲۴). اما در ساختگرایی فرانسوی این جنبه‌ی اجتماعی رنگ می‌بازد و آن بخش انسانی که وابسته به نوع انسان و جهانی است پررنگ می‌شود (سجودی، ۱۳۹۰ ب: ۸۹). منتقدان ساختگرایی نیز نقد خود را بیشتر بر همین موضوعات وارد می‌دانند: نادیده گرفتن نقش انسان در تولید فرهنگ و همچنین غفلت از خصلت تاریخی پدیده‌های فرهنگی (بشیریه، ۱۳۷۹: ۷۶).

۳-۳- رولان بارت، اسطوره و فرهنگ

رولان بارت از جمله فرهنگ‌شناسانی است که نظریاتی را درباره‌ی نشانه و اسطوره مطرح کرده که هنوز مورد استفاده‌ی بسیاری از پژوهشگران قرار می‌گیرد؛ هرچند که وی در نظریات متأخرش بازبینی‌هایی را در برخی جنبه‌های نظریات متقدم خویش انجام داد.

بارت بر آن بود که واقعیت همواره در چارچوب خاص فرهنگی ساخته و فهم می‌شود که خود این چارچوب‌ها در بند علائق و منافع خاصی هستند. در این نگاه نظام نشانه‌ها کلی و عموم بشری نیست بلکه تاریخی و مقید است (بشیریه، ۱۳۷۹: ۷۷). از دیدگاه بارت اسطوره -که بخشی از دانش گسترده‌تر نشانه‌هاست- اگرچه مقید به تاریخ و جامعه است ولی خود را عام و کلی جلوه می‌دهد. به عبارت دیگر اسطوره تلاش دارد تا فرهنگ را طبیعت و یا حداقل امور فرهنگی، اجتماعی، ایدئولوژیکی و تاریخی را طبیعی جلوه دهد. (Barthes,1977: 165). بنابراین بر اساس وارونه‌سازی اسطوره‌ای، باورهای مشترک «هنجار»، «مبتنی بر عقل سلیم» و «بدیهی» تلقی می‌شوند (Ibid).

بارت در نظریات خود اسطوره را همچون زبان، متعلق به قلمروی علمی کلی‌تر به نام نشانه‌شناسی می‌داند. او در آنچه که نشانه‌شناسی ارتباط بین دال و مدلول می‌داند بازبینی و بیان می‌کند که در نظام نشانه‌ای ما نه با دو بلکه با سه اصطلاح روبه‌رو هستیم: دال، مدلول و نشانه؛ که این هرسه با یکدیگر ارتباطی جدایی ناپذیر دارند و این‌گونه نیست که یکی پس از دیگری مطرح باشد (Barthes, 1972: 111). ما در اسطوره نیز با همین الگوی سه وجهی سروکار داریم ولی با این تفاوت که اسطوره از زنجیره‌ی نشانه‌شناختی‌ای شکل گرفته که از قبل وجود داشته است. این همان نظام نشانه‌ای مرتبه‌ی دوم است که در آن نشانه در مرتبه‌ی نخست خود صرفاً دالی در مرتبه‌ی دوم است (Ibid: 113). آنچه که گفته شد را می‌توان به صورت جدول زیر خلاصه کرد:

جدول شماره‌ی ۱: الگوی بارت از نشانه، دال و مدلول در مورد اسطوره

زبان	۱. دال	۲. مدلول	
اسطوره	۳. نشانه **I**. دال		**II**. مدلول
	III. نشانه		

(مأخذ: Barthes, 1972: 113)

بارت در جای دیگر قاعده‌ی «بورژوازی» را مطرح می‌کند. این قاعده در چارچوب معانی برساخته‌ی خود، فرهنگ طبقاتی خود را به عنوان طبیعت انسانی قلمداد می‌کند (بشیریه، ۱۳۷۹: ۷۷). او، خود می‌گوید ایدئولوژی بورژوازی فرهنگ را به طبیعت تبدیل می‌کند (Barthes, 1974: 206 به نقل از سجودی، ۱۳۹۰ الف: ۸۵). این جنبه از نظریه بارت شبیه به همان نظریه‌ی مارکسیستی به نظر می‌رسد که اندیشه‌های حاکم را همان اندیشه‌های طبقه‌ی حاکمه می‌دانست. بارت خود می‌نویسد: «هستند کسانی که خواهان متنی (یک اثر هنری، یک تابلوی نقاشی) بی‌سایه و فارغ از ایدئولوژی مسلطاند؛ اما چنین خواستی به معنی خواستن متنی بدون باروری، بدون زایندگی و متنی سترون خواهد بود... متن محتاج سایه‌ی خویش است: این سایه اندکی ایدئولوژی، اندکی بازنمایی و اندکی سوژه است.» (بارت، ۱۳۸۹: ۵۳) و بدین ترتیب است که بارت معتقد است دیگر به سادگی نمی‌توان امر ایدئولوژیکی را از امر حقیقی جدا کرد (سجودی، ۱۳۹۰الف: ۷۸).

از نکات مهم دیگر که بارت به آن‌ها اشاره دارد، می‌توان از معانی «صریح» و «ضمنی» نام برد. در این‌جا ابتدا این دو اصطلاح را تعریف می‌کنیم و سپس به ارائه‌ی نظر بارت خواهیم پرداخت. چندلر در کتاب خود (2007) درباره‌ی این دو معنی سخن می‌گوید و آن‌ها را به خوبی توضیح می‌دهد. وی معنای صریح را معنای اصلی و تحت‌الفظی از نشانه می‌داند. در مورد نشانه‌های زبانی معنای صریح همان است که فرهنگ لغت سعی دارد فراهم کند (Chandler, 2007: 137). در عین حال معنای ضمنی نیز به تداعی‌های اجتماعی-فرهنگی و شخصیِ (به لحاظ ایدئولوژیکی، احساسی و جز آن) نشانه اشاره دارد. معانی ضمنی نشانه‌ها عموماً به طبقه، سن، جنس و

موضوعات قومی و نژادیِ تفسیرگر وابسته است. نسبت به معنای صریح، نشانه‌ها در معنای ضمنی خود قابلیت تفسیری بیشتری دارند (Ibid: 138). دلالت صریح و ضمنی را در دیدگاه بارت می‌توان با مرتبه‌ی اول دلالت و مرتبه‌ی دوم دلالت مقایسه کرد (سجودی، ۱۳۹۰ الف: ۷۷).

بارت ذکر می‌کند که الگوی سوسوریِ نشانه، تنها معنای صریح را توجیه می‌کند و به معنای ضمنی نپرداخته است (سجودی، ۱۳۹۰ الف: ۷۲). همان‌گونه که یاد شد به لحاظ زمانی تفاوت‌هایی در دیدگاه‌های بارت وجود دارد. بارت متقدم بر آن بود که در سطحی بالاتر از سطح معنای تحت‌الفظی می‌توان به معنای ضمنی دست یافت و بارت متأخر بر آن که معنای صریح نخستین معنی نیست بلکه وانمود می‌کنند که چنین است (همان). در این دیدگاه است که معنای صریح دیگر معنای طبیعی نیست و تنها فرایند طبیعی کردن است. در حقیقت معنای ضمنی وهم معنای صریح را به وجود می‌آورد و معنای صریح چیزی نیست جز یک معنای ضمنی دیگر (Chandler, 2007: 138).

هرچند که ممکن است از منظر متخصصان جدا کردن معنای صریح و ضمنی به لحاظ تحلیلی مفید باشد ولی در عمل این معانی نمی‌توانند کاملاً مجزا باشند. معانی ضمنی به تداعی‌های شخصی اشاره دارد، ولی نمی‌توان آن‌ها را به صورتی بی‌کم‌وکاست شخصی دانست، این معانی توسط رمزگان‌هایی که تفسیرگر به آن‌ها دسترسی دارد تعیین می‌شوند. در حقیقت رمزگان‌ها (قراردادها)ی فرهنگی چارچوبی را برای معانی ضمنی فراهم می‌کنند (Ibid: 139).

بنابراین به‌طور کلی در نظر بارت فرهنگ مجموعه‌ای از اسطوره‌هاست که در آن امر تاریخی به امر طبیعی تبدیل می‌شود و مردم معنای برآمده از نشانه‌ها را معنای واقعی امور تلقی می‌کنند (بشیریه، ۱۳۷۹: ۷۸-۷۹). یکی از مهم‌ترین تمایزات دیدگاه بارت و دیدگاه ساختگرایان پساسوسوری را می‌توان در اهمیت فرد و سوژه از خلال توجه به معانی صریح و ضمنی دانست.

۳-۴- نظر پساساختگرایان درباره‌ی فرهنگ

در فصل قبلی یاد شد که پساساختگرایان با طرح مفاهیمی همچون تمایز و تعویق و انتشار وجود معنای ثابت را نفی می‌کنند و متن را همچون قلمروی باز کثرت معناها می‌دانند که پیوسته به تعویق می‌افتد (سجودی، ۱۳۹۰ ب: ۹۰-۹۱). همچنین در نظر آن‌ها مدلول قطعی (در الگوی دووجهی دال و مدلول سوسوری) وجود ندارد و هر مدلول تنها دالی دیگر است و این جریان تا بی‌نهایت ادامه دارد. در این مفهوم هیچ واقعیتی در بیرون زبان و مستقل از آن وجود ندارد بلکه مفهومی زبانی، برساخته و وابسته به نشانه‌ها و بنابراین پویا و ناایستاست (همان: ۹۱). بنابراین با توجه به آنچه که از معنا در نگاه پساساختگرایان در فصل قبلی و این‌جا سخن گفته شد، در نظر آن‌ها هویت‌ها چندپاره‌اند و هویت یگانه و یکپارچه اسطوره‌ای بیش نیست. به سخن دیگر هویت قطعی و نهایی هیچ‌گاه حاصل نمی‌شود و همواره در حال شدن است (بشیریه، ۱۳۷۹: ۸۷).

دریدا با طرح «منش انتشار» امکان برداشت کامل از معنای مدلول را سلب می‌کند و نوعی فقدان را مطرح می‌سازد. زبان در منش انتشار تا بی‌نهایت فاقد توازن و تعادل است و هر واژه، واژه‌ای دیگر را واژگون می‌کند (سجودی، ۱۳۹۰ الف: ۱۲۹-۱۳۰). «بی‌تردید منش انتشار با یک‌نوایی یا حالتی که مدلول در ذهن نویسنده دارای معنای منفرد است متمایز است، اما آن را باید با چندمعنایی با حالتی که مدلول معانی متعدد در ذهن خواننده دارد نیز متفاوت دانست. انتشار حالت عدم تحقق بی‌پایان معناست که در غیاب همه‌ی مدلول‌ها وجود دارد.» (هارلند، ۱۳۸۸: ۱۹۷) دریدا در جای دیگر در مورد واسازی (deconstruction) توضیحاتی را بیان می‌کند. او معتقد است واسازی تخریب نیست، بلکه واسازی یعنی بازکردن، واپاشیدن و رسوب‌گیری از ساختارها و البته تمام این‌ها نه به عنوان عملیاتی منفی (همان: ۱۳۵). واسازی هم حرکتی است ساختگرایانه و هم ضد ساختگرایانه و ساختار و واسازی کاملاً به هم وابسته و جدایی‌ناپذیرند. در همین‌جاست که مفهوم تقابل‌های دوتایی و نگاه پساساختگرایی به آن‌ها مطرح می‌شود. دریدا به رابطه‌ای تناقض‌آمیز معتقد است که یک چیز هم می‌تواند باشد و هم می‌تواند نباشد و این‌گونه تقابل‌ها و دوگانگی‌ها را واسازی می‌کند. به عنوان مثال طبیعت سابق بر

فرهنگ و وجه مقابل آن تلقی می‌شود، درحالی که برداشت ما از طبیعت همواره فرآورده‌ی فرهنگ ما است. در نظر دریدا مواردی از این دست، اصلاً تقابل و دوگانگی نیستند و هیچ اولویتی نسبت به هم ندارند (بشیریه، ۱۳۷۹: ۹۰-۹۱). به بیان دیگر از آن‌جا که معنا همیشه به تعویق می‌افتد و هیچگاه کاملاً در دسترس نیست و مدلولی متعالی وجود ندارد، بنابراین میان دوگانگی‌ها روابط ناروشن و ناثابتی برقرار است.

پساساختگرایی علاوه بر دریدا از نظریات بارت متأخر نیز متأثر است. بارت با وارد کردن مفهوم «متن» در مقابل «اثر» -همراه با مفاهیمی که دریدا مطرح کرد- متن را غیرقطعی و قلمروی وفور معنا می‌دانست (سجودی، ۱۳۹۰ الف: ۱۱۵). وی برای «متن» در تمایزش با «اثر» هفت گزاره برمی‌شمرد: روش، انواع (ژانرها)، نشانه‌ها، کثرت (تعدد)، نسَب، خوانش و لذت (Barthes, 1977: 156). سپس هر یک از این گزاره‌ها را یک‌به‌یک توضیح می‌دهد. در این‌جا برای جلوگیری از طولانی شدن مطلب، تنها به توضیح کوتاهی در مورد گزاره‌های روش، نشانه‌ها، نسب و لذت بسنده می‌کنیم تا کلیتی از آنچه وی از متن در نظر داشت مشخص شود.

بارت در گزاره‌ی «روش» معتقد است اثر بخشی از ماده است، قسمتی از فضای کتاب‌ها (برای مثال در یک کتابخانه) را اشغال می‌کند، درحالی که متن یک عرصه‌ی روش‌شناختی است. اثر را می‌توان دید (در کتاب‌فروشی‌ها و...)، اما متن جریان و فرایند نشان‌داده‌شدن است. همچنین اثر را می‌توان در دست گرفت ولی متن درون زبان است و تنها در حرکت گفتمان وجود دارد. (Ibid: 157) سپس وی در گزاره‌ی «نشانه‌ها»، اثر را محدود به مدلول توصیف می‌کند در حالی که متن پیوسته مدلول را به تأخیر می‌اندازد (Ibid: 158). پنجمین گزاره یعنی «نسب»، مربوط به مؤلف است. اثر، منتسب به مؤلف و مؤلف در حکم پدر و مالک آن است، درحالی که متن بدون انتساب به پدر خوانده می‌شود (Ibid: 161). و در نهایت گزاره‌ی «لذت». به یقین در برخی آثار لذت وجود دارد ولی لذتی که ناشی از مصرف است، در حالی که متن به لذت گره خورده و از آن جدایی ناپذیر است (Ibid: 164). بارت در جای دیگر درباره‌ی لذت می‌نویسد: «آنچه لذت می‌خواهد عرصه‌ی یک فقدان، گسل، بریدگی و شکست است... این است که فرهنگ، به هر شکلی که باشد، به عنوان یک لبه بازنمایان می‌گردد.» (بارت، ۱۳۸۹:

۲۶) و سپس می‌گوید: «به این ترتیب دو سامان خوانش پدید می‌آید: یکی بی‌درنگ به سروقت بخش‌بندی‌های ماجرا می‌رود، دامنه‌ی متن را مد نظر قرار می‌دهد و بازی زبان را نادیده می‌گیرد؛... خوانشِ دیگر از هیچ‌چیزی نمی‌گذرد... و پی‌گیر ماجرا نیست: این نه مصداق یا بیرون کشیدن حقایق، که لایه‌لایگیِ معنازایی است که این خوانش را مجذوب خود می‌کند.» (همان: ۳۱)

به نظر می‌رسد اکنون با دانستن این مطالب، بتوانیم منظور خود را از فرهنگ و مطالعه‌ای فرهنگی در این پژوهش مشخص کنیم و دیگر مفاهیم لازم را در میانه‌ی آن‌ها توضیح دهیم. در ادامه به این بحث می‌پردازیم.

۳-۵- مفهوم فرهنگ مورد نظر این مطالعه

یاد کردیم که از دیدگاه نشانه‌شناختی، فرهنگ یک نظام پیچیده‌ی نشانه‌ای است و دربرگیرنده‌ی کل رفتارهای معنادار انسان می‌شود (سجودی، ۱۳۹۰ ب: ۱۲۹). این مفهوم پایه‌ی آنچه در این کتاب از فرهنگ در نظر داریم قرار می‌گیرد. فرهنگ یک دستگاه نشانه‌ای است و در نظام است که مفهوم می‌یابد و نشانه‌های جدا در فرهنگ بی‌معنی هستند. این نشانه‌ها گستره‌ی وسیعی را شامل می‌شوند و به هیچ وجه محدود نیستند. نشانه‌شناسان، خود، از نشانه چنین تلقی‌ای دارند و از دید آن‌ها واژه‌ها، تصاویر، صداها، ایما و اشارات و جز این‌ها همه می‌توانند نشانه باشند (سجودی، ۱۳۹۰ ب: ۱۲۸). در این مفهوم شیوه‌ی معقول رفتار در جامعه مرتبط به دانستن فرهنگ به عنوان یک دستگاه نشانه‌ای است، چراکه در غیر این‌صورت فرد دیگر مورد قبول و پذیرش جامعه قرار نمی‌گیرد. این نگاه به فرهنگ ما را به وادی دو مفهوم «رمزگان» و «متن» می‌کشاند که برای ادامه‌ی بحث توضیح مختصری درباره‌ی هریک لازم به نظر می‌رسد.

رمزگان‌ها مجموعه قراردادهایی هستند که در چارچوب فرهنگی برای استفاده‌کنندگان آن‌ها آشنااند (Chandler, 2007: 148). در حقیقت تولید و تفسیر متون به وجود رمزگان‌ها وابسته است (Jakobson, 1960 به نقل از Chandler, 2007: 147). بنابراین رمزگان‌ها جنبه‌ی اجتماعی و در نتیجه تاریخی دارند. اکتسابی‌اند و چون بدنه‌ای از دانش باید فرا گرفته شوند. برای مثال لازمه‌ی خوانش هنر مدرنیستی، آشنایی

با رمزگان‌های ناظر بر کارکردهای ارتباطی و نقش‌های نشانه‌ای آن است (سجودی، ۱۳۹۰ الف: ۱۴۶-۱۴۷). در حقیقت رمزگان‌ها نشانه‌ها را در نظام‌های معنادار سازماندهی می‌کنند (Chandler, 2007: 147). اما متن چسیت؟ می‌توان گفت متن هرنوع همنشینی نظام‌مند نشانه‌ها است در پیامی چندلایه که از طریق مجاری فیزیکی قابل دریافت و با ارجاع به رمزگان‌ها شکل گرفته باشد و دریافت بشود. این متون عرصه‌ی تحقق عینی فرهنگ هستند و از سوی دیگر فرهنگ نیز رمزگان‌هایی است که به رفتارهای معنادار انسان ارزش می‌بخشد و آن‌ها را قابل درک می‌کند (سجودی، ۱۳۹۰ ب: ۱۲۸-۱۳۰). گفتیم که نشانه‌شناسان نشانه‌ها را به صورت منفرد و در انزوا بررسی نمی‌کنند. آن‌ها توجه خود را به مطالعه‌ی شکل‌گیری و مبادله‌ی معنا در متون معطوف کرده‌اند. «متن» پدیده‌ای فیزیکی است اما الزاماً کلامی نیست. متن ممکن است در هر رسانه‌ای به صورت کلامی یا غیرکلامی و یا ترکیبی شکل بگیرد (سجودی، ۱۳۹۰ ب: ۱۲۸).

در چنین مفهومی، هویت فرهنگی تمایزی و سلبی و وابسته به دیگری است (مقایسه شود با مفهوم ارزش در نظام مورد نظر سوسور). از یک سو رمزگان‌های فرهنگی تلاش دارند برای خود حدودی را تعیین و خود را تعریف کنند و از سوی دیگر در تعامل با دیگری و آمیختن با دیگر رمزگان‌های فرهنگی قرار می‌گیرند (همان: ۱۳۱-۱۳۲). پویایی فرهنگ از همین‌جا ناشی می‌شود: کنش ارتباطی با فرهنگ‌های دیگر و گرایش به ثبات و قطعیت برای خلق هویت فرهنگی. از نظر سجودی این روابط در دو سطح برقرار است، یکی در سطح بین فرهنگی (روابط بین یک فرهنگ با دیگری) و دیگری در سطح درون‌فرهنگی (در درون یک فرهنگ). یک «خودِ» فرهنگی -که کانونی مرکزی را برای خود تعریف می‌کند و در آن رمزگان‌های مرکزی در کارند و متون پذیرفته‌ی فرهنگی را هدایت می‌کنند- وابسته به یک حاشیه، به یک «دیگری» است. این «خود» فرهنگی گرایش به جلوه دادن خود به عنوان معیار و مشروع و جلوه دادن دیگری (نظام‌های فرهنگی مهاجران، اقلیت‌های قومی، طبقه‌ی کارگر و امثال این‌ها) به نامشروع و ناخالص دارد (همان: ۱۳۳). عموماً این قدرت تجلی یافته در قدرت سیاسی است که این فرهنگ مرکزی را تعریف می‌کند (همان: ۱۳۴).

به نظر نگارندگان دیدگاهی که افرادی چون آرنولد و اسلامی‌ندوشن به فرهنگ دارند و آن را «بهترین آنچه در جهان گفته و اندیشیده شده» می‌دانند از منظر چنین «خود» فرهنگی درست است، و این مفهوم از فرهنگ، نتیجه‌ی فرایندی است که بارت مطرح کرده بود. به بیان دیگر فرهنگ را مجموعه‌ی بهترین‌ها می‌دانیم زیرا فرایند اسطوره‌سازی و طبیعی‌کردن، این‌گونه برای ما مشخص کرده است و هر فرهنگ به صورتی برای طبیعی جلوه دادن خود از این فرایند سود می‌جوید. به عنوان نمونه از پوشیدن لباس مشکی در آیین‌های عزاداری خود یاد می‌کنیم. آیا پوشیدن لباس مشکی در فرهنگ ما بهترین آنچه است که وجود داشته؟ آیا این رنگ نسبت به رنگ‌های دیگر برتری داشته است؟ و یا مثلاً می‌توان همین پرسش‌ها را در مورد استفاده از حلوا در مراسم ترحیم پرسید. به نظر می‌رسد که موارد این‌چنینی را جز در یک نظام نشانه‌ای فرهنگی و از طریق رمزگان‌های فرهنگی نمی‌توان تفسیر کرد. در این نظام است که چنین رفتارها و اعمالی معنا می‌یابند؛ هرچند که از طریق فرایند طبیعی کردن این کردارها و رفتارها خود را عام و مبتنی بر عقل سلیم جلوه می‌دهند. آنچه که بارت در تاریخی و مقید بودن نظام نشانه‌ها و عموم بشری نبودن آن‌ها مطرح کرده است در این‌جا به صورتی روشن و واضح قابل درک است. جانسون و لارسون معتقدند که «در روند تبدیل و دگرگونی دائمی، محیط پیرامون ما تغییر کرده و تاریخی شده است. این جهان تاریخی شده‌ی پویا آن‌چیزی است که ما فرهنگ می‌گوییم.» (Johansen & Larsen, 2002: 4) چنین نگاهی به فرهنگ به عنوان بهترین‌ها (و طبیعی و هنجار قلمداد شدن) در برخی عبارت‌های مورد استفاده‌ی روزمره‌ی ما نیز دیده می‌شود. عبارت‌هایی چون «فلانی آدم با فرهنگی است» و یا «کار فرهنگی کردن» (در معنای کاری خوب و موردپسند انجام دادن) ناظر به چنین دیدگاهی است.

درباره‌ی رابطه‌ی بین فرهنگی در سطور فوق مطالبی به‌صورت مختصر اشاره شد که در این‌جا قصد داریم با دقت بیشتری به آن بپردازیم.

این‌گونه به نظر می‌رسد که ترجمه سازوکار اصلی ارتباطات بین فرهنگی است (سجودی، ۱۳۹۰ ب: ۱۴۹). اما این ترجمه مفهوم گسترده‌ای دارد و محدود به آنچه که

عموماً از ترجمه در نظر است، نمی‌شود. یاکوبسن به تعریف و طبقه‌بندی سه نوع ترجمه می‌پردازد:

– نخست ترجمه‌ی درون‌زبانی (rewording) به معنی تفسیر نشانه‌های زبانی از طریق نشانه‌های دیگر در همان زبان؛

– دوم ترجمه‌ی بین‌زبانی (translation proper) که تفسیر نشانه‌های یک زبان از طریق نشانه‌های زبانی دیگر و همان ترجمه در معنای متعارف کلمه است؛

– و در نهایت ترجمه‌ی بین‌نشانه‌ای (transmutation) به معنای تفسیر نشانه‌های یک زبان با نظام نشانه‌ای دیگرِ غیر زبانی. (Jakobson, 2004: 139).

ترجمه‌ی بین فرهنگی در هر سه‌ی این سطوح عمل می‌کند. در این مفهوم از ترجمه‌ی بین فرهنگی، سجودی (۱۳۹۰ ب) سه رویکرد را معرفی می‌کند. نخست آنچه او «خود و نه دیگری» می‌نامد که در این رویکرد خود، فرهنگی است و دیگری بدوی. دوم «نه خود بلکه دیگری» است که در آن دیگری آرمانی جلوه می‌کند و از منظرِ دیگری به خود می‌نگرد. به عنوان مثال هنگامی که سیاه‌پوستان اهل مارتینیک به عنوان استعمار شده وادار شدند به زبان استعمارگر (فرانسه) سخن بگویند، استعمار شده آگاهی جمعی فرانسه را که به موجب آن سیاه با شر و گناه و سفید با پاکی و خیر و حق همانند می‌شود، می‌پذیرد یا وادار می‌شود که بپذیرد. یعنی سیاه‌پوست از طریق درونه کردن زبان دیگری در وضعیت نه خود بلکه دیگری قرار می‌گیرد. در نهایت و سوم رویکرد «هم خود و هم دیگری» وجود دارد که پیوسته به عنوان عامل محرک پویایی فرهنگی بوده است. در رویکرد اخیر خود و دیگری پیوسته با هم تمایز خود را حفظ می‌کنند و در عین حال آمیزنده و محصول پیوند با یکدیگرند (سجودی، ۱۳۹۰ ب: ۱۵۳–۱۵۶).

در مورد رویکرد نخست (خود و نه دیگری) نکته‌ی ظریفی وجود دارد که باید به آن اشاره کرد. این رویکرد با وجود آنکه «خود» فرهنگی را وجودی مستقل می‌داند ولی دو گونه ارتباط در آن وجود دارد که مربوط به دو سطح رابطه‌ی همزمانی و درزمانی است. نخست آنکه این خود وابسته به تعریف یک دیگری هم‌زمانی است که همیشه با آن در تقابل است و همواره اسطوره‌ها و روایاتی تولید می‌کند که خود را در جنگ با آن نشان

دهد، جنگی که هرگز به نابودی این دیگری مخوف نمی‌انجامد. در سطح دوم این خود وابسته به یک دیگری درزمانی است. این دیگری با آنکه نقاب خود بر چهره دارد ولی در اصل دیگریِ آرمانیِ خود کنونی است. بنابراین در این رویکرد، فرهنگ بیشتر امری آرمانی متعلق به گذشته تعریف می‌شود و مطالعات فرهنگ بیشتر مطالعات تاریخ فرهنگ بوده است (مانند مثال صفویه یا هخامنشیان در مورد ایران) (سجودی، ۱۳۹۰ ب: ۱۵۷-۱۵۸)

حال در این قسمت می‌خواهیم به موضوع مطالعات فرهنگی بپردازیم و این‌که منظور ما در این کتاب از چنین مطالعه‌ای چیست. به اعتقاد نگارندگان در مطالعه‌ای فرهنگی از نوع این پژوهش آنچه که باید به دنبال یافتن آن باشیم همان اصول کلی و ساختارهایی هستند که متون را شکل داده‌اند. تقریباً همان چیزی که ساختگرایان مطرح کرده‌اند، البته آن برداشتی در نظر است که سوسور ارائه داد و نه ساختگرایان فرانسوی. به بیان دیگر ساختارهایی که در پس مظاهر فرهنگی وجود دارند اجتماعی هستند و نه انسانی و جهان‌شمول. چنین مطالعه‌ای صرفاً محدود به جنبه‌ی درزمانی به صورت منفرد و یا همزمانی صرف نیست و می‌تواند هر دوی این‌ها را در بر گیرد. در مظاهر فرهنگی‌ای همچون شهرسازی یا معماری یافتن چنین ساختارهایی می‌تواند ما را در درک و شناخت بیشتر آن‌ها کمک کند و از سوی دیگر به عنوان پایه و اساسی برای فعالیت‌های آینده به شمار رود. هرچند که منظور از این مطالعات ایجاد نظامی بسته و ایستا و یا بازتولید صرف این ساختارها نیست، بلکه شناخت نظامی پویاست که علاوه بر توجه آگاهانه به آنچه دارد به تولید و تعامل (آنچه که در مورد ارتباطات بین‌فرهنگی یاد شد) دست می‌زند.

در همین فصل مطرح کردیم که رابطه‌ی بین متن و رمزگان رابطه‌ای دو سویه و دیالکتیکی است. در حالی که رمزگان‌های متعدد در خلق و دریافت یک متن دخالت دارند، متن نیز رمزگان‌ها را متحول و دگرگون می‌کند (سجودی، ۱۳۹۰ ب: ۲۱۴). برای مثال زمانی که نیما سبک و سیاق تازه‌ای در شعر فارسی بنا می‌نهاد، رمزگان‌های بسیاری در کار بود که شعر او را به شعر فارسی پیوند می‌زد و از سوی دیگر رمزگان آن روز شعر فارسی را فرو می‌ریخت. هرچند که برخی آن بدعت‌ها را برنمی‌تافتند اما پس از

چندی همین بدعت‌ها خود به بخشی از رمزگان پذیرفته شده‌ی شعر فارسی تبدیل شد (همان: ۲۱۴-۲۱۵). بنابر همین موضوع، رمزگان مفهومی نسبی و دگرگون شونده است و نه قطعی و ایستا. در مظاهر فرهنگی‌ای چون معماری و شهرسازی نیز به نظر می‌رسد که همین روابط در کار هستند. اگر به فضاهای شهری و معماری در حکم یک متن نگریسته شود (برای این که به یک شهر یا بنا می‌توان در حکم متن نگریست یا خیر ن.ک. به: سجودی، ۱۳۹۰ ب: ۳۳۲-۳۳۶) که رمزگان‌هایی در تولید و دریافت آن در کارند، آن‌گاه چنین رمزگان‌هایی پویا و ناایستا هستند. در حقیقت نمی‌توان و نباید رمزگان‌ها را قطعی، ثابت یا بی‌زمان و بی‌مکان تصور و هرگونه بدعت و نوآوری را نفی کرد. هرچند که نباید از سوی دیگر بام نیز افتاد و آن‌گونه این بندها را ببریم که هیچ‌گونه پیوندی میان آنچه که به عنوان مثال معماری ایرانی می‌نامیم و طرح‌های جدید نتوان پیدا کرد؛ دو آفتی که در طراحی‌های امروزِ خود و نظریه‌های معماران و شهرسازان به وضوح مشاهده می‌کنیم. به نظر نگارندگان می‌توان شناخت ساختارها و اصول کلی (و البته فرهنگی) را به عنوان یکی از راه‌های رهایی از این دو آفت دانست که در نظام رمزگان‌ها و در متون وجود دارد. در این‌جا دوباره تأکید می‌کنیم که این نظام‌های نشانه‌ای (معماری و شهرسازی) نظام‌هایی هستند قابل قیاس با نظام‌های زبان، پوشاک، خوراک، آیین‌های نمادین، شیوه‌های ادب و احترام و مانند این‌ها و نظام‌هایی اجتماعی هستند. چگونه ممکن است که مثلاً نظام پوشاک و یا آیین‌های نمادین ما و رمزگان‌های دخیل در آن فرهنگی باشند ولی نظام معماری جهان‌شمول؟ البته گاه ممکن است برخی رمزگان‌ها میان فرهنگ‌های گوناگون مشابه و یا یکسان باشند. به بیان دیگر ما همیشه در سطوحی بین مشابهت‌ها و تفاوت‌ها قرار داریم.

نکته‌ی دیگری که در این‌جا باید به آن اشاره کنیم مفاهیمی است که پساساختگرایان از نشانه و دال و مدلول در نظر داشتند. این‌گونه به نظر می‌رسد که ارتباط از طریق نظام‌های نشانه‌ای همواره در سطحی برقرار می‌شود. بنابراین به آن مفهومی که دریدا درباره‌ی دال و مدلول طرح می‌کند که معنا همواره به تعویق می‌افتد می‌توان نقدهایی را وارد دانست. در فصل بعدی به این موضوع بازخواهیم گشت و در مورد آن توضیحات بیشتری خواهیم داد.

خلاصه‌ی مطالب

در این فصل ابتدا به نظریات مارکس در مورد فرهنگ پرداختیم. در نظر مـارکس ایدئولوژی مجموعه‌ای از اندیشه‌های نادرست است که آگاهانه توسـط طبقـه‌ی حاکمـه برای قانونی جلوه دادن خودشان به کار مـی‌رود و از نگـاه او فرهنـگ محصـول همـین ایدئولوژی است. سپس نظریات آرنولد و اسلامی‌ندوشـن را مطـرح کـردیم کـه مشابه یکدیگر بودند و فرهنگ را بهترین آنچـه اندیشـیده و گفتـه شـده و محصـول بهتـرین انتخاب‌های تاریخی می‌دانستند. در این میان ویلیامز با وجود شباهت نظریه‌اش به آرنولد، دیدگاهی متعادل‌تر را ارائه داد که در آن کردارها و آثار فرهنگیِ موجود مظهـر اندیشـه و عمل انسان و مقوله‌ای اجتماعی هستند. وی معتقد بود هدف اصلی مطالعـه‌ی فرهنـگ، کشف ساختار احساسی نهفته در پس مظاهر فرهنگی است. سپس نظریات سـاختگرایان مطرح شد. هدف آن‌ها به‌طور کلی کشف اصول سـاختاری مشـترک در پـس مظاهر فرهنگی مختلف است و نظمی کـه مـا در جهـان مشـاهده مـی‌کنیم از طریـق چنـین ساختارهایی به آن داده‌ایم. سپس تفاوتی که میان ساختگرایی سوسوری و سـاختگرایی پساسوسوری در جنبه‌ی اجتماعی نشانه‌شناسی وجود دارد را بررسی کردیم. در ادامه بـه برخی از نظریات بارت در مورد فرهنگ، اسطوره و نشانه پرداختیم. در نظر بارت فرهنگ مجموعه‌ای از اسطوره‌هاست که در آن امر تاریخی به امر طبیعی تبدیل می‌شود و مـردم معنای برآمده از نشانه‌ها را معنای واقعی امور تلقی می‌کنند. این جنبـه از نظریـات بـارت مشابه همان دیدگاهی است که مارکس از فرهنگ به دست داده بود. سپس معانی صریح و ضمنی را معرفی کرده و به آرای بارت درباره‌ی آن‌ها پرداختیم.

پس از بررسی نظریـات سـاختگرایان، دیـدگاه پساسـاختگرایان کـه عمـدتاً متـأثر از نظریات دریدا و بارت متأخر بود، معرفی شدند. دریدا بـا طـرح مفـاهیمی چـون تمـایز و تعویق و انتشار بیان کرد که مدلول قطعی وجود ندارد و هر مدلول تنها دالی دیگر است و این جریان تا بی‌نهایت ادامه می‌یابد. به بیان دیگـر دریـدا در ادامـه آنچـه کـه سوسـور درباره‌ی جدایی مدلول از جهان فیزیکی مطرح کرده بود، مـدلول را همیشـه بـه تعویـق

افتاده و پیوسته غایب بیان کرد. بارت نیز در نظریات خود با طرح مفهوم مـتن در مقابـل اثر، آن را قلمروی کثرت معناهای به تعویق افتاده می‌دانست.

در نهایت، پس از بحث مختصری پیرامون ارتباطات بین‌فرهنگی، به تبیین فرهنگ و مطالعه‌ی فرهنگی مورد نظر این پژوهش بر اساس دیدگاه‌های فـوق پـرداختیم: بررسـی اصول ساختاری و البته اجتماعی-فرهنگی. همچنین بیان کردیم در این معنا رمزگـان‌هـا مفاهیمی پویا و دگرگون شونده‌اند و نه ثابت و ایستا؛ و در این ارتباط، موضـوعاتی چـون بدعت و ترجمه و ارتباطات بین‌فرهنگی در مظاهر فرهنگی‌ای چون شهرسازی و معماری بررسی شدند.

در فصل بعد پس از شرح مختصری از نشانه‌شناسی لایه‌ای (سجودی، ۱۳۹۰ الف) به بررسی متن و لایه‌های دخیل در آن و سپس بـه بررسـی روش حاصـل از ایـن رویکـرد خواهیم پرداخت.

فصل ۴: نشانه‌شناسی لایه‌ای و حوزه‌ی معنایی به مثابه «متن»

مقدمه

در این فصل به توضیح مختصرِ مبانی نشانه‌شناسی لایه‌ای که سجودی (۱۳۹۰ الف) مطرح کرده است خواهیم پرداخت و روش حاصل از آن را که وی روش پیدایشی نامیده است معرفی خواهیم کرد. این رویکرد (نشانه‌شناسی لایه‌ای) مبنای آنچـه اسـت کـه در بخش دوم کتاب مورد مطالعه قرار گرفته است. برای پرداختن به رویکرد مورد نظر ابتـدا برخی مفاهیم مورد نیاز را شرح می‌دهیم و برخی از آن‌ها را بازبینی مـی‌کنـیم. در پایـان این فصل به معرفی «متن» مورد مطالعه‌ی این پژوهش می‌پردازیم و نکاتی را در ارتباط با آن طرح خواهیم کرد.

۴-۱- زبان و گفتار (لانگ و پارول)

سوسور در نظریه‌ی زبان‌شناسی ساختگرای خود چند تقابل دوگانه را معرفی می‌کند، تقابل‌هایی چون دال و مدلول و یا روابط همزمانی و درزمانی. یکی از تقابل‌های دوگانه‌ی مهمِ وی تقابل میان زبان یا لانگ (langue) و گفتار یا پارول (parole) است. در نظر سوسور لانگ یک نظام است ولی گفتار عمل سخن گفتن از طریق زبان (کالر، ۱۳۸۶: ۳۱). در حقیقت زبان نظامی از نشانه‌ها است که پیوند معانی و تصورات صوتی تنها عامل اساسی در آن است و سخنگوی زبان در عملِ «گفتار» عناصری را از این نظام برمی‌گیرد و به این صورت‌ها و معانی تحقق آوایی ملموس و تجلی روانی می‌بخشد (همان: ۳۲). گفتار وجه عملی زبان است. سوسور وجود زبان را برای قابل فهم بودن گفتار لازم می‌داند اما از لحاظ تاریخی پدیده‌ی گفتار را بر زبان مقدم می‌داند (سوسور، ۱۳۸۹: ۲۸). زبان تقریباً مانند فرهنگ لغتی است که تمام نسخه‌های آن به‌گونه‌ای یکسان میان افراد جامعه تقسیم شده است و بدین ترتیب در هر فرد و خارج از اراده‌ی او وجود دارد[۱۶] (همان: ۲۹). بنابراین زبان اجتماعی است و خارج از عملکرد شخص گوینده و گفتار فردی، چراکه فرد همیشه بر آن حاکم است (همان: ۲۱). در این معنا موجودیت زبان به سبب نوعی قرارداد است که میان اعضای جامعه بسته شده است و ماهیتی همگن دارد (همان: ۲۲). بنا بر همین تقابل، سوسور از دو نوع زبان‌شناسی سخن می‌گوید: زبان‌شناسی زبان (زبان‌شناسی به معنی اخص کلمه) و زبان‌شناسی گفتار (همان: ۳۰).

---

۱۶. از نظر یاکوبسن، همسانی زبان برای تمام اعضای جامعه‌ی زبانی آنطور که سوسور در نظر داشت سرابی بیش نیست. وی می‌نویسد: «قاعدتاً هر فرد در آن واحد به چندین جامعه‌ی زبانی، با ابعاد و ظرفیت‌های مختلف تعلق دارد؛ هر کدِ [زبان] اصلی شامل چندین کدِ فرعی است که سخنگو با توجه به عملکردهای گوناگون پیام، مخاطب، و ارتباط میان گوینده و شنونده آزادانه آن را انتخاب می‌کند.» (یاکوبسن، ۱۳۸۵: ۱۶)

۴-۲- روابط هم‌نشینی و متداعی

یکی دیگر از تقابل‌های دوگانه در نظر سوسور، تقابل دو نوع رابطه‌ی همنشینی و متداعی است. وی از یک سو «زنجیره» را معرفی می‌کند که روابط واژه‌ها در گفتار به دلیل توالی‌شان استوار بر بنیاد ویژگی خطی و یک‌بعدی زبان است. این عناصر یکی بعد از دیگری بر روی زنجیره‌ی گفتار ترتیب می‌یابند و امکان تلفظ دو عنصر را در آن واحد ناممکن می‌سازند. ارزش عنصر بر روی زنجیره در تقابل با عناصر پیش و پس از خود به دست می‌آید (سوسور، ۱۳۸۹: ۱۷۶). این جنبه که وابسته به گفتار است روابط همنشینی نامیده می‌شود.

سوسور از سوی دیگر به روابطی دیگر یعنی روابط متداعی می‌پردازد. «در خارج از چهارچوب گفتار، واژه‌هایی که وجه مشترکی دارند در حافظه با یکدیگر ارتباط می‌یابند... تکیه‌گاه آن‌ها امتداد خطی یا زبانی نیست؛ جایگاه آن‌ها در مغز است؛ این‌ها تشکیل‌دهنده‌ی بخشی از گنجینه‌ی دورنی انسان‌اند که زبان هر فرد را می‌سازند.» (همان: ۱۷۷) «مقصود از روابط همنشینی در واقع شیوه‌های متفاوتی است که عناصر درون یک متن را به هم می‌پیوندد. یعنی نشانه‌ها از الگوهای جانشین انتخاب می‌شوند و بر اساس قواعدی (معنایی، نحوی) در کنار هم گذاشته می‌شوند و سازه‌ها و سرانجام متن را تشکیل می‌دهند.» (سجودی، ۱۳۹۰ الف: ۵۱) هاوکس روابط همنشینی را مرتبط با جنبه‌ی درزمانی می‌داند و جمله‌ی «آن پسر به دختر لگد زد» را به عنوان نمونه مطرح می‌کند که معنی، با آمدن هر واژه به دنبال واژه‌ی قبلی‌اش باز می‌شود و تا آمدن آخرین واژه کامل نیست و این امر وابسته به گذر زمان است (Hawkes, 2003: 15). بنابراین می‌توان ادعا نمود هاوکس به طور ضمنی روابط همنشینی و روابط متداعی را یادآور تقابل دوگانه‌ی جنبه‌ی درزمانی و همزمانی می‌داند (همان: ۵۱).

۴-۳- نشانداری

در قسمت پایانی این فصل و در هنگام بررسی متن مورد نظر این پژوهش، به مفهوم نشانداری ارجاع خواهد شد. به همین دلیل در این‌جا به بررسی این مفهوم می‌پردازیم.

نشانداری یکی از روابط مفهومی در سطح واژگان نظام زبان است که نخستین بار در مکتب واج‌شناسی پراگ مطرح شد. بنابر اعتقاد پالمر، هرگاه میان دو واژه‌ی متقابل، تنها یکی از آن صورت‌ها برای پرسش و صحبت پیرامون کلّ معنی مورد استفاده قرار گیرد، واژه‌ی مذکور بی‌نشان و دیگری نسبت به آن نشاندار به حساب می‌آید (پالمر، ۱۳۸۷: ۱۳۹). «در چنین شرایطی، می‌توان نشان را چیزی شبیه به شرایط لازم و کافی[۱۷] تشخیص مفهوم یک واژه در نظر گرفت.» (صفوی، ۱۳۹۰: ۱۲۲) نشانداری دارای انواع مختلفی است. برای مثال می‌توان از واژه‌های «معلم» و «خانم معلم» یاد کرد که در این‌جا «معلم» نسبت به واژه‌ی دیگر (نسبت به جنسیت) بی‌نشان است و حضور تکواژ «خانم» واژه‌ی «خانم معلم» را نشاندار کرده است[۱۸]. در این ارتباط سجودی معتقد است «ارتباطات بین انسانی در درون زبان و دیگر دستگاه‌های نشانه‌ای در سطوح مختلف نشانداری اتفاق می‌افتد و همیشه درک متقابل در سطحی از نشانداری و در درون نظام نشانه‌ای حادث می‌شود.» (سجودی، ۱۳۹۰ الف: ۲۰۵)

۴-۴- بازبینی مفاهیم نشانه، متن و رسانه و معرفی «نشانه‌شناسی لایه‌ای»

سجودی برای طرح مبانی نشانه‌شناسی لایه‌ای به بازبینی برخی مفاهیم موجود پرداخته است. در این‌جا خلاصه‌ای از این مطالب را مرور خواهیم کرد. (برای مطالعه‌ی بیشتر ر.ک. به: سجودی، ۱۳۹۰ الف: ۱۸۷-۲۴۷)

به نظر می‌رسد برداشتی که سوسور از اجتماعی بودن زبان ارائه می‌دهد مربوط به حوزه‌ی گفتار (پارول) است که برای وی جایگاهی ثانویه نسبت به زبان دارد. در این مفهوم زبان (لانگ) نظامی است انتزاعی که تا تحقق عینی پیدا نکرده، وجودش با

---

۱۷. در مورد این مفاهیم و چیستی آن‌ها در قسمت ۳-۴ توضیحاتی ارائه شده است.

۱۸. البته نشانداری تنها محدود به مثال‌هایی از این دست نیست. این مثال صرفاً یک نمونه از «نشانداری صوری» است. انواع دیگر نشانداری عبارتند از: توزیعی، معنایی، موقعیتی و التزامی. (برای مطالعه‌ی بیشتر ن.ک. به: صفوی ۱۳۹۰: ۱۲۲-۱۲۵)

ناوجودش تفاوتی نمی‌کند (سجودی، ۱۳۹۰ الف: ۱۹۳). این نظام فاقد زمان و متشکل از نشانه‌هایی است که امکان انتخاب از میان آن‌ها و همنشینی آن‌ها وجود دارد، هرچند که این نظام تنها یک نظام بالقوه است و در عمل در لانگ هیچ همنشینی‌ای اتفاق نیفتاده است (همان: ۱۹۴). سجودی علاوه بر اعتقاد بر رابطه‌ی افتراقی نشانه‌ها (آنچه که در مورد ارزش نشانه‌ها مطرح کردیم) در دلالت و ایجاد ارتباط، به حضور عناصر دیگری از نظام‌های دیگر نیز معتقد است که به طور همنشین وجود دارند و امکان تفکیک آن‌ها از فرایند دلالت نشانه وجود ندارد (همان: ۱۹۵). به عبارت دیگر در کنش‌های ارتباطی واقعی نشانه وجود خارجی ندارد و هرچه هست فقط و فقط متن است. نشانه‌ی تنها به مثابه‌ی ابزاری مطالعاتی پس از متن و در جریان تحلیل متنی به کار می‌آید. در این معنا هر کنش ارتباطی متن است، متنی که در کار خلق آن نظام‌های نشانه‌ای متفاوتی در لایه‌های همنشین آن دخیل بوده‌اند (همان).

وی در این رابطه مثالی را می‌آورد که در آن یک واژه (نشانه‌ی زبانی) در موقعیت‌های متفاوت به کار برده می‌شود. مثلاً تصور کنید کسی در خیابان فریاد می‌زند «آزادی». در دلالت این واژه لایه‌های دخیل گوناگونی موجود هستند. مثلاً مردی که در میدان رسالت فریاد می‌زند «آزادی» یک فعال سیاسی نیست بلکه راننده‌ای است که مسافرینی را به مقصد آزادی می‌برد و هنگامی که کسی مقابل دکه‌ی سیگار فروشی می‌گوید «آزادی داری؟» احتمالاً در مورد آزادی در جامعه گزارش تهیه نمی‌کند و به احتمال با این پاسخ سیگارفروش روبه‌رو می‌شود: «آقا آزادی مال بیست سال پیش بود؛ الان دیگه نداریم، بهمن داریم.» (همان: ۱۹۷)

بنابراین در هر حال تحلیل‌گر ابتدا با متن روبه‌رو می‌شود و سپس برای تحلیل متن ممکن است به ابزاری به نام نشانه و چگونگی همنشینی آن با نشانه‌های دیگر در نظام‌های نشانه‌ای دیگر متوسل شود (همان). پس می‌توان گفت در این دیدگاه با در نظر گرفتن رمزگان‌های متفاوت به مثابه نظام‌هایی شبیه به لانگ سوسوری، متن نه حاصل همنشینی بین رمزگان‌ها بلکه حاصل همنشینی بین لایه‌هایی است که هر یک بر اساس انتخاب از آن رمزگان در کنش ارتباطی تحقق عینی یافته‌اند (همان: ۱۹۸). بنابراین متن پدیده‌ای فیزیکی است ولی قطعی نیست. فیزیکی است به این معنی که به واسطه‌ی

حواس دریافت می‌شود و قطعی نیست به این معنی کـه پیوسـته و بـالقوه ممکـن اسـت لایه‌های دیگری در آن دخیل شوند و در خوانش آن اهمیت دلالتگر پیدا کنند (سجودی، ۱۳۹۰ ب: ۲۱۰). به همین جهت متن باز است و نه بسته. لایه‌های متنی نیـز خـود در تعامل با یکدیگر هستند و بر هم تأثیر متقابل دارند، هرچند که بسته به متن ممکن است برخی لایه‌ها یا حتی گاهی یک لایه نسبت به لایه‌های دیگر اصلی‌تر باشد. این موضوع را بارت تحت مفهوم «لنگر» بیان می‌کند و در نظر او برخی عناصر متن می‌توانند حکـم لنگری تثبیت کننده را بازی کنند و جلوی شناوری نشانه‌های متنی را بگیرند (سجودی، ۱۳۹۰ الف: ۲۰۰).

در چنین رویکردی، متن صرفاً کلامی یا نوشتاری نیست و نوشتار یا گفتار مـی‌توانـد یکی از این لایه‌ها باشد. بنابراین «رسانه»ی متن بـالقوه مـی‌توانـد شـنیداری، دیـداری، بساوایی، چشایی یا بویایی باشد، هرچند که در متون معاصر بیشتر از رسانه‌های دیـداری و شنیداری استفاده می‌شود. نکته‌ی مهمی که در این ارتباط وجود دارد وجود رسانه بـه عنوان الزام تخطی‌ناپذیر تحقق متن است. این رسانه خـود یـک رمزگـان اسـت بـا ایـن تفاوت نسبت به رمزگان‌های دیگر که رمزگانِ رسـانه اصلـی نیسـت و رمزگـانی افـزوده است (همان: ۲۱۹).

اما در این میان آنچه که رسانه به واسطه‌ی آن‌ها امکان ابلاغ به مخاطب را می‌یابد، سجودی «ابزار» می‌نامد. رادیو، تلویزیون، کتاب، امکانات اینترنتی و مانند این‌ها از جمله ابزارها هستند. برخی از این ابزارها می‌توانند در خدمت بیش از یک رسانه قـرار گیرنـد و متون چندرسانه‌ای را تولید کنند. به عنوان مثال تلویزیـون ابـزاری اسـت کـه از هـر دو حوزه‌ی رسانه‌های شنیداری و دیداری بهره می‌گیرد؛ در حـوزه‌ی رسانه‌هـای شـنیداری امکان به‌کارگیری گفتار، موسیقی و صداهای محیطی و در حوزه‌ی رسانه‌هـای دیـداری امکان به‌کارگیری تصاویر ثابت یا متحرک و نوشتار را در تولید متن دارد. چنین ابزارهایی خود نیز یک رمزگان هستند و به یکی از لایه‌های متن تبدیل می‌شوند.

حال در این رویکرد به بررسی رابطه‌ی متن و بافت می‌پردازیم. بر حسب سنت تصور بر این است که اصل متن است که در بافتی واقع می‌شود و بافت شرایط مـتن را فـراهم

می‌کند (سجودی، ۱۳۹۰ الف: ۲۰۲). اما بافت خود واقعیتی نشانه‌ای است و بـر اسـاس نظام‌های رمزگانی در کار دریافت دخالت می‌کند (همان: ۲۰۳). بنابراین بافت نه واقعیـت فیزیکی بیرون از متن بلکه رابطه‌ای است کـه بـین لایـه‌هـای متنـی برقـرار مـی‌شـود (سجودی، ۱۳۹۰ ب: ۳۳۵). به بیان دیگر هرگاه عنصری از بافت اعتبار دلالتگر پیدا کند، قابلیت متنی می‌یابد و به لایه‌ای از لایه‌های متن تبدیل می‌شود (همان: ۲۱۱).

در این‌جا به دلیل روشن‌تر شدن مطلب و اهمیت «نشانه‌شناسـی لایـه‌ای» در ایـن کتاب، یک مطالعه‌ی موردی از این دیدگاه که سجودی (۱۳۹۰ ب) به آن پرداختـه اسـت، عیناً نقل می‌شود:

«مـود مـورد نظـر عبـارت اسـت از fountain، «کـار» مارسـل دوشـان... می‌دانیم که fountain دوشان در واقع یک چینی پیشاب است... ایـن گـروه از کارهـای دوشـان و کارهـای مشـابهِ دیگـران را اصـطلاحاً «پـیش‌سـاخته (readymade)» نامیده‌اند. ظاهراً این اصطلاح به این معنی است که شیئی که هنرمند در ساخت آن هیچ دخالتی نداشته است (یعنی از قبل ساخته شده بـوده است) به مثابه هنر ارائه می‌شود. می‌توانیم بحث را از همین‌جا شـروع کنـیم. درست است که این شیء در حکم چینی پیشاب شیئی به اصطلاح پیش‌ساخته است، اما قبلاً هم گفتیم که بر سر هنر بودن دیگر چینی‌هـای پیشـاب چنـین مجادله‌ای درنمی‌گیرد. دقیقاً پاسخ را باید در لایه‌های متنی همنشین این شیء یافت. یعنی آن‌قدرها هم که واژه‌ی پیش‌ساخته نشان مـی‌دهـد، پـیش‌سـاخته نیست، یعنی همنشینی‌اش با لایه‌های دیگر، متنی را پدید آورده است و ایـن لایه‌های دیگر هستند که ارزش تازه‌ای را بـه ایـن شـیء داده‌انـد. خـودِ ایـن همنشینی ناشی از فعالیت‌های تألیفی و در عین حال خلاقه و منحصر به فـرد است. زیرا امروز اگر کسی به تقلید از آن برخیزد بی‌تردید، چنان تقلیدی دیگـر هیچ محلی نخواهد داشت. اما همین متن، که تألیفی و خلاقه نامیدیمش، فقط به واسطه‌ی رابطه‌ی با متون دیگر و بـه واسـطه‌ی لایـه‌هـایی کـه آن را بـه گذشته، به رمزگان‌های پذیرفته شده پیوند می‌زند، اعتبار دلالـی (در ایـن‌جـا دلالت به هنر) پیدا کرده است. اکنون اجازه بدهید به بررسـی ایـن لایـه‌هـای همنشین و رمزگان‌های دخیل در بالفعل کردن آن‌ها بپردازیم. نخست (هرچند

ترتیبی وجود ندارد و به‌طور تصادفی یک‌به‌یک لایه‌های دخیل را بررسی می‌کنیم) آن که این چینی پیشاب نام دارد، یعنی وقتی به مثابه‌ی ابژه‌ای هنری به گالری‌ای ارائه شده است، مانند بسیاری از دیگر آثار هنری نامی برای آن انتخاب شده است. لایه‌ای زبانی در کنار لایه‌ی حجمی. این نام‌گذاری یکی از لایه‌های متنی است که ظرف پیشاب را در موقعیتی هم‌نشین قرار می‌دهد که نقشی تازه به آن می‌دهد، یعنی نقش کاربردی‌اش به عنوان ظرف پیشاب را از دست می‌دهد و در این همنشینی (و در همنشینی با لایه‌های دیگری که در ادامه می‌آید)، نقش یا به عبارت فنی‌تر ارزش (ارزش نشانه‌ای) تازه‌ای می‌یابد. مشاهده می‌کنیم که این شیء از رمزگان اشیایی که پیرامون ما را گرفته‌اند، و به‌طور مشخص لوازم بهداشتی (دستشویی، توالت، وان و غیره) قلمرویی معنایی را که از جمله دلالت بر کارکردی دارد با خود همراه دارد، ولی در مجاورت لایه‌های دیگر آن ارزش به شدت کمرنگ می‌شود و به واسطه‌ی دیگر لایه‌های متنی که ارزش نشانه‌ای خود را از رمزگان‌های دیگر (از جمله زبان، نظریه‌ی هنر، نهادهای هنر و غیره) گرفته‌اند ارزش نشانه‌ای کاملاً متفاوتی می‌یابد...نام از دو رمزگان ارزش نشانه‌ای می‌گیرد، یکم زبان و دوم رمزگان هنر و قرارداد نام‌گذاری متون هنری. حال اهمیت نام fountain در ارزش هنری بخشیدن به چینی پیشابی که دوشان به عنوان «کار» هنری ارائه کرده است، دیده می‌شود. هیچ چینی پیشابی در هیچ دستشویی عمومی یا خصوصی‌ای نام ندارد. اما این نام علاوه بر این کارکرد قراردادی‌اش در حوزه‌ی هنر، ارزش نشانه‌ای دیگری را از رمزگان زبان می‌گیرد که به واسطه‌ی رابطه‌ی تمایزی آن در نظام زبان با دیگر نشانه‌های (واژگان) زبان حاصل می‌شود. در فرهنگ واژگان هریتیج در مقابل واژه‌ی fountain (در حکم اسم) معانی زیر آمده است: ۱.الف: فواره یا جریان آب که به شکل مصنوعی ایجاد شده باشد. ب: سازه‌ای معمولاً تزئینی که در آن فواره‌ای هست یا آب جریان دارد. ۲.چشمه، به‌خصوص سرچشمه‌ی یک نهر. ۳.منبع محتوی مایعی که بتوان در صورت نیاز آن را تخلیه کرد. ۴.پیش‌خوان نوشابه ۵.سرچشمه، منشاءِ آغاز و انتشار. هریک از این معانی ممکن است به واسطه‌ی رمزگان زبان انگلیسی فعال شوند و در همنشینی با

چینی پیشاب (که حال در همنشینی با لایـه‌هـای دیگـر، ارزش هنـری یافتـه است) بازی متنی تازه‌ای را آغاز کنند.

دومین لایه‌ای که در مجـاورت بـا ایـن شـیء نقـش تعیـین‌کننـده‌ای در ارزش‌گذاری دلالی تازه‌ی آن دارد، امضای مؤلف است. امضا نیز چون نام، بـر اساس رمزگان قراردادهای فعالیت هنری (به‌خصوص هنر معاصـر) دلالـت بـر کاری می‌کند که مؤلفی دارد، و آن مؤلف با آن امضا می‌خواهد تعلق آن را بـه مثابـه‌ی اثـری تـألیفی بـه خـود نشـان دهـد...هیچ چینی پیشـابی در نقـش کاربردی‌اش در دستشویی‌ها امضا ندارد. امضا بخشی از این متن است...بـدیهی است که شکل امضا نیز بر اساس قراردادهای رمزگان هنری مـدرن، شـناخته شده است و دلالت می‌کند.

سوم خود شیء. همان‌طور که در تصویر دیده می‌شود، موقعیت این چینـی پیشاب (یعنی به عبارت بهتر موقعیت fountain) نسـبت بـه وضـعیت متعـارف قرار گرفتن چینی‌های پیشاب، ۹۰ درجـه چرخیـده اسـت...پس ایـن شـیء در ترکیب‌بندی شکلی متفاوتی ارائه شده است.

چهارم، در نسخه‌های بعدی، یعنی تصـاویری کـه در شـبکه‌ی اینترنـت و کتاب‌های نظریه هنر گذاشته شده است، نام مؤلف، یعنی مارسل دوشـان، نیـز به یک لایه از لایه‌های همنشینِ در این متن تبدیل شده است. این نام ارزش دلالی خود را از نظام نام‌های خاص دوره‌ی به‌خصوصی از تاریخ هنر می‌گیـرد و به جای دلالت به یـک فـرد بـا یـک تـاریخ تولـد و شـماره‌ی شناسـنامه‌ی مشخص، به رویکردی در هنر دلالت می‌کند.

پنجم، مکان. مکان قرار گرفتن این شیء خود به عنوان لایه‌ای از متن در دلالت‌های آن دخالت دارد. این شیء در محل متعارف خـود قـرار نـدارد و در عوض به نظر می‌رسد برای نمایش در مکانی که معمولاً آثار هنری در آن بـه نمایش گذاشته می‌شود، یعنی گالری، ارائه شده است. خـود ایـن واقعیـت بـه عنوان یک لایه‌ی دلالتگر، به نظام رمزگانی نهادهای هنر (از جمله گالری‌ها و موزه‌ها) پیوند می‌خورد و ارزش دلالی خود را از کارکرد نهادهای هنر...دریافت می‌کند.

سرانجام مشاهده می‌کنیم که این شیء نه در کیفیات مادی خود بلکه در روابط همنشینی که با دیگر لایه‌های متنی دارد...ارزش نشانه‌ای تازه‌ای پیدا می‌کند، و نه یک فراورده (تصور سنتی نسبت به هنر) بلکه یک فرایند است محصول روابط پیچیده‌ی تعاملی بین لایه‌های همنشینی و رمزگان‌های متفاوت فرهنگی.» (سجودی، ۱۳۹۰ ب: ۲۱۷-۲۲۴)

تصویر شماره‌ی ۴: fountain، مارسل دوشان

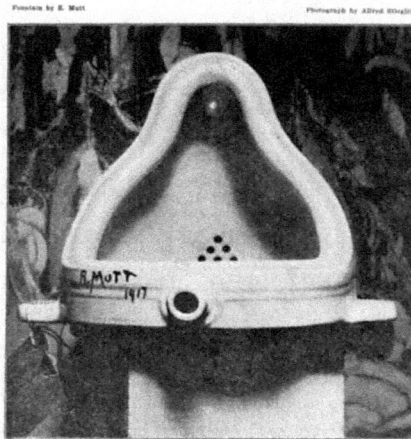

(مأخذ: سایت wikipedia.com)

به‌طور خلاصه می‌توان گفت نظریه‌ی نشانه‌شناسی لایه‌ای به‌گونه‌ای در میان نظریه‌ی ساختگرایی و پساساختگرایی قرار می‌گیرد و دیدگاهی متعادل‌تر را ارائه می‌دهد. روابط بین لایه‌های متنی نه آن‌گونه منجمد و تقلیل‌پذیر به ساختارهای همه‌زمانی و همه‌مکانی مورد نظر ساختگرایان است و نه قائل به ناایستایی محض مورد نظر پساساختگرایان. در نشانه‌شناسی لایه‌ای «معنا و ارتباط ممکن می‌شود چون پیوسته قاب‌های گفتمانی تعین‌بخش در کارند و از سوی دیگر هیچ تضمینی در ثبات و همیشگی بودن معنا نیست، چون زمان می‌گذرد، لایه‌های دخیل در خوانش متن تغییر می‌کنند و متن در قاب‌های گفتمانی متفاوتی قرار می‌گیرد.» (سجودی، ۱۳۹۰ ب: ۱۰۰)

روش‌شناسی‌ای که متناسب با این شیوه‌ی نگریستن به متن به وجود می‌آید، روش‌شناسی پیدایشی نام گرفته است؛ چراکه متن در نشانه‌شناسی لایه‌ای مفهومی پیدایشی است و متناسب با این دیدگاه روش نیز ویژگی پیدایشی پیدا می‌کند. باید توجه داشت که در این روش هدف مطالعه نمی‌تواند دستیابی به ساختارهایی همیشگی، ثابت و بی‌زمان و بی‌مکان باشد (همان). از سوی دیگر نیز نمی‌توان روش قطعی و مدون و همیشگی و بدون توجه به شرایط گفتمانی متن پیشنهاد کرد (همان). «روش‌شناسی پیدایشی، روش‌شناسی‌ای است نه مدعی حضور هرچند ذهنی انتزاعی مستمر و پایدار و صلب و نه مدعی غیاب دست‌نیافتنی، بلکه دیالکتیک بین حاضر و غایب مولد انرژی دلالتگر متن دانسته می‌شود.» (همان: ۱۰۱)

در بخش دوم این کتاب قصد داریم بر اساس آنچه که در این‌جا «متن» معرفی کردیم، به بررسی و درک و دریافت آن ساختارهایی بپردازیم که در معماری و شهرسازی (از مظاهر فرهنگی) ما وجود داشته و دارد. به یقین و همان‌گونه که یاد شد این ساختارها نمی‌توانند قطعی و ثابت باشند و در زمان‌ها و مکان‌های مختلف ثابت فرض شوند. به بیان دیگر این متون (فضاهای معماری و شهری) در گذر زمان دچار تغییر می‌شوند و رمزگان‌های دخیل در ایجاد آن‌ها پیوسته رابطه‌ای پویا با متن دارند. با این وجود نمی‌توان ساختارهایی که در پدیده‌های فرهنگی وجود دارند را نادیده انگاشت، چراکه شناخت آن‌ها به ما در درک و دریافت آن پدیده‌ها (در حکم متون) کمک می‌کند[۱۹] و از سویی دیگر اگر بخواهیم تغییر و تحولی در رمزگان‌های دخیل در آن‌ها به وجود آوریم باید از آن‌ها آگاهی داشته باشیم. به نظر می‌رسد در صورت این شناخت است که نوآوری و ترجمه (آن مفهومی که از ترجمه در ارتباطات بین‌فرهنگی مطرح شد) درون یک فرهنگ معنا می‌یابد. یک فرهنگ در عین آن‌که در ارتباطات بین فرهنگی قرار می‌گیرد

---

۱۹. این موضوع در تمام متون صادق است. به عنوان مثال برای درک متونِ هنر مدرن و یا متون موسیقی کلاسیک غرب باید از رمزگان‌های آن‌ها شناخت کافی داشته باشیم. تفاوت در اطلاع از این رمزگان‌ها می‌تواند به سطوح مختلف درک این متون بینجامد.

و یا بدعت و نوآوری‌هایی را به خود می‌بیند ولی همواره تمایز خود را با دیگری‌ها حفـظ می‌کند؛ همان‌طور که در این مورد مثالی از بدعت‌های نیما در شعر فارسی یاد کردیم. در مورد طراحی و برنامه‌ریزی (معماری و شهری) امروزه کم‌وبیش مشاهده مـی‌کنیم کـه آنچه وجود دارد یا تقلیدی است از طرح‌هـایی در دیگـر نقـاط دنیـا (کـه حتـی شناخت رمزگان‌های آن متون به درستی صورت نگرفته است) و یا معماری گذشته‌ی خود (و گاه به صورت ناشیانه) و به نظر می‌رسد دلیل اصلی این موضوعات عدم آگاهی و شـناخت از ساختارها (ی اجتماعی و فرهنگی) و رمزگان‌هایی است که در تولید پدیده‌های معماری و شهری ما دخیل بوده و هستند.

بنابرآنچه یاد شد، بخش دوم این کتاب تلاشی در جهت یـافتن برخـی (در بضاعت توان نگارندگان) از این اصول ساختاریِ فرهنگی است. بدین منظور از رمزگان زبان بـه عنوان رمزگان اصلی دخیل در متن استفاده شده است. مهم‌ترین دلایل ایـن انتخـاب را بدین صورت می‌توان برشمرد: نخست آنکه رمزگان زبان نسبت به دیگـر رمزگـان‌هـا از انتزاع بیشتری برخوردار است و به همـین سـبب قابلیـت بیـان امکانـات متنـی همـه‌ی رمزگان‌های دیگر را دارد (سجودی، ۱۳۹۰ الف: ۲۴۱). دوم آنکه به جهت رمزشـدگی یـا قراردادی بودنِ بیشتر، رمزگان زبان تفسیرپذیرتر و نسبی‌تر از وقتی اسـت کـه از طریـق نظام‌های رمزگانی دیگر بیان متنی می‌یابد (همان). و دلیل آخر که به صورتی مـی‌تـوان آن را بیان دیگری از دو دلیل پیش دانست، تبلـور تفکـر انسـان و جنبـه‌هـای گونـاگون پدیده‌های انسان‌ساخت (کـه خـود ریشـه در تفکـر -بـه معنـای عـام کلمـه- دارد) در نشانه‌های زبانی و رمزگان زبان دانست. به دلیل گستردگی و اهمیت این موضوع، بحـث درباره‌ی آن را به فصل بعدی وامی‌گذاریم.

موضوع آخری که در این فصل باید به آن اشاره کنیم، چیستی «متن» مورد مطالعـه در این کتاب است و این‌که لایـه‌هـای دخیـل در تولیـد آن کدامنـد. در ایـن پـژوهش «حوزه‌ی معنایی» به مثابه‌ی متن فرض شده است. قبل از آنکه بـه توضیح لایـه‌هـای موجود در این متن بپردازیم، به توضیح کوتـاهی دربـاره‌ی «حـوزه‌ی معنـایی» خـواهیم پرداخت.

۴-۵- حوزه‌ی معنایی به مثابه‌ی متن

یکی از روش‌های سنتی توضیح مفاهیم، تعریف هر مفهوم بر حسب مجموعه‌ای از شرایط لازم و کافی است (Saeed, 2003: 35). در این‌جا برای ورود به بحث حوزه‌های معنایی این روش را به صورت خلاصه در قالب یک مثال توضیح می‌دهیم. فرض کنید مفهومی همچون «زن» داشته باشیم. این مفهوم باید شامل اطلاعاتی باشد که برای تشخیص این‌که چیزی در جهان خارج «زن» باشد لازم است. اما این اطلاعات چگونه می‌توانند سازمان‌دهی شوند؟ شاید به‌وسیله‌ی یک سری ویژگی‌ها و خصوصیات. به عبارتی دیگر یک چیز زمانی «زن» است که ۱. انسان باشد؛ ۲. بالغ باشد؛ و ۳. مؤنث باشد، و غیره. در این صورت، آن ویژگی‌هایی که باید داشته باشیم تا چیزی «زن» باشد، شرایط لازم است. همچنین اگر بتوانیم مجموعه‌ای کامل را پیدا کنیم که برای تعریف «زن» کافی باشد، آنگاه می‌توان آن‌ها را شرایط کافی دانست. (Ibid) برای مثال در این نمونه تنها با دو شرط اول نمی‌توان مفهوم «مرد» را از «زن» و یا تنها با شرایط اول و سوم نمی‌توان مفهوم «دختر» را از «زن» متمایز ساخت. این سه شرط در کنار یکدیگر شرایط لازم و کافی مفهوم «زن» را تشکیل می‌دهند.

حال با این مقدمه به نظریه‌ی «حوزه‌های معنایی» می‌پردازیم. این نظریه به طور عمده از آنچه که سوسور تحت عنوان «ارزش» مطرح ساخت، نشأت گرفته و با توجه به آرای هردر و هومبولت معرفی شده است (پالمر، ۱۳۸۷: ۱۲۴ و صفوی، ۱۳۹۰: ۱۸۹). به صورت ساده می‌توان گفت اشتراک در یک شرط لازم سبب طبقه‌بندی واژه‌ها در یک حوزه‌ی معنایی می‌شود (صفوی، ۱۳۹۰: ۱۹۰). برای مثال «دارایی»، «استانداری»، «دادگستری» و مانند این‌ها می‌توانند در حوزه‌ی معناییِ نهادهای دولتی قرار گیرند. مسلم است که مفهوم یک واژه بر حسب مؤلفه‌های معنایی خود (شرایط لازم و کافی) می‌تواند در حوزه‌های معنایی مختلفی قرار گیرد. برای نمونه «نهنگ» از یک سو می‌تواند در حوزه‌ی معنایی آبزیان (که ماهی نیز جزئی از آن است) و از سوی دیگر در حوزه‌ی معنایی پستانداران (که ماهی جزء آن نیست ولی مثلاً اسب هست) قرار گیرد. اعضای یک حوزه‌ی معنایی با اصطلاح «هم‌حوزه» شناخته می‌شوند و مطالعه‌ی

حوزه‌های معنایی می‌تواند از دو دیدگاه «درزمانی» و «هم‌زمانی» صورت پذیرد. (بـرای مطالعه‌ی بیشتر ن.ک. به: صفوی، ۱۳۹۰: ۱۹۰–۱۹۹ و صفوی، ۱۳۸۳: ۴–۹)

حال با شرح مختصر فوق از حوزه‌ی معنایی به بررسی آن به مثابه‌ی یک «متن» در این مطالعه می‌پردازیم. نظر نگارندگان بر این است که هر حوزه‌ی معنایی می‌تواند یـک متن قلمداد شود. لایه‌های موجود در این متن نیز نشانه‌های زبانی (در حـوزه‌ی معنایی: واژه‌ها) هستند. همان‌گونه که گفتیم از دیـدگاه سوسور در سـطح نشـانه‌هـا دو مفهـوم اساسی وجود دارد. یکی مفهوم «دلالت» که رابطه‌ای ایجابی است بـین دال و مـدلول و دیگری «ارزش» که رابطه‌ای است افتراقی و از جایگـاه نشـانه درون نظـام بـه دسـت می‌آید. اجازه بدهید در این مورد مثالی را طرح کنیم. فرض کنیـد سـه واژه‌ی «آزادی»، «آزادی‌خواه» و «اجبار» را در یک حوزه‌ی معنایی داشته باشیم و آن‌ها را در حکـم یـک متن فرض کنیم. در مورد واژه‌ی «آزادی» در همین فصل مثال دیگری طرح شـده بـود (ص ۷۳). آنچه که در این‌جا مشخص است اگر این سه واژه را به دنبال هم برای کسـی بگوییم و یا بنویسیم، متنی تولید می‌شود که در آن دیگر مفاهیم سیگار و یا فردی که به دنبال مسافری به مقصد آزادی می‌گردد برای کسی تداعی نمی‌شود. به بیان دیگـر هـر یک از این واژه‌ها (نشانه‌ها)ی دیگر به عنوان لایه‌ای هستند کـه خـود دلالت‌گرنـد و از سوی دیگر در خوانش ما از کل متن اثر می‌گذارند.

لایه‌ی دیگرِ دخیل در خوانش متن، نامِ آن حوزه‌ی معنایی است. مثـالی را از بخـش دوم همین کتاب ذکر می‌کنیم. در فصل دومِ بخـش دوم، واژگان حـوزه‌ی معنـاییِ «فضاهای زندگی جمعی» مورد بررسی قرار می‌گیرند. یکی از واژه‌های مهمِ مورد بررسی این حوزه «شهر» است. در نگاه نخست آن مفهومی کـه در ذهـن بیشتر افـراد تـداعی می‌شود همان شهر در مفهوم متعارف همچون شهرِ تهران و یا شهرِ مشهد است، کـه شاید بتوان این معنا را همان معنای صریح واژه دانست. ولی اگر متون مختلف را بررسی کنیم بنا بر لایه‌های متفاوت به معانی دیگر این واژه پی خـواهیم بـرد. مـثلاً در عبـارت «شهر فرنگ» دیگر آن معنای قبلی از شهر در نظر نمی‌آیـد و معنی ایـن واژه در ایـن عبارت همان‌طور که در لغت‌نامه‌ی دهخدا آمده است «آلتی است به شکل جعبـه کـه در آن ذره‌بین تعبیه کنند با تصاویر مختلف». ولی در متن مورد نظر مـا (حـوزه‌ی معنایی

فضاهای زندگی جمعی) با توجه به عنوان آن، دیگر این معنی از شهر نمی‌تواند مورد قبول باشد. بگذارید مثالی آشناتر یاد کنیم. همان‌گونه که می‌دانیم واژه‌ی «شیر» دارای معانی متفاوتی است و تنها در یک متن می‌تواند معنی موردِ نظر مشخص شود. حال اگر این واژه در یک حوزه‌ی معنایی همچون حوزه‌ی معنایی «حیوانات درنده» در کنار سایر واژه‌های این حوزه قرار گیرد، به دلیل عنوانِ این حوزه، معانی دیگر چون «مایعی سفید» و یا «لوله‌ای خمیده» دیگر مفهومی ندارند و عنوان این حوزه‌ی معنایی در حکم یکی از لایه‌های دلالتگر متن در خوانشِ ما اثر گذاشته است.

شاید در این‌جا بتوان این ایراد را مطرح کرد که در چنین مواردی باز هم معنا در سطحی از شناوری قرار دارد و مثلاً در مورد واژه‌ی آزادی، باز هم این متن (حوزه‌ی معنایی) در مقایسه با متنی چون هنگامی که دو دوست در مورد آزادی صحبت و نظریات خود را مطرح می‌کنند، در سطوح بی‌نشان‌تر قرار می‌گیرد. در این‌جا باید به دو نکته اشاره شود. یکی آنکه نشان‌داری در متون، به صورت سلسله‌مراتبی است و از بی‌نشان‌ترین سطح تا سطوح میانی نشان‌داری قرار می‌گیرد. بنابراین نشان‌داری نسبی است و نشان‌دارتر بودن را صرفاً نمی‌توان مزیت دانست. دوم این‌که خودِ این به اصطلاح بی‌نشان‌دارتر بودن نشانه‌ها در این متون (نسبت به برخی متون بالقوه‌ی دیگر) مزیتی برای هدف مطالعه محسوب می‌شوند. چراکه در این صورت می‌توان به صورت بازتر و با محدودیت کمتری به بررسی ساختارها از طریق معانی پرداخت؛ و این مقصود اصلی این پژوهش است.

اکنون به بررسی لایه‌ی دیگر در این متن می‌پردازیم. در سطحی دیگر در مطالعه‌ی متون این پژوهش، لایه‌های دیگری وجود دارند که همان توضیحِ معانی هر واژه در هر حوزه‌ی معنایی است. همان‌طور که در بخش دوم خواهیم دید، در هر فصل علاوه بر برشمردن واژه‌های هر حوزه‌ی معنایی، از هرکدام از آن‌ها (و بیشتر از لغت‌نامه‌ی دهخدا) معانی‌ای داده شده است. این معانی همانند آنچه در فوق گفته شد، هر کدام به عنوان لایه‌ای در خوانش ما از متن اثر می‌گذارند؛ با این تفاوت که در این سطح لایه‌ها ممکن است واژه‌ها و یا جملات باشند. این مورد از آن‌جا که ممکن است در زبان سخنگویان یک زبان، معانی برای آن‌ها بدیهی جلوه کند، در فرهنگ‌های دوزبانه (و یا فرهنگ‌های

یک زبانه برای سخنگویانی غیر از خود) به صورت روشن‌تر و واضح‌تری مشخص است. به عنوان مثال در مقابل واژه‌ی coincidence در فرهنگ آریانپور و در یکی از معانی این واژه آمده است: «تصادف»، «اتفاق» و «هم‌رخداد». (آریانپور، ۱۳۷۸: ۱۴۶) هر یک از این سه واژه، لایه‌ای هستند که در تولید این متن در کارند و بر یکدیگر اثر می‌گذارند. مثلاً اگر در مقابل این واژه‌ی انگلیسی تنها «تصادف» نوشته می‌شد، یقیناً درک ما از معنی واژه تفاوت داشت و محتمل بود که مثلاً فرد غیر انگلیسی زبان بر اساس آن عبارتی همچون car coincidence را به کار ببرد. بنابراین این معانی در حکم لایه‌هایی دلالتگر بر خوانش ما از متن در سطحی دیگر تأثیرگذارند.

بدین ترتیب در بخش دوم کتاب، واژه‌های پنج حوزه‌ی معنایی -به مثابه متن- به عنوان تلاشی برای یافتن ساختارها و اصول کلی در پس آن‌ها، بررسی می‌شوند. این واژه‌ها بنا بر آنچه در فصل نخست گفته شد در ادراک انسان مؤثر هستند و در طراحی عناصر محیطی و برنامه‌ریزی باید مودر توجه قرار گیرند.

۴-۶- واژه، معنا، مرجع و مصداق

در پایان این فصل و پیش از ورود به بخش دوم لازم به نظر می‌رسد که درباره‌ی واژه‌ها و چیزهای جهان مطالبی گفته شود. این موضوع از دیرباز مورد توجه گروه‌های بسیاری چون فیلسوفان، منطق‌دانان و زبان‌شناسان بوده است. در فصل‌های گذشته گاه اشاراتی به این موضوع (همچون دیدگاه راسل نسبت به واژگان مصداقی قاموسی) صورت گرفت که در این‌جا قصد داریم آن مسائل را کمی بیشتر بررسی کنیم، هرچند که مطالعه‌ی کامل این موضوع از حوصله‌ی این کتاب خارج است.

یکی از نظریه‌هایی که از گذشته همواره محل بحث بوده و پیشینه‌ی آن به آرای افلاطون و ارسطو باز می‌گردد «نظریه‌ی ارجاعی» است. مبنای این نظریه آن است که واژه‌های زبان به چیزهایی در جهان خارج دلالت می‌کنند (صفوی، ۱۳۸۲: ۸۸). بدین ترتیب در این نظریه واژگان، اسامی یا برچسب‌هایی برای اشیا هستند (پالمر، ۱۳۸۷: ۴۴). به این نظریه تا کنون انتقادات متعددی وارد شده است. برای نمونه چندلر معتقد است که هرچند که در لغت‌نامه‌ها بیشتر اسامی یا واژه‌ها به چیزهایی ارجاع می‌دهند ولی

بیشتر این چیزها مفاهیمی انتزاعی هستند تا آن‌که ماده‌هایی فیزیکی در جهان باشند. وی می‌گوید «شما نمی‌توانید به ذهن، فرهنگ یا تاریخ اشاره کنید، این‌ها به هیچ‌وجه اشیاء یا چیزها نیستند.» (Chandler, 2007: 60-61) پالمر در مثال‌هایی دیگر از افعال یاد می‌کند و این‌که چه چیزی به وسیله‌ی فعل نام‌گذاری می‌شود. مثلاً «دویدن»، «دوست‌داشتن» و یا «دیدن» به چه چیزی اشاره می‌کنیم؟ حتی اگر در همان «دویدن» برای مثال تصویر پسری را در حال دویدن نشان دهیم و بگوییم کاری که وی انجام می‌دهد دویدن است با مشکلات دیگری روبه‌رو خواهیم شد، از جمله آن‌که آیا «دویدن» تنها حرکت سریع پاها است یا حرکت دست‌ها را نیز شامل می‌شود؟ و یا لازمه‌ی آن تغییر مکان شخص است و سرعت نیز ملاک معتبری است یا خیر؟ (پالمر، ۱۳۸۷: ۴۵) به هرحال در این نظریه مشکلات فراوانی به وجود می‌آید که پاسخ به تمام آن‌ها آسان نیست.

ویتگنشتاین در دیدگاهی دیگر درباره‌ی معنی معتقد است که درک معنی را آن‌چیزی می‌دانست که به هنگام فراگیری زبان، فرا می‌گیریم. بدین ترتیب درک معنی در این مفهوم، شکل پیچیده‌ای از رفتار اجتماعی است (صفوی، ۱۳۸۲: ۹۶). وی بر آن بود که نباید معنی کلمه را جست‌وجو کرد، بلکه باید به دنبال کاربرد آن بود (پالمر، ۱۳۸۷: ۶۰). در نظر ویتگنشتاین به دلیل آن‌که بررسی این موضوع امکان‌پذیر، و برای ما حوزه‌ای آشناتر و شناخته‌شده‌تر از «معنی» است، برای کاستن از رمز و راز حوزه‌ی درک الفاظ زبان می‌توان از آن استفاده کرد. برای مثال معنیِ الفاظی مانند «سلام»، «چطوری؟» و «معذرت می‌خواهم»، رفتاری است که این ساخت‌ها در ایجاد ارتباط از خود نشان می‌دهند. این‌ها ابزارهایی قراردادی برای باب سخن‌گشایی، قدردانی، پوزش و مانند این‌ها هستند. هر کدام از آن‌ها دارای نقش کاربردی خاص هستند که در شرایط اجتماعی خاصی به کار می‌روند. بنابراین وقتی بخواهیم درباره‌ی معنی این الفاظ صحبت کنیم، هرچه بگوییم مطالبی درباره‌ی کاربرد آن‌ها است. (صفوی، ۱۳۸۲: ۹۶–۹۷) به این دیدگاه همچون سایر دیدگاه‌ها انتقاداتی نیز وارد است که در این‌جا قصد پرداختن به آن‌ها را نداریم.

لاینز از افرادی است که در زمینه‌ی معنا و مرجع و مصداق، شرح نسبتاً کامل و جامعی ارائه داده است. وی با طرح سه مفهـوم ارجـاع (reference)، ارجاع مقولـه‌ای (denotation) و معنا (sense)، به ارائه‌ی دیدگاه‌های خود پرداخته است. وی ارجاع را مفهومی وابسته به پاره‌گفتار می‌داند که در مورد صورت‌های منفرد واژگانی موضوعیتی ندارد (Lyons, 1977: 107 به نقل از سجودی، ۱۳۹۰ب: ۴). لاینـز معتقـد است «۱. شرط موفقیت عمل ارجاع آن است که عبارت ارجاعی باعث شود که شنونده به درستی هستی مورد نظر یعنی مرجع (referent) را تشخیص دهد. ۲. این گوینده است که ارجاع می‌دهد... هرچند در کلام ممکن است بگوییم این عبارت به فلان مرجع ارجاع می‌دهد.» (Lyons, 1977: 177 به نقل از سجودی، ۱۳۹۰ب: ۴-۵) سپس وی مقصود خـود را از بن‌واژه‌ی قاموسی بدین طریق شرح می‌دهد: رابطه‌ای است که بین بن‌واژه‌ی قاموسی و اشخاص، چیزها، مکان‌ها، ویژگی‌ها، فرایندها و فعالیت‌های بیرون از نظـام زبـان برقـرار است. لاینز در حقیقت ارجاع مقوله‌ای را از خصوصیات واژه‌ها می‌داند درحالی کـه ارجـاع عملی است که گوینده انجام می‌دهد. و در نهایت از دید وی، معنا بـا روابـط درون‌زبـانی سروکار دارد و هم‌معنایی یعنی داشتن معنای یکسان و نه مرجع یکسان (همان). در مثال زیر تمایز معنا و مرجع به صورت روشن‌تری قابل درک است:

(۱) جان ابله است.

(۲) برادرم ابله است.

(۳) جان نادان است.

برای آن‌که جایگزینی در مثال ۲ قابل قبول باشد باید «برادرم» و «جان» هم‌مرجـع باشند. در حالی که در مورد دو واژه‌ی «ابله» و «نادان» که به جای یکـدیگر نشسته‌انـد شرط مقبولیت هم‌معنایی ایـن دو واژه است. (سـجودی، ۱۳۹۰ب: ۸) همچنین وی در مثالی دیگر «تک‌شاخ» را به عنوان نمونه‌ای که فاقد ارجاع مقوله‌ای است اما معنا دارد، بررسی می‌کند و معنادار بودن آن را ناشی از روابط معنایی ایـن واژه بـا واژه‌هـایی چـون «حیوان»، «اسب» و «شاخ» و همچنین امکان تشخیص ارجاع مقولـه‌ای ایـن واژه‌هـا می‌داند (همان: ۶). سجودی در این زمینـه بـا اشـاره بـه بحـث لاینـز درباره‌ی ارجاع،

می‌گوید: «چه ارتباطی می‌تواند بین کلمه‌ی کتاب و کتابی در جهان خارج وجود داشته باشد: هیچ، مگر وقتی که گویشوری... بگوید «این کتاب» یا... با دست اشاره کند و مثلاً بگوید «کتاب را به من بده».» (همان: ۲۷)

اما، دلالت آن‌گونه که سوسور در نظر داشت و رابطه‌ای بود میان دال و مدلول درون نظام زبان و همچنین ارزش، می‌تواند بحث را به گونه‌ای دیگر مطرح کند. سجودی معتقد است لاینز هرچند که به درستی ارجاع را عملی وابسته به گویشور و پاره‌گفتار می‌داند و خود زبان را از ارتباطی مصداقی با جهان جدا می‌کند، اما در بحث ارجاع مقوله‌ای «گرفتار همان وهم ارتباط یک‌به‌یک بین زبان و جهان مادی می‌شود، با این تفاوت که یکِ زبان این‌بار در برابر یکِ مقوله‌ای در جهان خارج قرار داده می‌شود. اما مدلول یا مقوله‌ی معنایی نه مجموعه‌ی چیزهای جهان خارج، بلکه محصول شبکه‌ای تمایزی در نظامی صوری است.» (همان: ۲۹) در این معنا این واژگانِ زبان هستند که امکان شناخت و طبقه‌بندی جهان را فراهم می‌کنند و نه برعکس. در مورد این موضوع و توضیحِ مفهوم ارزش در فصل دوم با جزئیات بیشتری سخن گفته شد که از تکرار آن‌ها خودداری می‌کنیم.

قصد ما از آوردن این موضوعات آن بود که هنگام بررسی واژه‌ها در بخش دوم کتاب چگونگی رابطه‌ی آن‌ها با جهان خارج و همچنین معنای آن‌ها را در نظر داشته باشیم. در حقیقت یکی دیگر از دلایلی که به انتخاب نظام زبان برای هدف چنین پژوهشی (در کنار سایر دلایلِ مطرح شده) دست زدیم، همین مفهومی بود که در بالا یاد کردیم: واژگان زبان امکان شناخت و طبقه‌بندی جهان را فراهم می‌کنند و نه برعکس. به بیان دیگر با بررسی واژگان یک حوزه‌ی معنایی و درک تمایزات میان آن‌ها درک بهتری نسبت به جهان و محیط پیرامون صورت می‌گیرد. واژگان به عناصری در جهان خارج ارجاع نمی‌دهند و آن‌ها را نام‌گذاری نمی‌کنند. مثلاً واژه‌ی «شهر»، به چیز خاصی یا شهر خاصی اشاره نمی‌کند، بلکه معنای آن حاصل رابطه‌ی افتراقی این نشانه (واژه) با سایر نشانه‌ها در یک نظام است. دانستن این تمایزات بر اساس آن‌چه که در فصل نخست درباره‌ی رابطه‌ی زبان و واژگان گفته شد، برای طراحان و برنامه‌ریزان به نظر لازم می‌آید.

در حوزه‌ی معنی‌شناسی برخی از روابط مفهـومی در سـطح واژگـان وجـود دارد کـه دانستن آن‌ها به درک بهتر و دقیق‌تر روابط در این مطالعه می‌انجامد. در ادامه به توضیح برخی از آن‌ها که در این پژوهش اهمیت بیشتری داشته‌اند می‌پردازیم.

– هم‌معنایی: یکی از شناخته‌شده‌ترین روابط مفهومی است. بـرای مثـال «گیتـی» و «جهان» و یا «جوان» و «برنا» در این رابطه قـرار مـی‌گیرنـد. در تعریـف چنان گفتـه می‌شود که جابه‌جایی دو واژه‌ی هم معنی، تغییری در زنجیـره‌ی گفتـار پدیـد نمـی‌آورد؛ هرچند که در هیچ زبانی هم‌معنایی مطلق وجـود نـدارد. بـه عنـوان مثـال عـدم امکـان جانشینی «گیتی» با «دنیا» در ترکیبی نظیر «سفر دور دنیا» هم‌معنایی مطلـق ایـن دو واژه را مورد تردید قرار می‌دهد. (صفوی، ۱۳۹۰: ۱۰۶-۱۰۷) می‌توان گفـت هـم‌معنایی مطلق با اقتصاد زبانی در تضاد است. بـه بیـان دیگـر اگـر دو واژه بـر روی دو محـور هم‌نشینی و جانشینی جایگاه یکسانی را اشغال کنند، در این صورت یکی از ایـن دو واژه در میان واژگان زبان حشو خواهد بود و نمی‌توانند به حیـات خـود در نظـام زبـان ادامـه دهند. در این صورت یکی به ناچار یا از زبان خارج می‌شود و یا با تغییر در معنی عـاطفی یا معنی شناختی ارزش جدیدی را به خود اختصـاص مـی‌دهـد. (افراشی، ۱۳۷۸: ۱۷۰-۱۷۱) همچنین در نگاهی دیگر از آن‌جا که شناخت بر پایه‌ی تقابل صـورت مـی‌گیـرد و تمایز میان پدیده‌ها در مقایسه تعیین می‌گردد، می‌توان گفت تقابل در زبان پدیده‌ای فطری است. بنابراین ماهیت زبان دارای مشخصه‌ای است که هم‌معنایی مطلـق را نفـی می‌کند. (همان: ۱۷۱) در این مورد می‌توان بار دیگر مفهوم «ارزش» را مطرح کرد که در آن ارزش، رابطه‌ای افتراقی و تمایزی میان نشانه‌های زبانی است.

– تقابل معنایی: این رابطه گونه‌های مختلفی را شـامل مـی‌شـود کـه تضـاد، صـرفاً گونه‌ای از آن است. واژه‌هایی نظیر «زیـر» و «رو» و یـا «زن» و «مـرد» نمونـه‌هـایی از تقابل معنایی‌اند. (همان: ۱۱۷-۱۱۸)

– تباین معنایی: نوعی از تقابل است کـه میـان مفهـوم چنـد واژه در یـک حـوزه‌ی معنایی پدید می‌آید. گروهی نظیر «شنبه/یکشنبه/.../جمعه» نمونه‌ای از این رابطـه اسـت که نفی یکی از آن‌ها تأیید دیگر اعضای این حوزه است. (همان: ۱۲۰)

– شمول معنایی: این رابطه زمانی وجود دارد که مفهومی بتواند یک یا چند مفهوم دیگر را شامل شود. همچون مفهوم واژه‌ی «گُل» (واژه‌ی شامل) که مفهوم واژه‌های «لاله»، «سنبل» و جز آن (واژه‌های زیرشمول) را در بر می‌گیرد. در حقیقت واژه‌ی شامل از شرایط لازم و کافی کمتری نسبت به واژه‌های زیرشمول خود برخوردار است. (همان: ۹۹-۱۰۰) البته معمولاً تعداد واژه‌های شامل (فراگیرنده) در زبان بسیار کم است و این رابطه از زبانی به زبان دیگر کاملاً متفاوت است (پالمر، ۱۳۸۷: ۱۳۲-۱۳۵).

– جزءواژگی: نوعی رابطه‌ی سلسله‌مراتبی میان اجزا و کلِ تشکیل‌دهنده‌ی آن اجزا است. به عنوان مثال «بازو» و «آرنج» هر کدام جزئی از «دست» هستند. (همان: ۱۰۳)

در انتهای این فصل به نظر می‌رسد مناسب باشد از میان عباراتی که برای توصیف معنی واژه‌ها در لغت‌نامه استفاده شده است، از دو نوع از آن‌ها که برای هدفِ مورد نظر این مطالعه دارای اهمیت بیشتری هستند، یاد کنیم: عبارت‌های مرکب تفسیری و عبارت‌های مرکب تحدیدی. در نتیجه‌گیری‌های هر فصل در بخش دوم، به این عبارات توجه شده است. به سبب اهمیت این مفاهیم در این‌جا توضیح مختصری را درباره‌ی آن‌ها بیان می‌کنیم. جمله‌هایی مانند «انسان که فناپذیر است» تفسیری هستند. در حقیقت آن‌گاه عبارتی تفسیری است که: ۱. مفهوم بیان شده در آن در مفهوم واژه‌ی اصلی عبارت وجود داشته باشد یا ۲. مفهوم بیان شده در عبارت مرکب، مفهوم ویژگی فرعی همه‌ی فرودستان آن مفهومی باشد که واژه‌ی اصلی بیان می‌کند. (و مفهوم فرودست هنگام بحث درباره‌ی مفهوم و مصداق مورد بررسی قرار گرفت.) همچنین عبارت‌های تحدیدی چون «اجسام شفاف» دارای این ویژگی هستند که مصادیق مفهوم بیان شده به وسیله‌ی عبارت مرکب، کمتر از مصادیق مفهوم واژه‌ی اصلی باشد (چامسکی، ۱۳۸۹: ۴۲). در مورد عبارت‌های تحدیدی به نظر می‌رسد که ما در حال نزدیک شدن به مصداقی خاص هستیم. ولی از آنجایی که روابط مفهومی در شناخت ما می‌توانند مؤثرتر واقع شوند، عبارت‌های تفسیری از ارزش بیشتری در این مطالعه برخوردارند. در همین مورد ارسطو معتقد بود آن شناخت‌هایی که انتزاعی‌تر و از ماده دورتر است، دقیق‌تر و قابل فهم‌تر و ملموس‌تر از آن شناخت‌هایی است که از اشیای

عینی و غیر انتزاعی داریم (همان: ۷۵). هرچند که عبارت‌های تحدیـدی دقـت مـا را در شناخت تمایزات بیشتر می‌کند.

خلاصه‌ی مطالب

این فصل را با توضیح مفاهیم «زبان» و «گفتار»، روابط «همنشینی» و «متداعی» و همچنین «نشانداری» آغاز کردیم. در تقابل دوگانه‌ی زبان و گفتار یاد کردیم که در نظر سوسور زبان نظامی از نشانه‌ها است که پیوند معانی و تصورات صوتی تنها عامل اساسی در آن و گفتار وجه عملی زبان است. زبان اجتماعی اسـت و خـارج از عملکـرد شـخص گوینده و گفتار فردی. همچنین در تقابلی دیگر که به روابط همنشینی و متداعی مربـوط می‌شود، همنشینی وابسته به گفتار و روابط واژه‌ها در گفتار اسـتوار بـر ویژگـی خطـی و یک‌بعدی زبان است؛ و از سوی دیگر روابط متداعی مربوط به نظام زبان و در خـارج از چارچوب گفتار که تکیه‌گاه آن‌ها امتداد خطی یا زبانی نیست. نشانداری نیز یکی از روابط در سطح واژگان نظام زبان و نشان چیزی شبیه به شرایط لازم و کافی تشخیص مفهـوم یک واژه است.

در ادامه، بازبینی‌هایی که سجودی به منظور معرفی نظریه‌ی نشانه‌شناسـی لایـه‌ای، در مفاهیم نشانه، متن و رسانه طرح کرده بود، ذکر شد و سپس نظریه مورد بررسی قـرار گرفت. همان‌طور که یاد شد نظریه‌ی نشانه‌شناسی لایه‌ای به‌گونه‌ای در میان نظریـه‌ی ساختگرایی و پساساختگرایی قرار می‌گیرد و دیدگاهی متعادل‌تر را ارائه می‌دهد. به بیـان دیگر روابط بین لایه‌های متنی نه آن‌گونه منجمد و تقلیل‌پذیر به ساختارهای همه‌زمانی و همه‌مکانی مورد نظر ساختگرایان است و نـه قائـل بـه ناایسـتایی محـض مـورد نظـر پساساختگرایان. سپس بعد از بحث پیرامون متن و ارائه‌ی نکاتی در ارتباط بـا مظاهـر فرهنگی‌ای چون معماری و شهرسازی، با معرفی «حوزه‌ی معنایی» به مثابه «مـتن» در این پژوهش، به بررسی لایه‌هـای دخیـل در آن پـرداختیم، کـه در خـوانش مـا از مـتن تأثیرگذار هستند.

قسمت پایانی این فصل به موضوع واژه‌ها، معانی و جهانِ خارج اختصاص داشت. در این باره برخی از نظریه‌های مرتبط را مرور کردیم و گفتیم که این واژگان زبان نیسـتند

که به جهان خارج نیاز داشته باشند، بلکه واژه‌ها، جهان را برای ما شناختنی و طبقه‌بندی می‌کنند. سپس تعدادی از روابط مفهومی که در سطح واژگان زبان وجود دارد را بررسی کردیم. یکی از مهم‌ترین آن‌ها رابطه‌ی هم‌معنایی بود و اشاره کردیم که امکان هم‌معنایی مطلقِ واژه‌ها وجود ندارد.

بخش دوم

بررسی پنج حوزه‌ی معنایی

در این بخش بر اساس آنچه در بخش نخست درباره‌ی زبان، ادراک و نشانه‌ها (واژه‌ها) یاد شد، به بررسی پنج حوزه‌ی معنایی مرتبط با معماری و شهرسازی می‌پردازیم. (برای مطالعه‌ی بیشتر ن.ک. به: براتی و متدین، ۱۳۸۰) بدین ترتیب در هر فصل ابتدا واژه‌های هر حوزه‌ی معنایی و معانی و توضیحات آن‌ها از لغت‌نامه‌ها و فرهنگ‌ها ذکر خواهند شد (غیر از فصل پنجم که به دلیل اهمیت موضوع ابتدا نظریات برخی از افراد مورد بررسی قرار گرفته است). در بیشتر موارد، واژه‌ها از لغت‌نامه‌ی دهخدا استخراج شده‌اند که دلیل آن کامل و جامع بودن نسبی آن نسبت به سایر لغت‌نامه‌ها است؛ هرچند که در برخی موارد از سایر فرهنگ‌های فارسی نیز کمک گرفته شده است. در میان توضیحات لغات، گاه، بنا بر نیاز توضیحاتی از نگارندگان آورده شده است، اما نتایجِ اصلی حاصل از هر فصل به پایان آن فصل و قسمت «جمع‌بندی و نتیجه‌گیری» موکول شده است.

در لغت‌نامه‌ی دهخدا اکثر معانی و توضیحات به صورت یک یا چند واژه آمده‌اند و در انتهای هرکدام نقطه‌گذاری شده است. در این کتاب برای حفظ یکپارچگی و انسجام متن، عموماً این واژه‌ها و عبارات به صورت جمله نوشته شده‌اند. نکته‌ی دیگری که باید یادآوری شود آن است که برخی از این واژه‌ها فارسی هستند و برخی دیگر از عربی به فارسی وارد شده‌اند. به دلیل آن‌که تمام این واژه‌ها در لغت‌نامه‌ی دهخدا موجود هستند و این لغت‌نامه برای زبان فارسی است، از ذکر فارسی یا عربی بودن واژه‌ها تا حد ممکن خودداری شده است (در برخی موارد و بنا بر ضرورت، استثنائاتی نیز وجود دارد). همچنین ترتیب واژه‌ها در تمام فصل‌ها به صورت الفبایی است.[۲۰]

---

۲۰. درباره‌ی نحوه‌ی منبع‌نویسی داخل متن نیز باید به یک نکته اشاره کنیم. به دلیل این‌که بیشتر ارجاعات این بخش به «لغت‌نامه‌ی دهخدا» بود و اگر از واژه‌ی «همان» در منابع داخل متن استفاده می‌شد، خواننده برای یافتن منبع اصلی گاه باید به چندین صفحه‌ی قبل باز می‌گشت و ممکن بود در خواندن وی اختلال ایجاد کند. بنابراین تنها در صورتی که در یک پاراگراف دوبار ارجاع به منبعی یکسان انجام شده بود، از این روش استفاده، و در سایر موارد از این روش پرهیز کرده‌ایم.

در پایان به این نکته اشاره می‌کنیم که در مطالعات زبان‌شناسی در قرن نـوزدهم بـه رشته‌ای به نام مطالعه‌ی «واژه‌ها و اشیا» برمی‌خوریم. در این رشـته سـعی مـی‌شـده تـا عناصر سازنده‌ی فرهنگ مادی (نظیر وسایل کشاورزی، گیاهان غیر وحشی و جز این‌ها) را بررسی کنند، تاریخچه‌ی آن‌ها را به دست دهند و توزیع جغرافیایی و واژگان مربوط به آن‌ها را جزء به جزء بررسی نمایند. بنا به اعتقاد این گـروه هـر کلمـه‌ای چـه بـه لحـاظ معناشناسی، چه دستور و چه تلفظ، تاریخ خاص و منحصر به فرد خود را داراست (روبینز، ۱۳۸۷: ۴۰۵-۴۰۶). گرچه ممکن است در نگاه اول این کار شبیه آنچه در اینجـا قصـد داریم انجام دهیم جلوه کند، ولی با نگاهی دقیق‌تر دو اختلاف عمده را مـی‌تـوان تشخیص داد. نخست آن‌که مطالعه‌ای که در پی آن هستیم مطالعه‌ای تاریخی نیسـت و بـه هـیچ وجه به ریشه‌شناسی واژه‌ها نظر ندارد[۲۱]. دوم هدف ما از بررسی واژه‌ها شـناخت اصـول فکری مؤثر در فرهنگ است و نه بررسی بـه منظـور شـناخت صـرف واژه و از دیـدگاه زبان‌شناسی.

---

۲۱. البته در استثنائاتی در توضیح برخی از واژه‌ها در این کتاب به ریشه‌شناسی مختصر آن‌هـا نیـز پرداختـه شـده است. باید توجه داشت این امر به منظور نیل به مقصود اصلی کتاب انجام گرفته و به خودیِ خود، هدف نیست.

فصل ۱: حوزه‌ی معنایی فضا و مکان

مقدمه

اگر بخواهیم پیرامون رابطه‌ی متقابل تفکر، ادراک، زبان و محیط زیست بحث کنیم، بدون شک یکی از مهم‌ترین عوامل و ابزارهای قابل بهره‌گیری، واژه‌هایی هستند که در یک زبان (در اینجا زبان فارسی) برای حوزه‌ی معنایی فضا و مکان استفاده شده است. این واژه‌ها، بر پایه‌ی آنچه که در بخش اول این کتاب ارائه گردید، تنها ابزار برقراری ارتباط انسان با انسان‌های دیگر نیست بل ابزاری است برای ارتباط انسان با خودش، با جهان و با ماوراءالطبیعه. اگر به این موضوع باور داشته باشیم اهمیت کلمات ذیل در مورد فضا/زمان و مکان مشخص می‌شود. ماهیت فضا و مکان، جدای از نظریه‌های فیلسوفان، ریاضی‌دانان، معماران و جز آن‌ها، یک جنبه فرهنگی-زبانی هم دارد. این‌که چه واژه‌هایی برای اشاره به مکان و فضا در زبان فارسی وجود دارد، رابطه‌ی افتراقی میان آن‌ها چگونه است و این واژه‌ها چگونه جهان را برای ما برش می‌زنند، همه در ماهیت فرهنگی فضا و مکان تأثیر مهمی دارند. در این فصل و در کل در این کتاب از بحث پیرامون مباحث فلسفی (همچون چیستی فضا در نظر افلاطون، ارسطو و سایرین) خودداری می‌کنیم، چراکه هم از حوزه‌ی این کتاب خارج می‌شود و هم مطالب بسیار طولانی و سردرگم‌کننده خواهد شد. البته به یقین بحث جامع و کامل پیرامون این مفاهیم به تمامی این حوزه‌ها و دستاوردهای آن‌ها نیاز دارد.

با این مقدمه به بررسی واژه‌هایی می‌پردازیم که در زبان فارسی -براساس لغت‌نامه‌ی دهخدا- برای حوزه‌ی معنایی «فضا/زمان و مکان» وجود دارد.

بررسی واژگان حوزه‌ی معنایی «فضا و مکان»

آستان: در فارسی اسم و به معانی درگاه، وصید، جناب، عتبه، ساحت، حضرت، کریاس، گذرگاه و همچنین قسمت پیشین خانه که متصل به درب خانه است، می‌باشد. آستان مجازاً بارگاه ملوک و آستانه نیز معنا می‌دهد (دهخدا، ۱۳۷۷، ج.۱: ۱۳۴).

اریکه: این واژه، تخت، منصه، فراش، مسند، سریر، آراسته و اورنگ معنی شده است (دهخدا، ۱۳۷۷، ج.۲: ۱۹۵۹).

اورنگ: در معانی تخت پادشاهی، سریر و تخت، زندگانی، آسمان، فر و زیبایی به‌کار رفته است (دهخدا، ۱۳۷۷، ج.۳: ۳۶۳۰-۳۶۳۱).

بارگاه: اسمی است مرکب و به معنی خیمه‌ی پادشاهان و سلاطین و غیر پادشاهان، اتاق پادشاهان، جای رخصت و اجازت، دربار، جایی که شاه بارعام می‌دهد، درگاه، درِخانه، صفهٔ بزرگ که مردمان در آن‌جا گرد آیند و همچنین بندر است (دهخدا، ۱۳۷۷، ج.۳: ۴۰۴۳-۴۰۴۴).

پیشگاه: اسم مرکب است به معانی صدر، صدر مجلس، بالای مجلس، مقابل درگاه، مقابل آستان، مقابل پایگاه، پیشگه، پیشگاه فراخ سرای، محضر سلطان یا بزرگی، بارگاه، محضر صاحب صدری، مقام اول، مقام منیع بزرگان و شاهان، پادشاه صاحب تخت و مسند، رئیس، قبله، تخت، کرسی و صندلی که در پیش تخت (سلطان یا امیری) نهند، جلوخان، ایوان، صحن سرای و خان، محراب مسجد و همچنین فرشی که پیش خانه درافکنند (دهخدا، ۱۳۷۷، ج.۴: ۵۹۸۷-۵۹۸۹).

تخت: اسمی دیگر در فارسی و به معنای اریکه، سکویی که از هیچ طرف به دیوار متصل نباشد، محل جلوس پادشاه، سریر، اورنگ، اریکه، زین، خوابگاه چوبین یا آهنین، هر جای مرتفعی از زمین که در آن می‌نشینند و می‌خوابند و تکیه می‌کنند، ایالت حکمرانی، شهر و مقر سلطنت، کنایه از آسمان، کنایه از حوضه‌ی پیل و عماری و همچنین مجازاً به معنی سلطنت، پادشاهی و حکومت هم هست (دهخدا، ۱۳۷۷، ج.۵: ۶۵۰۰-۶۵۰۳).

جا: به معنای مکان و مقام است و نیز محل، مستقر و موضع. بستر، منزل، مـأوی، ظرف، کاسه، قدر، اندازه، ثابت و ساکن از معانی دیگر این واژه در زبان فارسـی هسـتند (دهخدا، ۱۳۷۷، ج.۵: ۷۳۱۱-۷۳۱۳).

جناب: به معنای درگاه، آستانه‌ی خانه، کرانه، گرداگرد و کنار و گوشه‌ی سرا و خانـه می‌باشد (دهخدا، ۱۳۷۷، ج.۵: ۷۸۶۱).

حضرت: در توضیحات این واژه حضور، مقابل غیبت، حالت در شهر بـودن، جانـب، سوی، طرف، مجلس، محضر، درگاه، آستانه، پیشگاه، دربار، شهر، مقابل بادیه، شهری که شاه و امیر در آنجاست، مستقر، مقر، عاصمه، کرسی، پای‌تخت، دارالسلطنه، مقام خلافت، دارالخلافه، خواجه و بزرگ و مهتر و بزرگوار و آقا یاد شـده اسـت (دهخـدا، ۱۳۷۷، ج.۶: ۹۱۲۲-۹۱۲۴).

درگاه: اسم مرکب فارسی و به معنای درب خانه و در مقابل پیشگاه است. همچنین آستانه و جلوی در، مقابل خانه و حضرت عتبه، مدخل و جای درب ورودی و نیـز مقابـل صدر را درگاه گویند. درگاه به معنی آستانه‌ی سـلاطین و ملـوک، پیشـگاه کـاخ، ایـوان، جناب، حضرت و نیز دربار، بارگاه، قصر و کاخ شاهی هـم اسـت (درگـاه اعلی=دربـار یـا پای‌تخت). خدمت، تکیه‌گاه و محل عبادت از دیگر توضیحات یاد شده مقابل ایـن واژه است (مانند درگاه معلی و یا درگاه الاهی) (دهخدا، ۱۳۷۷، ج.۷: ۱۰۶۴۱-۱۰۶۴۳).

ساحت: این اسم در فارسی در معانی میان سرای، گشادگی میان سرای‌ها، فراخنای سرای، صحن خانه، حیاط، فضای مکان و ناحیه، عرصه، میدان، ناحیه و محوطه یاد شده است. همچنین در توضیحات این واژه آمده است: درگاه، آستانه و هر بنا که بـر قاعـده‌ی عدل و احسان قرار گیرد (دهخدا، ۱۳۷۷، ج.۹: ۱۳۲۰۵).

سریر: اورنگ، تخت و ملک (دهخدا، ۱۳۷۷، ج.۹: ۱۳۶۴۰).

صحن: در توضیحات این اسم آمده است: میان سرای و ساحت آن، صفه‌ی سـخت و بلند و پهناور مشرف بر باغ و در پیش حوض بزرگ، عرصه، فضا، میدان، ساحت، قدح بزرگ و زمین هموار (دهخدا، ۱۳۷۷، ج.۱۰: ۱۴۸۷۲-۱۴۸۷۳).

عرش: به معنای تخت و سریر پادشاه، اورنگ، گاه، سریر، تخت رب‌العالمین، آسمانی بالای همه‌ی آسمان‌ها، جسم محیط بر عالم و جمیع اجسام، فلک‌الافلاک، بام رفیع، بحر وسیع، چرخ برین، خیمه، کوشک، چتر و سایبان است (دهخدا، ۱۳۷۷، ج.۱۰: ۱۵۸۰۱-۱۵۸۰۲).

عرصه: اسم عربی و در زبان فارسی به معنای گشادگی میان سرای، صحن خانه، خانه، بقعه و زمینی که بنا در آن نباشد، است. فارسی‌زبانان عرصه را به معنای مطلق میدان نیز استفاده می‌کنند (مانند عرصه‌ی بزم، عرصه‌ی رزم، عرصه‌ی پیکار و جز آن). زمین خانه. رزمگاه. میدان و صحرا. سرزمین. جنگ‌گاه. پهنه. ساحت. فضا. بساط و صفحه شطرنج و نرد. این واژه در مقابل بنا و اعیان نیز بکار رفته است (دهخدا ۱۳۷۷، ج.۱۰: ۱۵۸۰۴-۱۵۸۰۵).

فضا: اسمی به معنای میدان و عرصه، جای وسیع و فراخ و به‌طور کلی مکان. در توضیحات این واژه جای تهی، فلک و آسمان، هوا، گشادی و فراخی هوا، وسعت، پیشگاه و صحن نیز یاد شده است (دهخدا، ۱۳۷۷، ج.۱۱: ۱۷۱۷۱).

کرسی: در مقابل این واژه در لغت‌نامه آمده است: تخت کوچک، تخت، عرش، سریر، چیزی از چوب که بر آن نشینند، علم و دانش، دانشمند، اورنگ، گاه، روز، موضع امر و نهی خدای تعالی، قدرت، صندلی، زیرگاه، جای وعظ، صندلی واعظ، چهارپایه‌ای از تخته که به زمستان گاه زیر آن آتش نهند و بر روی آن لحاف گسترند و در چهار سوی آن نهالین گذارند جهت نشستن و خفتن، پای‌تخت و ام‌البلاد، قطب، حاکم‌نشین، مرکز ناحیه، مقر سلطنت، بارگاه، پرچین، فلک هشتم، بلندی زمین اتاق و ایوان از سطح خانه و همچنین جای نشاندن نگین در انگشتری (دهخدا، ۱۳۷۷، ج.۱۲: ۱۸۲۶۵-۱۸۲۶۶).

گاه: اسمی است فارسی و در این معانی بکار رفته است: سریر، تخت پادشاهان، کرسی، اورنگ، صندلی، عرش، جا، محل، مکان، مسند، جای نشستن که بر سر تخت سازند مثل چهار بالش، وقت، مقام، آهنگ موسیقی (برای مثال دوگاه، سه‌گاه و چهارگاه)، قدیمی‌ترین و مقدس‌ترین قسمت اوستا. همچنین در توضیحات آمده است: گاتها

[قسمتی از اوستا] در زبان پهلوی تبدیل به «گـاس» و سـپس در زبـان فارسـی پـس از اسلام «گاه» شده است. گاه همان‌گونه که در پهلوی آمده، هم به معنی آهنگ و سـخن موزون، هم به معنی تخت و هم دفعه‌ای از زمان است و در زبان فارسـی نیـز در همـین موارد استعمال شده است. هر خانه‌ای از خانه‌های نرد، خیمه و چادر، نوبت، موقـع، زمـان (همچون شبانگاه، صبحگاه، سحرگاه، دیرگاه و شامگاه)، عصـر، دوره، فرصـت، فصـل و موسم نیز از دیگر معانی این واژه هستند. گاه در برخی موارد به شـکل پسـوند در معنـی مکان و جای (مانند لشکرگاه، رزمگاه، وعده‌گاه، بازارگاه، جایگاه، بارگاه، آوردگاه، درمانگاه و جز آن) نیز استفاده می‌شود (دهخدا، ۱۳۷۷، ج.۱۲: ۱۸۹۳۵–۱۸۹۴۲).

محل: این واژه هم‌معنی است با جـای فـرود آمـدن، جـای‌بـاش، موقـف و موضـع، جایگاه، مسکن، منزل، مقام، زمینه، موقع، پایه، شأن، وقت و هنگام (برای مثال بی‌محـل به معنی بی‌وقت و نابهنگام است) (دهخدا، ۱۳۷۷، ج.۱۳: ۲۰۴۰۴–۲۰۴۰۵).

مکان: به معنای جای و جایگاه و صیغه‌ی اسم ظرف مشتق از کَون کـه بـه معنـی «بودن» اسـت. موضـع، جـای‌بـاش، محـل، مسـکن، خانـه، مقـامف منزلـت و رتبـه از مترادف‌های این اسم در زبان فارسی هستند (دهخدا، ۱۳۷۷، ج.۱۴: ۲۱۳۷۹–۲۱۳۸۱).

موضع: اسم عربی است که در فارسی وارد شده و به معنای مطلق جا و جای نهادن به‌کار رفته است. همچنین هم‌معنا با مکان و محل و جایگاه نیز هست. ایـن واژه در نـزد علمای صرف و نحو «اسـم ظـرف مکـان» مـی‌باشـد (دهخـدا، ۱۳۷۷، ج.۱۴: ۲۱۸۰۴–۲۱۸۰۵).

موقع: در معانی جای افتادن، جای واقع شدن، محل وقـوع، اعتبـار، موضـع، مقـام، پایگاه، هنگام، اتفاق و انقلاب زمانه، هنگام، وقت، زمان وقوع و گاه آمده است (دهخـدا، ۱۳۷۷، ج.۱۴: ۲۱۸۱۲).

میدان: این واژه در لغت‌نامه به معـانی صـفحه‌ی زمـین بـی‌عمـارت، زمـین فـراخ، نبردگاه، جنگ‌جای، عرصه‌ی اسب دوانی، آن‌جا که پهلوانان کشتی گیرند در فضای بـاز، عرصه‌های فراخ در شهرها که در آن‌ها کالاهای مختلف را بفروشند، عرصه‌ی گشاده در

جایی که اطراف آن خانه‌ها و دکان‌ها باشند، آن‌قدر از مسافت که اسب به یک نفس بپیماید، برد گلوله‌ی توپ، دوره و بالاخره (در نزد صوفیه) مقام شهود معشوق آمده است (دهخدا، ۱۳۷۷، ج.۱۴: ۲۱۹۵۹–۲۱۹۶۰).

ورواره: در زبان فارسی اسم است و در معنای بالا خانه و حجره، کرسی و تخت پادشاه و اورنگ پادشاهی، غرفه و چارطاق است (دهخدا، ۱۳۷۷، ج.۱۵: ۲۳۱۷۲).

جمع بندی و نتیجه گیری

عدم وجود واژه‌های فوق برقراری ارتباط ادراکی-شناختی با محیط اطراف را برای یک فارسی زبان بسیار مشکل می‌کند. واژه‌های بررسی شده مسلماً همه‌ی واژه‌هایی که ما در زبان فارسی برای اشاره به فضا و زمان و مکان به‌کار می‌بریم را شامل نمی‌شود. از سوی دیگر، این مفاهیم در این‌جا تنها با مراجعه به یک فرهنگ لغت خاص استخراج شده‌اند. در یک کلام، واژه‌های حوزه‌ی معنایی‌ای که به آن پرداختیم، در نهایت پایه‌ی تصور و فهم و درک یک فارسی زبان را از محیط اطرافش شکل می‌دهند. کلمات فضا و مکان[۲۲]، در عین اشاره به مفاهیم مجرد، چون به معانی و پدیده‌های دیگر فرهنگی مرتبط هستند به سرعت قابل فهم می‌شوند. جالب آن‌که بسیاری از واژه‌های اشاره‌کننده به مفهوم فضا و مکان همزمان به امور «آسمانی و زمینی» و «دنیوی و اخروی» اشاره دارند. واژه‌هایی مانند درگاه، بارگاه، اورنگ، تخت، عرش، سریر و کرسی از این قبیل هستند. بنابراین به نظر می‌رسد علاوه بر جهات چهارگانه‌ی جغرافیاییِ مرسوم به جهت‌های «بالا و پایین» هم اشاره دارند (از جمله ن.ک. به: دهخدا، ۱۳۷۷: ذیل واژه‌های جهات و جهات جغرافیایی).

نکته بسیار مهم دیگر، دلالتِ زمانی-مکانی این برخی از این واژگان است. این موضوع را، جالب‌تر و روشن‌تر از همه، می‌توان در واژه‌ی «گاه» یافت که همزمان هم بارِ

۲۲. هرچند که واژه‌ها به ترتیب الفبایی نگاشته شده‌اند، ولی قصد نگارندگان بررسی واژه‌های حوزه‌ی معنایی فضا و مکان و همچنین پی‌بردن به رابطه‌ی افتراقی آن‌ها بوده است.

مکانی و فضایی دارد و هم بارِ زمانی. «محل» و «موقع» از دیگر نمونه‌های این‌چنینی هستند. این موضوع و استفاده از این واژه‌ها می‌تواند تصور و تجسم فضا-زمان را برای سخنگویان زبان فارسی فراهم آورد؛ در حالی‌که پیوند و بستگی فضا-زمان از مفاهیم و موضوع‌های بسیار پیچیده‌ی علوم جدید است. بومی‌سازی مفاهیم معماری و شهرسازی که امروزه یکی از بحث‌های روز است، می‌تواند با توجه به همین موضوعات صورت گیرد. به بیان دیگر ما نمی‌توانیم برای مثال مفهوم فضا را تنها از راه ترجمه (ی زبانی و غیرزبانی (نشانه‌ای)) وارد ادبیات رشته و پدیده‌های محیطی خود کنیم، بلکه باید بر اساس آنچه که در ادراک سخنگویان زبان فارسی تأثیرگذار است، آن‌ها را بومی و سپس استفاده نماییم. توجه به این امر در طراحی و برنامه‌ریزی‌ها بسیار مهم است. فضا و مکان تنها پدیده‌هایی فیزیکی و تک‌بُعدی نیستند، بلکه با زمان نیز در ارتباط و وابسته به آن هستند. شاید بتوان ادعا نمود آنچه که امروز تحت عنوان دیدهای متوالی (Serial Vision) در معماری و شهرسازی مطرح است (و به تجربه‌ی ناظر در فضا در زمان‌ها و بخش‌های مختلف می‌پردازد) را ما در واژگان زبان خود به‌گونه‌ای دیگر (و حتی جامع‌تر) داشته‌ایم. همان‌طور که گفته شد، زمان و فضا در واژه‌ی «گاه» با یکدیگر یکی شده و درک دیگری از فضا را باعث می‌شود. شاید بتوان از این واژه برای مفهوم دیدهای متوالی، در ادبیات بومی تخصصی معماری و شهرسازی، استفاده کرد و عبارتی را پیشنهاد داد.

از دیگر نکات با اهمیت تمایز میان «فضا» و «مکان» در ادبیات تخصصی رشته‌ی معماری و شهرسازی است که همواره محل بحث متخصصان این رشته‌ها بوده است. در این‌جا با توجه به رابطه‌ی تمایزی و افتراقی نشانه‌های زبانی به این دو مفهوم می‌پردازیم. در توضیحات واژه‌ی «فضا» همان‌گونه که مشاهده شد، واژه‌هایی چون میدان، عرصه، جای تهی، فلک و آسمان و صحن یاد شده است؛ و در مقابل «مکان» واژه‌هایی چون موضع، جای‌باش و خانه یاد شد و این‌که این واژه اسم ظرف از کَون به معنی «بودن» در عربی است. با توجه به این تعاریف می‌توان این‌گونه نتیجه گرفت که «فضا» عرصه و صحنی است خالی و تهی که چیزی در آن وجود ندارد، در حالی‌که

مکان جای‌باش و جایِ بودن است. در حقیقت همین «بودن» تمایز اصلی میان «مکان» و «فضا» است.

بدون شک تقویت و تعمیق ادراک فارسی زبانان نیز تنها نمی‌تواند از طریق به‌کارگیری اَشکال و فرم‌های پیچیده معماری و شهرسازی حاصل شود بلکه این امر به میزان زیادی وابسته به پیوند اَشکال و عملکردهای محیطی با زبان فارسی (یا هر زبان دیگری) است. حتی وجود «زبان الگو»های مختلف معماری و طراحی محیطی به تنهایی نخواهند توانست درک درست از خود را برای عامه‌ی مردم میسر سازند، مگر توانسته باشند به نوعی با زبان آن‌ها (و از این طریق با فرایند احساس، ادراک و شناخت از محیط) پیوند ایجاد نمایند. چراکه ماندگاری و پایداری یک الگوی طراحی، در دوران پس از پست‌مدرنیسم، به میزان درک، فهم و ارتباط با کسانی پیوند می‌خورد که مصرف‌کنندگان نهایی محصولات آن الگوها هستند. اگر علاوه بر پاسخ‌گویی به نیازهای ابتدایی و اولیه‌ی انسان، وظیفه‌ی «هویت بخشی به افراد و گروه‌های اجتماعی»، «آموزش‌دهندگی» و زمینه سازی برای «شکوفایی و بروز خلاقیت‌ها در جامعه» را نیز برای برنامه‌ریزی‌ها و طراحی‌های محیط‌های زیست انسانی در نظر بگیریم، آن‌گاه اهمیت ارتباط متقابل بین زبان و محیط انسان‌ساخت را بیشتر و بهتر درک خواهیم نمود.

فصل ۲: حوزه‌ی معنایی فضاهای زندگی جمعی

مقدمه

از مهم‌ترین حوزه‌های معنایی‌ای که در عرصه‌ی دانش‌های معماری و شهرسازی باید به آن پرداخت و واژه‌ها و معانی و مفاهیم مرتبط با آن را استخراج نمود، حوزه‌ی معناییِ «فضاهای زندگی جمعی» است، که واژه‌ی «شهر» از جمله مهم‌ترین آن‌ها است. شهر -با فرض هر تعریفی- راهی بس سخت و طولانی را در طول تاریخ حیات بشری طی کرده است. امروزه با آن‌که معیارها و شاخصه‌های کمّی و تا حدودی پیش پا افتاده برای تمیز دادن شهر از سایر اَشکال سکونت‌گاه‌های جمعی به کار می‌رود، ولی باید توجه داشت که شهر پدیده‌ای متعالی‌تر و از نظر فرهنگی، ارزشمندتر از آن است که بدین‌صورت مورد ارزیابی قرار گیرد. این مسئله را با مراجعه به لغت‌نامه‌ی دهخدا به وضوح می‌توان مشاهده کرد. بدین منظور در میان بحثِ تحلیلی در مورد کلمه‌ی شهر سعی می‌شود مفاهیم تعریف‌کننده‌ی شهر به‌گونه‌ای در کنار هم قرار داده شوند تا در پایان، تصویر به نسبت روشنی از این مفهوم در زبان فارسی و فرهنگ ایرانی حاصل آید.

بررسی واژگان حوزه‌ی معنایی «فضاهای زندگی جمعی»

بحره: این واژه عربی و به معنای شهر و زمین (زمین پست) است. این لغت از سوی دیگر به معنای «مرغزار بزرگ» و «استادنگاه آب» و همچنین «هر دِه که در آن نهر جاری و آب صاف و گوارا باشد» آمده است (دهخدا، ۱۳۷۷، ج.۴: ۴۹۵۴).

بَلَد: از دیگر واژگان عربی و مانند «بلده» معنی «شهر» هم می‌دهد. همچنین هر موضع از زمین است، عامر باشد یا خالی. این لغت مترادف «الکه» یا «الکا» (به معنی ملک و بوم و زمین) است. بلد، هم‌معنی با کلماتی چون بلده، کوره، عامره، مدینه، مصر و عاصمه دانسته شده که جمع آن بلاد و بلدان است. بلد به زمین ناکنده‌ی آتشناافروخته، خاک، تراب، گورستان، مقبره و خانه نیز اطلاق می‌شود. واقف از چیزی، دانای در کار، مطلع و آگاه نیز در توضیح این واژه یاد شده‌اند. در مجموع بلد شهر به معنای بخش کوچکی از یک پدیده‌ی بزرگتر، مثل مملکت، ناحیه یا زمین اشاره دارد.

بلده که جمع آن بلاد است، به معانی «شهر» و «شهر آبادان» آمده است. همچنین قطعه‌ای از بلد یعنی جزء معین و تخصیص یافته‌ای از آن را بلده می‌گویند، ولی عموماً به معنای زمین است. به «جای‌باش» نیز بلده گفته شده است. معانی دیگر آن عبارتند از: خاک، تراب، زمین، ارض و یا پاره‌ای از زمین.

جلود: به معنای شهر و قصبه آمده و توضیح دیگری در مورد آن داده نشده است (دهخدا، ۱۳۷۷، ج.۵: ۷۸۳۶).

حضارت (حَضَر): حضارت واژه‌ای عربی و به معنای «شهر» و «حضر» آمده است. اقامت در شهر، مقیم بودن، به حضر اقامت کردن، مقابل بداوت و شهر نشینی از دیگر معانی حضارت هستند. این واژه در شکل مصدری خود به معنای حاضر آمدن، حاضر کردن و مقیم شدن به شهر آمده است (دهخدا، ۱۳۷۷، ج.۶: ۹۱۲۰). حضر که یک اسم عربی است در فارسی به معنی نزدیک درگاه، حضور و نیز شهر و در مقابل مفهوم «بدو» آمده است. از هم‌معناهای دیگر این کلمه می‌توان به خانه‌حضور و خانه‌باشی و در مقابل

سفر اشاره کرد. اهل حضر نیز به معنای «شهرنشین» یاد شده است (همان). در عربی تمدن یک قوم و فرهنگ ایشان را حضاره‌ی ایشان گویند.

خَرُه (خوره): نوری است مطلقاً که شامل پرتوی چراغ، آتش و آفتاب می‌شود. در مورد این کلمه شرح گسترده‌ای آمده است: چنان‌که گویند خره نوری است از جانب خداوند تعالا که فایز می‌شود بر خلق و بدان نور خلایق ریاست بعضی بر بعضی کنند و بعضی به وسیله‌ی آن نور قادر شوند بر صنعت‌ها و حِرفت‌ها و از این نور آنچه خاص باشد به پادشاهان بزرگ و عادل فایز گردد و آن را کیاخره گویند (دهخدا، ۱۳۷۷، ج.۷: ۹۷۴۳). از سوی دیگر از همین واژه برای نامیدن تقسیمات جغرافیایی نیز استفاده می‌شده است. برای نمونه، فارس به پنج حصه تقسیم می‌شده که نام آن‌ها بدین قرار بوده است: خره‌ی اردشیر، خره‌ی استخر، خره‌ی داراب، خره‌ی شاپور و خره‌ی قباد. به همین ترتیب، خره برای نامیدن تقسیمات آب هم به کار برده می‌شده است (همان). همچنین آمده است: این کلمه در پهلوی خوره گردید و همین لغت به صورت فرنه در پارسی باستان یاد شده که بعدها در فارسی تبدیل به «فر» و «خره» گردیده است. از نخستین معنی کلمه‌ی «هورنه» به نظر می‌رسد «چیز به‌دست آمده» یا «چیز خواسته» بوده است، سپس به معنی «چیز خوب خواسته» و پس از آن «چیز خوب و خواستنی» و «امور مطلوب»؛ و در دوره‌های متأخر، نویسندگان زرتشتی خوره را به معنی دارایی (خواسته) گرفته و به معنی نیک‌بختی و سعادت به کار برده‌اند. در اوستا از دو گونه خوره (فر) یاد شده: ایرانی و کیانی. نخستینِ آن از چهارپایان، گله، رمه، ثروت و شکوه برخوردار بوده و بخشنده‌ی خرد، دانش و دولت و درهم شکننده‌ی غیر ایرانی است. خوره‌ی کیانی نیز موجب پادشاهی و کامیابی سران و بزرگان کشور است. در زامیادیشت از خوره‌ی هوشنگ و تهمورث و جمشید و دیگر پادشاهان پیشدادی و کیانی تا گشتاسب یاد شده است (همان، ج.۷: ۱۰۰۹۷).

سهروردی در پرتونامه و در شرح این واژه آورده است: و هر پادشاهی حکمت بداند و بر نیایش و تقدیس نورالانوار مداومت کند، چنان‌که گفتیم او را خره‌ی کیانی بدهند و فر نورانی بخشند و بارق الاهی او را کسوت هیبت و بهاء بپوشاند و رئیس طبیعی عالم شود

و او را از عالم اعلی نصرت رسد و خواب و الهام او به کمال رسد (دهخدا، ۱۳۷۷، ج.۷: ۱۰۰۹۷). خره بعد از اسلام به شکل کوره هم آمده است که به معنای عامِ «حصه» و «بخش» و همان‌طور که گفته شد، به‌طور خاص به یک حصه از پنج ممالک فارس اطلاق می‌شده است. در شرح واژه‌ی کوره نوشته شده است: کوره معربِ خره یا خوره است که جمع آن کور و به معنای شهرستان، مدینه، بلد، بلوک و ناحیه به کار رفته است. در ادامه‌ی شرح این واژه و به عنوان مثال آمده است: حمزه‌بن یسع‌بن عبدالله که امیری بوده از امرای عرب، قصد خدمت هارون‌الرشید کرد [...] و از او درخواست کرد که قم را کوره و شهری گرداند به انفراد و منبر را در آن بنهد تا در قم نماز جمعه و عیدین به استقلال بگذارند و احتیاج نباشد ایشان را از برای جمعه و عیدین به کوره‌ی دیگر رفتن و نماز کردن (همان، ج.۱۲: ۱۸۷۰۴). کوره همچنین به معنی چندین قریه‌ی متصل به هم نیز هست. «گویند هر شهری کوره‌ای دارد و کوره ناحیه‌ای است که دارای محال و روستاها باشد.» سواد شهر یا قریه‌های یک شهر و نیز دِه یا قریه‌ی بزرگ را نیز کوره می‌گفته‌اند (همان).

«فره» نیز که مترادف فر، خره، خوره و کوره می‌باشد، اسمی فارسی و به معنای شأن، شوکت، شکوه ، فروغ و عظمت است (دهخدا، ۱۳۷۷، ج.۱۱: ۱۷۱۲۹). فره ایزدی نیز به مفهوم نوری است از جانب خدای تعالا که بر خلایق فایز می‌شود که به وسیله‌ی آن قادر شوند به ریاست و حرفت‌ها و صنعت‌ها و از این نور آنچه خاص است به پادشاهان بزرگ عالم و عادل تعلق گیرد (همان، ج.۱۱: ۱۷۱۳۱ و همچنین ن.ک. به معنی واژه‌ی فروهر در دهخدا، ج.۱۱: ۱۷۱۲۸)

دیار: جمع کثرت‌دار به معنی خانه است. این کلمه جمعِ «دار» است و به معنای زادگاه، وطن، موطن، شهر، مدینه و ناحیه آمده است. همچنین دیار در معنای کشور، مملکت و بلاد و نیز نواحی، سرزمین و ولایات یاد شده است (دهخدا، ۱۳۷۷، ج.۸: ۱۱۳۴۵).

شار: شار عموماً به شهر و شارستان به معنای شهرستان به کار رفته است. در واقع این نظر که شار و شهر و همچنین شارستان و شهرستان، مفاهیم جداگانه‌ای را بیان

می‌کنند باید با احتیاط بیشتری بیان شود؛ زیرا چنین به نظر می‌رسد که این واژه‌ها هـم معنی بوده و تنها در صورت با یکدیگر تفاوت دارند. (ن.ک. به: حبیبـی، ۱۳۸۴) از معـانی دیگر واژه‌ی شار، بنای بلند و بس عالی است و هر عمارت عالی و بلند را نیز شار گوینـد (دهخدا، ۱۳۷۷، ج.۹: ۱۳۹۸۸).

شارستان و مخفف آن شارسان، یک اسم مرکب دیگر فارسی است که به‌طور خـاص به معنای شهرستان و به‌صورت عام به معنای شهر به کار رفته است. در توضیح این واژه آمده است: شارستان خود شهر است که غالباً بر گرد قهندزی واقع می‌شده و سـوری بـر گرد اوست و آنچه بیرون از ایـن سـور باشـد آن را ربـض خواننـد (دهخـدا، ۱۳۷۷، ج.۹: ۱۳۹۹۲).

از مفاهیم و واژه‌های مترادف با شارستان «قلعه و حصار»، «کوشـک و عمـارتی کـه اطرافش بساتین باشد»، «جایی که گذرگاه آب باشد»، «گذرگاه مردم–به قیاس شـار بـه معنای راه فراخ» و همچنین «جاده‌ای که به شهر پیوسته باشد» را می‌توان نـام بـرد. در نتیجه خصوصیاتی که در قالب معانی «شارستان» برای فضای شهری عنوان شده است، محصور بودن، داشتن عمارت عالی و بلند، وجود آب و وجود راه‌های فراخ است.

شهر: هم در زبان فارسی و هم در زبان عربی، به یک صـورت ولـی در دو مفهـوم متفاوت استفاده می‌شود. در لغت‌نامه‌ی دهخدا واژه‌ی شهر بدین‌صورت شـرح داده شـده است: مدینه و بلد و اجتماع خانه‌های بسیار و عمارات بی‌شمار که مردمان در آن‌ها سـکنا می‌کنند در صورتی که بزرگ‌تر از قصبه و قریه و ده باشد. همچنین آمده است: بلد، بلـده، کوره، فسطاط، مصر، آبادی که بر خانه‌های بسیار و خیابان‌ها و میدان‌ها و بازارها مشتمل و دارای سازمان‌های اداری و انتظامی باشد. مجموعه شماره‌ی بسیار از خانه‌ها و عمارات و خیابان‌ها و کوچه‌ها که در ناحیه‌ای محدود قرار دارند (دهخـدا، ۱۳۷۷، ج.۱۰: ۱۴۶۰۰). تعاریف و شرح یاد شده بیشتر با وضعیت کنونی شهر منطبق است که در گذشـته چنـین نبوده. به عنوان مثال در شرح کامل این لغت مـی‌خـوانیم: در دوره‌ی ساسـانیان تقسـیم ایالات به بخش‌ها بوده و هریک از بخش‌های کوچک (نواحی) را شهر و کرسی (مرکـز) آن را شهرستان می‌گفته‌اند (همان). به این ترتیب همان‌طور کـه ملاحظـه مـی‌شـود، در

طول تاریخ و زمان، ظرف جغرافیایی شهر و شهرستان عوض شده است. در ادامه‌ی شرح در لغت‌نامه آمده که در تواریخ بنی‌اسرائیل تمیز شهر از ده در نهایت اشکال است، امـا همین قدر معلوم می‌توان نمود که هر شهری بدواً ده بی‌حفاظ و بی‌دیوار و خندق بـوده و چون عدد اهالی به حد کفایت می‌رسید در پـی محافظت و حفـظ خـود افتـاده، دیـوار و خندقی از برای آن ده قرار داده، به‌تدریج بزرگ می‌شـد و یـا قصبه ماننـد مـی‌گشت و اول‌شخصی که بنای شهری را گذارد، قائین بود.

دیگر از مترادف‌های واژه‌ی شهر عبارتند از: گل سرخ، مملکـت، سـرزمین، کشـور و خشتهر (دهخدا، ۱۳۷۷، ج.۱۰: ۱۴۶۰۰) مرحوم دهخدا در تشریح ریشه‌هـای لغـت شـهر آورده است: در اوستا و فرس هخامنشی و سانسکریت به معنی کشور است که در فارسی شهر شده و به‌جای «بلده»ی عربی به کار می‌رود. یعنی از جمله لغاتی اسـت در فارسـی که دایره‌ی مفهوم پارینه‌ی آن تنگ‌تر شده است. همچون «دیه» یا «ده» کـه در فـرس هخامنشی «دهیو» و در اوستا «دخیو» به معنی کشور یا مملکت است. این‌که از واژه‌ی خشتهره در فارسی، خاء افتاده و شهر شده، نظیر بسیار دارد؛ چـون خشناختن=شـناختن، خشب=شب، آوخشتی=آشتی و جز آن (همان). در ادامه‌ی همین توضیحات یـاد شـده است: هرچند امروزه از مفهوم واژه کاسته شده امـا وسعت دیـرین آن از واژه‌های «ایرانشهر» و «شهریار» هویدا است. خشتهر (شهر) از مصدر خشی در آمده که به معنی شاهی کردن، فرمان راندن، توانستن و یارستن است. بـرای مثال در شرح ایـن ادعـا از تاریخ بیهقی این عبارت نقل شده است: پس دراز کن ای سلطان مسعود دست خـود را و دراز کند به بیعت هرکه در صحبت توست و هرکه در شهر توست. پس «شـهر ایـران» همان «ایرانشهر»، «کشور ایران» و «مملکت ایران» است (همان). و از همین‌جا نتیجـه گرفته شده است که «شهریار» برابر است بـا «پادشاه مملکـت». در کتاب دانشـنامه‌ی مزدیسنا نیز می‌خوانیم که لغت شهر در اوستا به شـکل «خشـتر» آمده کـه بـه معنـای سلطنت و شهریاری است. کلمه‌ی شهر در ضمن به معنای «ناحیـه» نیـز آمده اسـت. مرحوم دهخدا شهر را به معنای مردم و اهل شهر هم آورده است (همان).

ارتباط مفهومی واژه‌ی شهر با واژه‌ی خشی (پادشاهی کـردن) خـود نکتـه‌ی مهمـی است که ما را در نزدیک شدن به مفهوم این واژه کمک مـی‌نمایـد. در همـین مـورد، در

کتاب متون پهلوی شرحی آمده است که در آن ساخته شدنِ بیش از صد شهر را بـه پادشاهان نسبت داده است. از جمله ساختن سـمرقند را بـه کـاوس قبادیـان و سیاوش کاوسان، شهر مرو را به بهرام یزدگردان، شهر توس را به توس نوذران، شهر همدان را به یزدگرد شاپوران، شهر موصل را بـه پیـروز شـاپوران و شـهر «بـه‌شـاپور» را بـه شاپور اردشیران نسبت داده است. (برای مطالعه‌ی شرح کامل این فهرست ن.ک. بـه: عریـان، ۱۳۷۱، ۶۴-۶۹ و همچنین کیانی، ۱۳۶۸، ج ۳، ۳۲-۴۹)

شهر در عربی به صورت صفت و اسم و به معنای «دانا»، «عالم»، «ماه» وقتـی کـه ماه آشکارا گردد و قریب به کمال رسد، «قمر»، «ماه نو» و بالأخره «هلال» آمده است، مانند شهر رمضان. شهر در عربی به صورت مصدر «آشکار کردن چیزی را» و «معروف کردن» ذکر شده است. این‌که واژه‌ی شهر در فارسی و عربی بدین‌صورت مورد اسـتفاده بوده است، نیاز به پژوهش‌های دیگری دارد. زیرا همان‌طور که در مفهوم کلمه‌ی «مـاه» خواهد آمد، می‌بینیم که اعراب کلمـه‌ی پهلویِ مـاه را بـه شـهر (شهرستان) اطـلاق می‌کردند و بالعکس در فارسی، ماه به جای شـهر (سـی‌روز) در عربی بـه کـار مـی‌رود. بدین‌ترتیب مکان و زمان به نوعی در هم آمیخته‌اند و این هر دو با لغاتی چون آگـاهی و آشکارکردن و دانایی هم‌معنی قرار داده شده‌اند. در مورد کلمه‌ی «بلـد» نیـز همـین امـر به‌گونه‌ای صادق است، زیرا «بلد» در عربی شهر است و در فارسی بلد بـودن بـه معنـی آگاه و باخبر بودن است.

آن‌طور که در لغت‌نامه‌ی دهخدا آمده است، بنـابر برخـی نظـرات ریشـه‌ی «شـهر» سریانی است و از «سهر» گرفته شده است که بعداً در عربی به شهر تبدیل شده اسـت. ولی همچنین آمده است که چون ماه شهرت دارد آن را «شـهر» گفتـه‌انـد، زیـرا مـردم دخول و خروج ماه را اعلام می‌دارند.

در عین حال به نظر می‌رسد که واژه‌ی ماه با کلمه‌ی «ماد» ارتبـاط داشـته باشـد. در این مورد می‌توان به شرح واژه‌ی «شهرو» مراجعه کرد که در آن آمده اسـت: شـهربانو زنی زیبا از کشور ماه‌آباد (=ماد) بود که شاه موبد شیفته‌ی او گردیده و... (دهخدا، ۱۳۷۷، ج.۱۰: ۱۴۶۱۴).

اعراب در زمان فتح ایران، نهاوند را «ماه بصره» و دینور را «ماه کوفه» و هر دوی آن‌ها را «ماهین» یا «ماهان» نامیده بودند. واژه‌ی ماه از فارسی پهلوی به زبان عربی وارد شده و اعراب آن را به معنای بلده، قصبه، شهر و مملکت به کار برده‌اند. از سوی دیگر چنان‌که در لغت‌نامه‌ی دهخدا، ذیل همین کلمه آمده است، این لغت باقیمانده‌ی «ماد» و «مای» قدیم است که مرکز مملکت مادی باشد. مسکن قوم ماد را نیز ماد می‌گفته‌اند و این کلمه در پهلوی و فارسی «ماه» شده است. بنابراین، ماه به زبان پهلوی شهر و مملکت را گویند که عرب‌ها مدینه می‌خوانند. در دنباله‌ی همین بحث آمده است که: کلمه‌ی ماه صورت تغییر یافته‌ی «ماد»، اسم قوم و مملکت غربی ایران بوده است. در کتاب پهلوی کارنامک اردشیر بابکان این کلمه به همان ترکیب قدیم خود «مادیک (=ماد)» آمده است، اما معمولاً در پهلوی ماه می‌گفته‌اند. «ماه» همچنین نام فرشته‌ای است که موکل جرم قمر است و نیز ایزد کره‌ی ماه است که مانند خورشید مورد تعظیم و تکریم است. ماه را غالباً تشکیل‌دهنده‌ی تخمه و نژاد ستوران می‌دانسته‌اند و نیز در اوستا مربی گیاه رستنی خوانده شده است (دهخدا، ۱۳۷۷، ج.۱۳: ۲۰۰۴۰-۲۰۰۴۱ و اوشیدری، ۱۳۷۱: ۴۲۵-۴۲۶).

در همین‌جا مناسب است که به واژه‌ی «شهرسازی» نیز بپردازیم. این واژه که به نظر نمی‌رسد سابقه‌ی تاریخی چندانی داشته باشد، ساختن شهر و بناکردن شهر معنی شده است (دهخدا، ۱۳۷۷، ج.۱۰: ۱۴۶۱۰). جالب توجه است که با وجود گستره‌ی حوزه‌ی معنایی «شهر»، این واژه حوزه‌ی بسیار محدودی را در بر می‌گیرد. در واقع این کلمه بیشتر به کالبد شهر اشاره دارد که همچون شیء یا ابزاری فیزیکی باید ساخته شود، درحالی‌که بررسی‌های ما نشان دادند که مفهوم شهر در زبان فارسی و فرهنگ ایرانی بیشتر یک مفهوم غیر مادی و کیفی است.

شهرستان: اسمی است مرکب که همان شارستان یا شارسان می‌باشد. در شرح این اسم آمده است: مرکب از «شهر» به اضافه‌ی «ستان» پسوند مکان به معنی کرسی (مرکز) ولایت. همچنین حصاری که بر دور شهر بزرگ بکشند: هری، شهری بزرگ است و شهرستان وی سخت استوار است و او را قهندز و ربض است. شهرستان همچنان

مترادف «مدینه» گرفته شده است. شهرستان را در ضمن قسمت درونی شهر که آن را شارستان و شارسان گویند اطلاق شده است. و نیز آمده است آن قسمت از یک شهر که در درون حصار باشد و بیرون حصار را ربض خوانند. شهرستان معانی دیگری چون خره، کوره و بلوک دارد، و نیز مردم و اهل شهر را شهرستان هم می‌گویند.

شهرک: ترکیبی است از «شهر» و «ئک» که علامت تصغیر است و به معنای شهر خرد و شهر کوچک می‌باشد (دهخدا، ۱۳۷۷، ج.۱۰: ۱۴۶۱۲). در ادامه‌ی این شرح چنین یاد شده: از شواهدی که به دست آمده است و در زیر نقل می‌شود، چنین استنباط می‌گردد که شهرک اصطلاح جغرافیایی بوده با معنی «قصبه»، مرکز شهرستان یا ناحیه‌ای کوچک و شهری که مرکز ناحیه‌ای کوچک باشد و به همین جهت گاه با صفتِ کوچک و گاه با صفتِ بزرگ به کار رفته است. بر حسب آن‌که کرسی ناحیه‌ی کوچکی باشد یا بزرگی (همان). برخی از مثال‌هایی که برای این کلمه آمده است عبارتند از: اسباد، کرمانشاهان، مرج، انبوه و آبادان. شهرک در لغت‌نامه‌ی دهخدا، اسمی است که از ریشه‌ی خشای=خشتر، به معنی پادشاهی آمده است. شهرک به معنی سلطان و امیر نیز هست (همان، ج.۱۰: ۱۴۶۱۳). صفت مرکب «شهرو» نیز کلمه‌ی قابل توجهی است که معنای «حکومت‌کننده» را می‌دهد (همان). «شهروان» واژه‌ی دیگرِ مرتبط با حوزه‌ی معنایی شهر است که در لغت به معنی شهربان، شهراوان و یا شهرابان آمده است (همان، ج.۱۰: ۱۴۶۱۵).

شهری: صفتِ نسبی است که معانیِ شهرنشین، منسوب به شهر، شهرگان، مدنی و ساکن شهر از آن استفاده می‌شود. شهری به معنای «حضری» و «بلدی» و در مقابل «روستایی» است. ضمناً شهری مرادف «کشوری» و مقابل «سپاهی» است. در این صورت شهری به معنی غیرنظامی، غیرسپاهی و سیویل است. شهری برابر کلمه‌ی «حاضر» و در مقابل «مسافر» قرار دارد. همچنین در مقابل «غریب» و به معنی کسی که در شهر زادگاه خود به سر برد و در آن بیگانه نباشد، آمده است (دهخدا، ۱۳۷۷، ج.۱۰: ۱۴۶۱۷).

شهریار: در ادامه‌ی واژه‌های این حوزه‌ی معنایی، سه کلمه‌ی «شهریار» و صفتِ آن «شهریاری» و نیز «شهریور» قرار دارد. شهریار در لغت‌نامه‌ی دهخدا، برابر با کلانتر و بزرگ شهر، حاکم، امیر ناحیه‌ای، فرمانروای شهر یا ناحیه یا کشور می‌باشد. شهریار مترادف است با پادشاهی که از همه‌ی پادشاهان عصر خود بزرگتر باشد (دهخدا، ۱۳۷۷، ج.۱۰: ۱۴۶۱۸). همچنین پادشاه بزرگ و مطلق پادشاه را نیز شهریار گویند. شهریار به صورت صفت مرکب، خداند شهر، یار و کمک شهر و مملکت و همچنین نگاهبان شهر هم معنی می‌دهد. به همین ترتیب حاصل مصدری این اسم یعنی شهریاری به معنی حکم‌رانی، سلطنت، فرمانروایی، پادشاهی و حکومت می‌باشد. شهریاری به‌صورت اسم مرکب به معنی مملکت نیز آمده است (همان). واژه‌ی «خشبر» نیز به معنای سلطنت یا شهریاری آمده است (اوشیدری، ۱۳۷۱: ۲۶۰).

اما شهریور در لغت این‌طور توصیف شده است: شهریور (در اوستا x shathra vairya و پهلوی shatrivar مرکب از -x shathra که در اوستا و پارسی باستان و سانسکریت به معنی کشور و پادشاهی است و جزء دوم صفت است از -var به معنی برگزیدن، برتری دادن و گرویدن و ثیریه یعنی برگزیده) نام فرشته‌ای است موکل بر آتش و موکل بر جمیع فلزات و تدابیر و امور و مصالح و در آیین زردشتی یکی از ایزدان. در جهان، وی نماینده‌ی پادشاهی ایزدی و فر و اقتدار اهورا مزدا است. در جهان مادی پاسبان فلزات و موکل به روز چهارم هر ماه شمسی (شهریور روز) می‌باشد (دهخدا، ۱۳۷۷، ج.۱۰: ۱۴۶۲۰). در توضیح این کلمه همچنین می‌خوانیم: در فارسی شهریر هم گفته شده است. در اوستا «خشتروئیریه» یعنی کشور منتخب یا پادشاهی برگزیده و نیز در فرس هخامنشی و سانسکریت به معنی کشور است. همین واژه است که در فارسی «شهر» شده است و به‌جای بلده عربی به کار می‌رود. این ترکیب بارها در اوستا به معنی بهشت یا کشور آسمانی اهورا مزدا آمده و نیز نام امشاسپندی است که نگهبانی ششمین ماه سال و چهارمین روز ماه به او سپرده شده. فردوسی نیز شهریر آورده و ابوریحان بیرونی در فهرست روزهای ایرانی نام این روز را «شهریور» و در سغدی «خستشور» و در خوارزمی «اخشریوری» یاد کرده است. خشئروثیریه=شهریور یعنی کشور برگزیده یا پادشاهی برگزیده است. و مکرر در اوستا این واژه به معنی بهشت یا کشور آسمانی و

جاودانی اهورا مزدا گرفته شده. شهریور نماینده‌ی پادشاهی و توانـایی مینـوی آفریـدگار است. در این گیتی نگهبانی فلزات با این امشاسپند است (همـان و همچنـین ن.ک. بـه: اوشیدری، ۱۳۷۱: ۲۶۱، ۳۴۹).

کلات: به معنای قلعه یا دهی بزرگ است که بر سر کوه یا پشـته‌ی بلنـدی سـاخته شده باشد، خواه آباد باشد و خواه خراب. این واژه به معنای «دهِ کوچک» هم آمده اسـت که بر بلندی ساخته شده باشـد. در ارمنـی «کهلکـه» آمـده و ظـاهراً شـکل قـدیمی آن «کلاک» است که در مازندران به صورت «کلا» در آمده و «قلعه» معرب آن مـی‌باشـد. در طبری کلا، گلاته و گلایه به معنی «ده» و «قلعه» به کار رفته است. همچنین کلات به معنی «ده» و کلاته به معنی «مزرعه» آمده است. در نهایت کلات به معنی دهی کـه در آن دکان و بازار باشد نیز مطرح شده است. با این همه «کلا» در شـاهنامه بـه معنـی مطلق شهر مستحکم و قلعه آمده است (دهخدا، ۱۳۷۷، ج.۱۰: ۱۸۴۳۸). واژه‌ی کلاته نیز به معنی ده کوچک یا شهر یا حصاری است که بر بالای بلندی یا کوه ساخته شده باشد. از دیگر معانی این واژه چنین آمده: قصری است سلاطین و ملوک را که گردبـه‌گـرد آن، خانه‌ها ساخته باشند و آن را به عربی «دسکره» خوانند. کلاته در معـانی دیگـری چـون «دهی که دکان داشته باشد»، «میدان داخل قلعه که در آن داد و ستد نمایند و محفـوظ است»، «مزرعه» و «محله» نیز به کار رفته است.

کند: کند در فارسی به معنی شکر و معرب آن قند است. این واژه را به شـکل کانـد هم آورده‌اند. کند، به صورت «کنت» هم آمده که از ریشه کن (کنـدن) اسـت. کنـد بـه ترکی، مطلق ده را گویند که در مقابل شهر است. در عـین حـال بـه زبـان مـاوراءالنهـر، مطلق شهر را کند گویند و کنت مرادف آن است. ولی آنگونه که در لغتنامـه آمـده، بـه ترکی شهر نیز گفته شده است و به همین جهت، تاشکند به معنی دهی یا شـهری اسـت که از سنگ ساخته شده است. این کلمه به معنای ده، قریه، مکان و محل به کار رفتـه و به عنوان پسوند نیز استفاده می‌شود، مانند: اوزکند، بیکند و غیره. کند به معنای شکاف و معبر و در صورت اسم مفعول به صورت کنده هم آورده شده است (دهخدا، ۱۳۷۷، ج.۱۲: ۱۸۶۱۹).

کهن‌دژ: این واژه به صورت‌های کهن‌دز، کندز، گندژ، قهندز و قندز نیز آمده است. کهن‌دژ به معنای قلعه‌ی کهنه است که در پاره‌ای از نقاط ایران به همین نام معروف بوده‌اند. مانند قلعه‌ای در بدخشان و یا قلعه‌ای (قلاعی) در ترکستان. اما آنچه مسلم است، این اسم مرکب، اسم عام است و تنها در مورد این قلاع به کار نمی‌رفته و به هر حصار یا شهر قدیمی اطلاق می‌شده است. چنانچه در لغت‌نامه‌ی دهخدا آمده است: غالب شهرهای ایران در قدیم کهن‌دژی داشته‌اند. این عبارت در مورد کوشک و بالاخانه‌ی کهن و قدیمی نیز مورد استفاده قرار گرفته است (دهخدا، ۱۳۷۷، ج.۱۲: ۱۸۶۲۵-۱۸۶۲۶).

مدینا: به لغت زند و پازند به معنی شهر است و به عربی «مدینه» گویند. هرچند توضیح دیگری در این مورد در لغت‌نامه‌ی دهخدا نیامده است ولی به نظر می‌رسد که ریشه‌ی کلمه‌ی مدینه در عربی و فارسی مدینا بوده است، که البته جای مطالعه‌ی بیشتر دارد.

مدینه: این واژه از دیگر واژگان عربی و عموماً به معنای شهر و نیز شهرستان، شهر بزرگ، شارستان و قلعه است. جمع آن مداین، مدائن و مدن است. مدینه به معنای پرستار یا دایه نیز گفته شده که لذا حالت حمایتی و حراستی شهر از ساکنانش را می‌تواند تداعی کند (دهخدا، ۱۳۷۷، ج.۱۳: ۲۰۵۶۳). در همین‌جا به کلمات دیگرِ مرتبط با این واژه باید اشاره شود. مهم‌ترین آن‌ها برای این بحث «تمدن» است. در لغت‌نامه‌ی دهخدا در شرح کلمه‌ی تمدن آمده است: تخلق به اخلاق اهل شهر و انتقال از خشونت و همجیه و جهل به حالت ظرافت و انس و معرفت، در شهر بودباش کردن و انتظام شهر نمودن و اجتماع اهل حرفه و اقامت کردن در شهر، شهر نشینی و مجازاً تربیت و ادب. مصدر مرکب «تمدن داشتن» نیز به معنی دارای تربیت بودن، شهرنشین بودن و در مرحله‌ی کامل تربیت اجتماعی قرار داشتن و خلاف بربریت به کار رفته است (همان، ج.۵: ۶۹۷۲). بدین ترتیب ملاحظه می‌شود که تمدن قبل از آن‌که به مسائل اقتصادی، سیاسی، کالبدی و غیره بپردازد، به بالاترین مراتب تربیت و ادب و دانایی و معرفت اشاره

دارد. تمدین از دیگر واژه‌های مرتبط با مدینـه اسـت. شهرسـاختن، شـهر کـردن، شـهر گردانیدن و همچنین ثابت و مقیم گذرانیدن به‌جایی از توضیحات این واژه است (همان).

مَدَر: واژه‌ای است عربی. مصدر مدر قبل از همه به معنای کلان‌شکم گردیدن است. در عین حال این واژه به دِه یا شهر یا شهرستان نیز اطلاق شده است. سبب آن‌که شـهر و ده را از مدر گرفته‌اند آن است که بنیان آن‌ها از مدر (گـل و کلـوخ) اسـت. در ایـن‌جـا می‌توان به مصدر مدر اشاره کرد که به معنای «به گل کردن» و «گل‌اندودن مکـان را» آمده است (دهخدا، ۱۳۷۷، ج.۱۳: ۲۰۵۳۷).

وطن: جمع آن «اوطان» است. وطن، جای‌باش و جای اقامت و مسـکن مـی‌باشـد. همچنین به معنای جایی که شخص زاییده شده و نشو و نما کرده و پرورش یافته اسـت، ضمن آن‌که به معنای شهر زادگاه، میهن و نشیمن هم آمده اسـت. آسـمان و همچنـین مطلق نشستنگاه از دیگر معانی وطن است (دهخدا، ۱۳۷۷، ج.۱۵: ۲۳۲۰۹).

جمع‌بندی و نتیجه‌گیری

با در نظر گرفتن هر مخاطب خاص (در صورت دارا بودن دانـشِ آن) دربـاره‌ی ایـن حوزه‌ی معنایی می‌توان نتیجه‌گیری‌ها و جمع‌بندی‌های متفاوت و گوناگونی را ارائـه داد، که حاصل جمع آن‌ها بسیار طولانی و جامع خواهد بود و از توان نگارندگان خارج اسـت. در این‌جا اکثر مخاطبانِ آنچه که آمد کسانی هستند که در عرصه‌ی شهرسازی، معماری و رشته‌هایی مشابه فعالیت دارند. در این مختصر این هدف دنبال می‌شود کـه گسـتره‌ی ذهنیات دست‌اندرکاران در امور سازماندهی و دخالت در محیط بیشتر شده و موضوع‌هایی که تا کنون توجه خاصی به آن‌ها نشده است، بیشتر مورد توجه قـرار گیرنـد. از جملـه‌ی این موضوع‌ها، مفاهیم اجزاء محیط در قالب یک ساختار زبانی-فرهنگی است. ایـن امـر نباید بدین صورت برداشت شود که تا کنون کسی بـه مفهـوم محـیط، فضـا و اجـزاء آن نیندیشیده است. منظور ما در این بحث، بازکردن افقی نسبتاً تازه در معناشناسـی و درک محیط و فضا است. در این مورد باید به این نکته توجه نمود که برای شـناخت واقعـی و عمیق یک پدیده‌ی محیطی و فضـایی، بـا هـدف دخالـت در آن، چـاره‌ای نیسـت مگـر

مطالعه‌ی ساختار فرهنگی آن و تحولی که حاصل نموده است. با توجه به موارد یاد شده، می‌توان نتایج حاصل از این فصل را به صورت زیر توضیح داد:

بررسی حوزه‌ی معنایی شهر، نشانگر آن است که ما در ایران از غنای فرهنگی خاصی در این زمینه برخورداریم که متأسفانه به آن کم‌توجهی شده است. در واقع باید اذعان کرد که با غفلت از این امر، دانش بومی ما به فراموشی سپرده شده و جهان زبانی-فرهنگیِ ایرانی به میزان نگران کننده‌ای در حاشیه قرار گرفته است. در حقیقت وجود واژه‌های متعدد برای اشاره به مفهوم شهر، نشان از اهمیت این فضا در جامعه و فرهنگ ما دارد. این واژه‌ها هریک به جنبه و بُعدی از ابعاد این پدیده اشاره دارند که حاصل دانش، تجربیات و توسعه‌ی فرهنگی-تاریخی ایرانیان است. این گنجینه در حالتی موجودیت و ارزش واقعی خود را حفظ می‌کند که شهرنشینی و شهرگراییِ امروز، نه‌تنها واجد کیفیات مستتر در زبان -در قالب واژه‌گان مرتبط با شهر- بلکه توسعه‌دهنده‌ی آن می‌بود، که متأسفانه بدین‌گونه نیست.

شهر -براساس آنچه که مطرح شد- ریشه‌ای بس عمیق در تاریخ این مرز و بوم دارد. مهم‌ترین نکته‌ی موجود (و در ظاهر پنهان) در این امر آن است که شهر در ایران، همواره یک امر و پدیده‌ی قدسی و آسمانی تلقی می‌شده است. شهر در اعتقادات اسطوره‌ای ایرانیان یک بهشت جاودانی است که احتمالاً کسی قدرت برپا کردن آن‌را نداشته است. شاید این امر که می‌توان شهر، این امر آسمانی را در روی زمین ساخت، بعدها به وجود آمده باشد. ولی در این صورت نیز تنها پادشاه که متصل به بارقه الاهی و صاحب فر یا فره کیانی است، اجازه دارد و می‌تواند چنین امری را محقق کند. همچنین از دیگر نکات مهم و قابل اعتنا، جنبه‌ی کمال‌گرایی فرهنگ ایرانی، چه قبل و چه بعد از اسلام، در مورد شهر است. تا آن‌جا که شهر در شکل آرمانی خود به «نور» تعبیر می‌گردد. تحولات بیرونی در رابطه با شهر و شهرسازی در دوران معاصر و دل‌مشغولی تصمیم‌سازان و تصمیم‌گیران به آن تحولات باعث شده است که این ابعاد از شهر و شهرگرایی ایرانی، به کلی به فراموشی سپرده شود. بهانه‌ی جهانی شدن نباید ما را از پرداختن به جهان زبانی-فرهنگی جامعه بازدارد. برای دستیابی به این مقصود، ارتباط متقابل زبان و محیط باید مورد توجه واقع شود. شهر از جمله فضاهایی است که این

ارتباط در آن می‌تواند در سطح گسترده‌ای مطرح باشد. این جهت‌گیری به یقین توسعه‌ی به شهر منجر خواهد شد و پایداری آن را (تا آن‌جا که مربوط به این موضوع است) تضمین خواهد کرد.

ما بر پایه‌ی روش تاریخی–فرهنگیِ خود می‌توانستیم برای شهرها –و مثلاً در قالب نام‌گذاری– یک رتبه‌بندی و طبقه‌بندی مناسب، چه از نظر اندازه و یا مشابهت به شهر آرمانی یا عملکرد و موقعیت آن، تعریف و بدین‌ترتیب از دام کمی‌گرایی محض در این خصوص بگریزیم. به بیان دیگر یکی از مهم‌ترین یافته‌ی این مبحث می‌تواند این نکته باشد که شهر در جهان زبانی–فرهنگی ایرانی پدیده‌ای متعالی و کیفی است و اگر این نحوه‌ی نگرش همچنان ادامه می‌یافت، ما اینک دارای بسیاری از آنچه بودیم که اکنون در حسرت آن‌ها به‌سر می‌بریم. توجه به رویکردها و دیدگاه‌های کیفی به شهر و عناصر آن که امروزه (و تقریباً پس از دوره‌ی مدرنیسم) در غرب و به تبع آن در ایران رایج شده است را ما در فرهنگ خود داریم.

یکی از نکات مهم در ارتباط با این حوزه‌ی معنایی آن است که در میان واژه‌های یاد شده، هیچ کلمه‌ای که به نوعی شهر را فضایی زاییده، تعیین کننده و به نمایش گذارنده‌ی رابطه‌ی مردم و حکومت بداند (مانند واژه‌ی شهروند) دیده نمی‌شود. آنچه که تأکید بسیاری بر آن شده، رابطه‌ی بین خداوند و انسان در فضای شهر است. شهر شاید ابزار حکومت خداوند بر روی زمین، به واسطه و از طریق شاه است. شاید بتوان چنین نتیجه گرفت که در این صورت، شهر که به خداوند و نماینده‌ی او بر روی زمین تعلق دارد، به ساکنان آن متعلق نیست. اگر چنین فرضیه‌ای را بپذیریم به این نتیجه می‌رسیم که ممکن است علت برخی از مشکلات اساسی ما در شهرنشینی امروز در ایران ریشه در همین امر داشته باشد و باید قبل از تقلید از نظام‌های شهرنشینی غربی راهی برای رفع این معضل اساسی اندیشیده شود. به طوری که شهرنشینان خود را صاحب واقعی شهر و حاکم بر مقدرات آن بدانند و این تفسیر که «شاه سایه و نماینده‌ی خدا بر روی زمین و مالک و صاحب‌اختیار شهر است» با «جامعه، نشان و دست خداوند بر روی زمین است» تعویض شود.

آخرین نکته‌ای که در ارتباط با این موضوع مایلیم مطرح کنیم، آن است کـه هرچنـد شهر (مدینا و مدینه) در فرهنگ ایرانی متعالی‌تـرین شـکل زیسـت جامعـه و اوج قلـه‌ی کمال فرهنگی آن دیده شده است، ولی این به معنای نفی روستا و روستانشینی نیست. همان‌طور که در متن حاضر به وضوح دیده می‌شود در موارد متعددی یک کلمه هـم بـه شهر و هم به روستا اطلاق می‌گردد. این شکل از برخورد هم قبل از اسلام و هم بعـد از اسلام وجود داشته است. آنچه در مقابل شهر (و شهرستان) قرار دارد، بیابـان‌گـردی و فرهنگ بدوی است. ضمن آن‌که شهر نیز در شکل آرمانی آن به عنوان کامل‌ترین شکل هستی انسان مطرح شده است. بدین ترتیب حتی یکی جامعه‌ی زیستی کوچک، از نظر کمی به مراتب به شهر آرمانی ایرانی نزدیک‌تر است تا مجتمع زیستی بسیار بزرگـی کـه در آن به عنوان مثال حرمت و ارزش انسانی بـه راحتـی زیرپـا گذاشـته مـی‌شـود. زیـرا همان‌گونه که یاد شد، شهر واقعی برابر با فره و بارقه‌ی الاهی است، بنـابراین چـه بسـا یک روستا و یا شهرک بتواند مرتبه‌ی بالاتری از مقام شهری بزرگ را به خود اختصاص دهد. همچنین «تمدن داشتن» نیز به معنی در مرحلـه‌ی کامـل تربیـت اجتمـاعی قـرار داشتن و خلاف بربریت به کار رفته است و ایـن موضـوع قبـل از آن اسـت کـه مسـائل اقتصادی، سیاسی، کالبدی و جز این‌ها مطرح شوند.

فصل ۳: حوزه‌ی معنایی فضاهای ارتباطی

مقدمه

فضاها و مسیرهای ارتباطی (که خیابان، کوچه، راه بین شهری و مانند این‌ها را در بر می‌گیرد) از گذشته تا کنون مورد توجه طراحان و مردم بوده است؛ چراکه همه‌ی آن‌ها به گونه‌ای با این عناصر سروکار داشته‌اند. در شهر نیز این موضوع تا آنجا پیش رفته است که برخی از صاحب‌نظران، فضاهای شکل‌گرفته‌ی شهری را به دو قسمت کلیِ خیابان (راه) و میدان تقسیم کرده‌اند (ن.ک به: کریر، ۱۳۸۶: ۱۶). در این قسمت به همین موضوع یعنی حوزه‌ی معنایی «فضاهای ارتباطی» (که «راه» از مهم‌ترین واژه‌های آن است) و مفاهیم مرتبط با آن خواهیم پرداخت. با یک نگاه کلی به واژه‌ها و اصطلاحات مورد استفاده‌ی امروز برای این حوزه (چه در ادبیات تخصصی رشته و چه توسط عموم مردم) متوجه خواهیم شد که حوزه‌ی معنایی فضاهای حرکتی و ارتباط آن با ساختار و فرآیندهای فرهنگی در جامعه‌ی امروز ما به حداقل خود رسیده است. بدین معنا که واژه‌های مورد استفاده‌ی معمول مردم، بسیار کم‌شمار و عضاً وارداتی هستند و از سوی دیگر و با نگاه دقیق‌تر در می‌یابیم که این واژه‌ها و اصطلاحات بیشتر به جنبه‌های کمیِ راه اشاره دارند و کمتر به مسائل کیفی در این حوزه می‌پردازند (برای مطالعه‌ی بیشتر در این ارتباط ن.ک. به: براتی و زرین‌قلم، ۱۳۹۱).

بررسی واژگان حوزه‌ی معنایی «فضاهای ارتباطی»

برزن (برزین): به معنای کوی، کوچه، محله و قسمی از شهر است (دهخدا، ۱۳۷۷، ج.۳: ۴۵۷۳).

بن‌بست: بن‌بسته. کوچه‌ی تنگی است که بن آن بسته و پوشیده و راه دررو نداشته باشد. همچنین به معنای کوچه‌ی سربسته نیز آمده است. (دهخدا، ۱۳۷۷، ج.۴: ۵۰۱۱)

- کوچه‌ی بن‌بست: کوچه‌ای که راه به جائی ندارد. کوچه‌ی ناگذارده، مقابل گذارده.

بولوار: میدان و خیابانی است که باغچه‌ها و چمن‌ها و درختان بسیار دارد و محل گردش عموم است (دهخدا، ۱۳۷۷، ج.۴: ۵۰۸۴). این واژه در دوره‌ی معاصر از زبان فرانسه وارد زبان فارسی شده است.

پاراه: به معنای معبر و رهگذر آمده است (دهخدا، ۱۳۷۷، ج.۴: ۵۳۳۹).

پهناگذر: پلی که بر روی خیابان یا جاده ساخته می‌شود تا رهگذران پیاده بتوانند از روی آن بگذرند (دهخدا، ۱۳۷۷، ج.۴: ۵۸۵۰).

تونل: به معنای نقق و همچنین راه‌های کنده شده در کوه برای عبور ترن است. راهی که در زیرزمین و یا کوه برای عبور راه‌آهن سوراخ کنند (دهخدا، ۱۳۷۷، ج.۵: ۷۱۵۸).

جاده: معظم طریق و وسط آن است. راه راست، شاه‌راه، راه بزرگ، گذر، معبر و همچنین راه باریک و راه راست که در صحرا از آمدورفت مردم پدید می‌آید، را جاده گویند (دهخدا، ۱۳۷۷، ج.۵: ۷۳۴۳).

چارباغ: باغ‌های چهارگانه در کنار هم که با خیابان‌ها از هم جدا شوند یا در پیرامون عمارتی باشند. همچنین به دو رشته خیابان موازی یکدیگر که در دو طرف دارای درخت‌کاری بوده و در وسط بوسیله‌ی یک رشته پیاده‌رو یا گردشگاه از هم جدا باشند، چارباغ می‌گویند. و نیز اصطلاحی بوده است، شاید مانند چهارخیابان. (دهخدا، ۱۳۷۷،

ج.۵: ۷۹۶۵) متأسفانه از این مفهوم زیبا و با هویت امروزه استفاده‌ی جدی نمی‌شود و گاه نحوه‌ی استفاده بسیار تصنعی است.

چارخیابان (چهارخیابان): میدانی است که از شمال و جنوب و مشرق و مغرب آن خیابان ممتد باشد. میدانی که از چهار سمت به‌خیابان متصـل اسـت و از هـر طـرف آن خیابانی امتداد یافته است. محل تقاطع چهار خیابان که بر یکدیگر عمود باشند. همچنین آنجا که دو خیابان تقـاطع کننـد، چارخیابـان اسـت. (دهخدا، ۱۳۷۷، ج.۵: ۷۹۷۲ و ج.۶: ۸۳۵۸)

چمن: راهی است میان باغ و بوستان. راه راست که در میان درختـان سـاخته شـده است و از هر دو پهلوی راه درخت نشانده و جای نشستن گذاشـته باشـند. صـحن بـاغ و خیابان و بلندی‌های اطراف زمینی که در آن چیزی کاشـته باشـند. ایـن واژه در معـانی نشستنگاه باغ، نشستنگاهی که گردبه‌گرد آن درختان سایه‌دار باشد، کوچه‌باغ، مسیری در باغ یا بوستان که زمین آن را جابه‌جای سبزه یا گل کاشته و دو طـرف درختـان سـبز یـا میوه‌دار نشانده باشند، نیز آمده است. (دهخدا، ۱۳۷۷، ج.۶: ۸۲۵۱)

خیابان: به معنی گلزار و چمن است. رسته‌ای (راهی) که در باغ برای عبور و مـرور می‌سازند و کنارهای آن را گل‌کاری می‌کنند. خیابان همچنین راهی اسـت کـه در میان صحن چمن‌ها باشد و نیز به معنی راه ساخته شده و بیشتر در میان دو صف درختان باغ. گذرگاه‌ها که میان باغچه‌ها و درخت‌ها به‌طول و عـرض بـاغ در برابـر یکدیگر ترتیـب می‌دهند. در توضیح این عبارت یاد شده است: راهی ساخته شده بین دو رسته ساختمان در کنار آن که بیشتر در شهرهاست. (دهخدا، ۱۳۷۷، ج.۷: ۱۰۱۷۳) عبـارت‌هـایی کـه در آن‌ها از واژه‌ی خیابان استفاده شده است عبارتند از:

– خیابان بندی: احداث خیابان در شهری یـا در بـاغی یـا در هـر فضـائی و مکـانی. (دهخدا، ۱۳۷۷، ج.۷: ۱۰۱۷۳)

– خیابان بندی کردن: خیابان در مکانی ایجاد کردن و آن معمولاً با تسطیح کـف محل عبور، با سنگ‌فرش کردن یا آسفالت کردن، یا جز آن همراه است و در دو طـرف آن بیشتر درختکاری می‌کنند و نهر احداث می‌نمایند. (دهخدا، ۱۳۷۷، ج.۷: ۱۰۱۷۳)

در اینجا با بررسی مفهوم و معانی خیابان متوجه می‌شویم که امروز آنچه ما به عنوان خیابان طراحی می‌کنیم و نام می‌گذاریم با آنچه کـه در مفهوم ایـن واژه است تفاوت چشمگیری دارد و در حقیقت نگاه کیفی به خیابـان را از دسـت داده‌ایـم. اگـر امـروز بـه گذشتـه‌ی غنـی خـود نگـاهی دقیـق‌تـر انـدازیم، مـی‌تـوانیم مقـداری از مـلال‌آوری و خسته‌کنندگی شهرهای امروزمان (که بحث‌های زیادی پیرامون آن انجام می‌شود) را بـا استفاده از مفاهیم موجود در زبان-فرهنگ ایرانی کم کنیم و به مؤلفه‌های کیفـی توجـه بیشتری نماییم. هرچند که این موضوع به معنی بازآفرینی صرف آنچه که در این مفهوم یاد شده نیست، بلکه به نیازها و پیشرفت‌های امروز نیز بایـد توجـه داشـت. مـثلاً وجـود درختان در زبان فارسی جزئی از مفهوم خیابان است که به نظر غیر قابل تفکیک می‌آیند.

دالان: به معنای دهلیز، دالیز، دالیج، دلیج، بالان، بالانه و محلی میانـه‌ی خانـه و در کوچه آمده است. همچنین محلی مسقف میان در خانه و خانه، بازار تنـگ کـه دو سـوی آن دکان باشد و کوچه‌ی سرپوشیده در توضیحات ایـن واژه یـاد شـده اسـت. (دهخـدا، ۱۳۷۷، ج.۷: ۱۰۳۳۸) در این مورد و موارد مشابه، نکتـه‌ی قابل توجه همبستگی‌ای اسـت که از طریق اطلاق برخی واژه‌ها به فضاهای مختلف، برقرار می‌شده است.

راس: به معنی راه است، چراکه «س» و «ه» را به یکدیگر تبدیل مـی‌کننـد. ماننـد خروس و خروه. به لغت زند و پازند راه و جاده را گویند کـه بـه عربـی طریـق و صـراط خوانند. (دهخدا، ۱۳۷۷، ج.۸: ۱۱۷۰۶)

راسته: به معنای راه راست هموار مسطح، چهارسو و بازار و صف دکان‌هـای بـازار است. البته باید توجه داشت که صف و قطار رسته است نه راسته. (دهخدا، ۱۳۷۷، ج.۸: ۱۱۷۲۳)

راه: در فارسی به معنی طریق آمده. به‌عربی صراط و طریق گویند. این واژه در پهلوی راس و راه گفته می‌شود و در ایرانی باستان، رثیه و در اوستا، رایثیه و در کردی، ری و در سرخه‌ای، ولاسگردی را و در ارمنی، ره و در سمنانی، رَاج و در سنگسری، راجن و در بلوچی، را و راه، و در افغانی، لار و در سنکریت، رتهیا. (دهخدا، ۱۳۷۷، ج۸: ۱۱۸۰۶) راثمَن در اوستا به معنای راه و جاده و راهنما آمده است (بهرامی، ۱۳۶۹: ۱۲۲۴).

راه به معنی جای عبور است. جاده که جای عبور و مرور است. فاصله‌ی بین دو نقطه که در آن می‌توان سیر کرد و مخفف آن ره است. (دهخدا، ۱۳۷۷، ج۸: ۱۱۸۰۶) شاید مهم‌ترین نکته‌ای که در این تعریف ارائه شده همین قابلیت عبور و مرور یا سیر کردن در راه باشد.

راه‌شاه: مقلوب شاه‌راه است. یعنی مردی که به راه‌ها شدن پیشه‌ی او باشد و او بدین کار، شاه است. شاهراه که راه پهن و بزرگ و عام است. راه پهن وسیع مسلوک. هچنین به معنای راه فراخ و جاده. (دهخدا، ۱۳۷۷، ج.۸: ۱۱۸۳۶)

روش: در توضیحات این واژه راهرو میان باغ، خیابان و معبر یاد شده است (دهخدا، ۱۳۷۷، ج.۸: ۱۲۳۷۸).

زیوار: کوچه و برزن است خواه در شهر باشد و یا در ده و روستا (دهخدا، ۱۳۷۷، ج.۹: ۱۳۱۱۷).

شادراه: در تاریخ بیهق در یکی دو موضع به‌معنی جاده و شاه‌راه استعمال شده و معلوم نیست که در اصل شاه‌راه بوده و تحریف شده است یا اینکه شاه‌راه را در آن زمان شادراه می‌گفته اند. (دهخدا، ۱۳۷۷، ج.۹: ۱۳۹۶۹)

شارع: خانه ای که درِ آن به‌سوی راه نافذ باشد. شاه‌راه، راه بزرگ و خیابان نیز در معانی شارع آمده است.

- شارع عام: شاه راه. راه عمومی و کوچه‌ای که بن‌بست نباشد.

شاهراه: راه عام و جاده‌ی بزرگ و وسیع را گویند. راه عامی که فراخ باشد و راه‌های بسیاری از آن منشعب شود. راه شاه نیز گویندش. به تازی به آن شارع می‌گویند. راه پهن که خواص و عوام از آن بگذرند. جاده‌ی بزرگ کاروان. راه فراختر و طولانی‌تر. راه عریض و طویل خوب ساخته. (دهخدا، ۱۳۷۷، ج.۹: ۱۴۰۷۶)

شاه کوچه: کوچه‌ی بزرگ است که کوچه‌های کوچک دیگر بدان بپیوندد. (همان، ج۹: ۱۴۰۸۸)

شوسه (شُسِه): به معنی راه ساخته و پرداخته است. در تداول فارسی، جاده‌ی اتومبیل‌رو و غیرآسفالته را شوسه می‌گویند. راه ساخته شده و شن و سنگ‌ریزه ریخته شده. (دهخدا، ۱۳۷۷، ج.۱۰: ۱۴۵۶۷)

این واژه (که خود از فرانسه گرفته شده) نیز از اندک واژه‌های اشاره کننده به جنس راه است. در بیشتر موارد برای اشاره به جنس راه از صفت‌ها استفاده می‌شود، مانند جاده‌ی خاکی یا جاده‌ی آسفالته.

عرابه‌رو: جاده‌ای که در آن عرابه می‌تواند حرکت کند. مقابل راه مال‌رو و پیاده‌رو و بزرو و مانند اینها. (دهخدا، ۱۳۷۷، ج.۱۰: ۱۵۷۸۳)

این واژه نیز از معدود واژه‌هایی است که به گونه‌ای (نه چندان دقیق) به عرض راه اشاره دارد و مسائل کمی راه را مطرح می‌کند.

کوتار: کوچه‌ای را گویند که بالای آن را پوشیده باشند. همچنین به معنای کوچه‌ی سرپوشیده، و اصلِ آن کوی تار بوده یعنی کوچه‌ی تاریک. ساباط و کوچه بازاری که روی آن را پوشانده باشند. (دهخدا، ۱۳۷۷، ج.۱۲: ۱۸۶۶۹)

این واژه نیز مانند کوره‌راه امروزه استفاده نمی‌شود. در حالی که ما در بافت‌های خود کوچه‌های بسیاری را داریم که روی آن ساباط قرار دارد، ولی از اسمی برای اشاره به آن‌ها استفاده نمی‌کنیم، بلکه برای اشاره به این نوع کوچه‌ها از یک عبارت مانند «کوچه‌ای که ساباط دارد» استفاده می‌شود.

کوچه (کویچه و کیچه): به معنای محله و برزن است و محله‌ی کوچک. همچنین به معنی خیابان، راه کوچک و تنگ نیز یاد شده است، چراکه راه بزرگ و فراخ را کو و کوی خوانند. راه کوچک و دراز. (دهخدا، ۱۳۷۷، ج.۱۲: ۱۸۶۸۴) برخی از عباراتی که این واژه در آن‌ها استفاده شده است، عبارتند از:

- کوچه‌ی آشتی کنان: کوچه‌ای تنگ که دو تن از آن به سختی گذرند. (همان، ج۱۲: ۱۸۶۸۴)

- کوچه‌ی بن بست: کوچه‌ی سربست. کوچه ای که آخر آن مسدود است و راه به خارج ندارد. معبر مابین خانه ها که دررو نداشته باشد. (دهخدا، ۱۳۷۷، ج.۱۲: ۱۸۶۸۴)

- کوچه پس کوچه: کوچه‌های خرد و بزرگ بسیار و مربوط به یکدیگر. (دهخدا، ۱۳۷۷، ج.۱۲: ۱۸۶۸۴)

- کوچه‌بازار: کوچه‌ای که راهی به بازار داشته باشد. (دهخدا، ۱۳۷۷، ج.۱۲: ۱۸۶۸۵)

- کوچه‌باغ: کوچه‌ای که راهی در باغ داشته باشد. کوچه ای که راهی به باغ داشته باشد یا از کنار باغ گذرد. (دهخدا، ۱۳۷۷، ج.۱۲: ۱۸۶۸۵) از ترکیبات بسیار زیبای زبان فارسی است، که هم از نظر کالبدی و هم کاربردی به کنار گذاشته شده است.

- کوچه‌راه: راه باریک (دهخدا، ۱۳۷۷، ج.۱۲: ۱۸۶۸۵)

- کوچه‌ی ناگذاره: کوچه‌ی بن‌بست که گذارگاه نداشته باشد.

کوره‌راه: در معانی این واژه آمده است: راهی که ناراست و پرپیچ مثل راهِ مارپیچ باشد و رونده‌ی آن، راه گم کند، و همچنین راه پرپیچ و خم و ناهموار و ناراست که کمتر در آن رفت و آمد می‌کنند. (دهخدا، ۱۳۷۷، ج.۱۲: ۱۸۷۰۵)

امروزه ما برای راه‌های موجود در بافت ارگانیک شهرها (یا روستاها) و بافت کهن که بسیار پرپیچ و خم هستند از هیچ واژه‌ی خاصی استفاده نمی‌کنیم، در صورتی که در گذشته از کوره‌راه (که دارای بار اطلاعاتی زیادی است) استفاده می‌شده است و نشان می‌دهد که در فرهنگ ما مردم بین راه مستقیم و راه پرپیچ‌وخم تمایز قائل بوده‌اند.

کوی: راه فراخ و گشاد را گویند که شاه راه باشد. همچنین بـه معنـی معبـر، گـذر و محله هم آمده است. کوچه مصغر آن است. (دهخدا، ۱۳۷۷، ج۱۲.: ۱۸۷۶۷)

گدار: به معنی معبر، گذرگاه میان کویر، باتلاق یا رودخانه است. (معین، ۱۳۸۶، ج۳: ۳۱۹۹). جایی از رودخانه که خشک و بی‌آب باشد. (عمید، ۱۳۸۴، ج۳: ۲۰۳۲)

برای مثال به راهی که در آب برای عبور عرضـی از رودخانـه بـا سـنگ‌هـا درسـت می‌کنیم، گدار می‌گویند. «بی‌گدار به آب زدن» که اصطلاحی است به معنای بی‌احتیاط به کاری اقدام کردن (دهخدا، ۱۳۷۷، ج۱۲.: ۱۸۹۷۵) از همین‌جا نشأت گرفته است.

گدوک (کدوک): در معنای گردنه و راه میان دو کوه که در زمستان برف زیاد در آن جمع می‌شود، آمده است (دهخدا، ۱۳۷۷، ج۱۲.: ۱۸۹۸۰).

گذار: عبور، مرور، معبر و گذرگاه از معـانی ایـن واژه اسـت (دهخـدا، ۱۳۷۷، ج۱۲.: ۱۸۹۸۱).

گذارا: در توضیح این واژه معبر و گذرگاه و معبر کشـتی یـاد شـده اسـت (دهخـدا، ۱۳۷۷، ج۱۲.: ۱۸۹۸۱).

گذر: راه است و گذار. راهی که برای عبور از دریا معین باشد. معبر، جاده، راه شـاه و گذری فراخ که از آن به راه‌ها و جای‌های بسیار می‌تـوان رفـت. (دهخـدا، ۱۳۷۷، ج۱۲.: ۱۸۹۸۸)

گذرگاه (گذرگه): ممر، معبر، جای گذر، جای عبور، راه و جای عبـور از دریـا اسـت. برای مثال: گذرگاه این آب دریا کجاست/بباید نمودن به ما راه راست (فردوسی) (دهخدا، ۱۳۷۷، ج۱۲.: ۱۸۹۹۱)

این که ما در زبان فارسی واژه‌هایی برای نام بردن راه‌های آبی داشته‌ایم نشان از آن دارد که دریانوردی از گذشته در فرهنگ ما جایگاه ویژه‌ای داشته است. هرچند که امـروز به ندرت از این واژه‌ها در حرفه‌های مرتبط با دریا استفاده می‌کنیم.

گومچه: کوچه‌ی تنگ و کم وسعت است. (دهخدا، ۱۳۷۷، ج۱۲.: ۱۹۴۱۵)

مسیر: مصدر میمی است به معنی رفتن و سیر کردن، محل گـردش و سـیر، جـای عبور و حرکت، جای رفتار و همچنـین در معـانی راه، جـاده و سـیرگاه. (دهخـدا، ۱۳۷۷، ج.۱۳: ۲۰۹۱۲)

معبر: این واژه به مفهوم گذرگاه رود، جای گذشتن از دریا و کرانه‌ی رود یا دریا کـه برای گذشتن مهیا است، در لغتنامه آورده شده است (دهخدا، ۱۳۷۷، ج.۱۳: ۲۱۱۱۰).

– معبر عام: گذرگاه عموم و شارع عام. (دهخدا، ۱۳۷۷، ج.۱۳: ۲۱۱۰)

مَورد: راه و محل ورود است. همچنین راه آب و جای آب خوردن مـردم و بهـایم در صحرا (دهخدا، ۱۳۷۷، ج.۱۴: ۲۱۷۷۱).

در لغت‌نامه‌ی دهخدا واژه‌های بزرگراه و اتوبان موجود نبود. معنای این واژه‌هـا از دو فرهنگ فارسی (غلامحسین صـدری افشار، ۱۳۸۸) و فرهنـگ زبـان فارسـی (مهشید مشیری، ۱۳۷۱) استخراج شده‌اند. جالب است که در فرهنگ زبان فارسی واژه‌ی بزرگراه وجود ندارد و در فرهنگ فارسی در معنی اتوبان تنها بزرگراه یاد شده است. همچنین این دو معنی کاملاً به جنبه‌های کمی اشاره دارند.

بزرگراه: جاده‌ی پهنی با چندین خط عبور وسیله‌های نقلیه، پل‌های ویژه‌ی پیاده و سواره در تقاطع‌ها، پیچ‌های کم‌زاویه برای بیرون رفتن یا وارد شدن بـه جـاده، دیـواره‌ی جدا کننده‌ی مسیر رفت و برگشت. (صدری افشار، ۱۳۸۸، ج۱: ۳۵۳)

اتوبان: جاده‌ی پهن دوطرفه‌ای است که هر طرف آن مسیر جداگانه‌ای بـرای رفـت یا برگشت اتومبیل‌هاست. در این جاده چراغ راهنمایی و تقاطع هم‌سـطح وجـود نـدارد و وسایط نقلیه می‌توانند با سرعت زیاد حرکت کنند. (مشیری، ۱۳۷۱: مدخل واژه‌ی اتوبان)

دیگر واژه‌هایی که در ارتباط با حوزه‌ی معنایی راه وجود دارند، عبارتند از[۲۳]:

ارشاد: راه به‌حق نمودن. **اعور**: راه بی علم و نشان. **انبوب**: راه در کوه. **ترهه**: راه خرد که از راه بزرگ بیرون رود. **جارن**: راه ناپیدا شده. **جاره**: راه بسوی آب. **جده**: راه در کوه. **حبک**: راه‌های آسمان. **خادع، خدوع**: راه که گاه هویدا گردد و گاه مخفی. **خط**: راه بزرگ و راه دراز در چیزی. **درس**: راه پنهانی **دلثع**: راه نرم در زمین نرم یا سخت که در آن نشیب نباشد. **دیسق**: راه دراز. **دعبوب**: راه واضح و کوفته. **رائغ**: راه کژ و مایل. **ردب**: راه سربسته. **رفاض**: راه‌های پریشان. **زوغ**: از راه چمیدن. **صحاح**: راه سخت. **صحوک**: راه فراخ. **صدفان**: دو کرانه‌ی راه در کوه. **صعود**: راه بلند در کوه. **صمادحی**: راه واضح و پیدا. **عاج**: راه پر از روندگان. **عرقه**: راه در کوه. **عروض**: راه در کوه. **علق**: میانه‌ی راه و معظم آن. **عبوث**: راه درکوه. **عود**: راه دیرینه. **فراض**: راه‌ها. **فوق**: راه نخستین. **لموسه**: راه بدین جهت که گم شده بدست بساید آن را تا نشان سفر دریابد. **محرم**: راه در زمین درشت. **مُذکَر، مُذَکّر**: راه خوفناک. **مشاشه**: راهی که در آن خاک و سنگریزهای نرم باشد. **مطرب، مطربه**: راه کوچک که به شارع عام پیوسته، راه متفرق. **میل، میلان**: از راه خمیدن. **ناشط**: که از چپ و راست راه بزرگ برآید. **نجد**: راه روشن بر بالا. راه بر بالا. **نحیره**: راه باریک که از راه‌های بزرگ شکافته شود به صحرا. **نعامه**: نشان راه بلند. **نسم، نیسم**: راه ناپیدا. **نقم**: میانه‌ی راه. **وخی**: راه معتمد. **وضح**: میانه‌ی راه و گشادگی آن. **وعب**: راه گشاده. **وُلُج**: راه ریگستان. **سبیل**: راه و طریق و همچنین راه روشن. **صراط**: راه راست و راه. **عثق**: شارع عام. **زُقاق**: کوچه و برزن و معبر تنگ و کوچه‌ی بن بست. **سَرَک**: جاده، خیابان. **مرور**: گذار و گذر. **ممر**: راه، گذار. **مَرَدرو**: راه، راه تنگ و معبر و گذرگاه. **تَروِه**: معبر

---

۲۳. به دلیل آن‌که در معنای این واژه‌ها در لغت‌نامه تنها چند کلمه یاد و توضیح کمتری داده شده است، این واژه‌ها به دنبال یکدیگر آورده شده‌اند.

تنگ و راه دشوار. **باروم**: گذرگاه و معبر. **بریده**: رهگذر و معبر و تنگ و گدار و پایاب. **کَنجشُنج**: معبر زیرزمینی، همچنین راه سرپوشیده. **زَلفَه**: کوچه‌ی تنگ و تاریک را گویند. **جَرجَه**: جاده‌ی میان راه، راه روشن. **نَیسَب**: راه راست و روشن، راه مور. **نهج**: راه روشن و گشاده و پیدا، راه راست. **نهرج**: راه گشاد و فراخ. **بَریره**: راه و طریق. **مَهیَع**: راه روشن. **باری**: طریق و راه. **متن**: میان راه. **مِسح**: میانه‌ی راه. **خلیف**: راه میان دو کوه. **شاکله**: کرانه و جانب. شاهراه که از آن راه فرعی منشعب گردد. **مقد**: راه، بیابان هموار. **مَرکَل**: راه و طریق. **مسء**: میانه‌ی راه و یا متن آن. **بوری**: راه. **مجبه**: جاده و راه روشن و صاف. **جدلان**: راه و سوی. **زُقاق**: خیابان میان درختان خرما. **زَنَقَۀ**: کوچه‌ی باریک تنگ. **طریق**: مأخوذ است از طرق بمعنی کوفتن، چون روندگان راه را با پا میکوبند، بنابراین راه را طریق گفتند. (دهخدا، ۱۳۷۷ ج۸: ۱۱۸۰۷)

همان‌طور که ملاحظه می شود اسامی و واژه‌های متعددِ مورد استفاده در زبان و ادبیات فارسی، دنیایی از اطلاعات محیطی را در اختیار قرار می‌داده است. راه‌ها به‌واسطه‌ی ویژگی‌های کیفی و کمیِ خود طبقه‌بندی و از یکدیگر تفکیک می‌شده‌اند؛ به‌طوری‌که با یک کلمه شنونده می‌توانسته خود را برای شرایط محیطی خاصی آماده کند (مانند گدار). در موارد بسیاری از همین کلمات، در نوشته‌ها و محاوره استفاده می‌شده است؛ و می‌دانیم که به‌هر میزان با افزایش تعداد کلمات در یک زبان روبه‌رو باشیم این امر نشان از عمق و گستره‌ی دانش عمومی و خاص آن فرهنگ دارد (ن. ک. به: فصل ۱ از بخش یکم). در مورد فهرست‌گونه‌ی فوق می‌توان از کلماتی چون: خط، صراط، بریده، شاکله، و طریق نام برد. کلمات فارسی در این حوزه، به‌طور طبیعی، قابلیت مشتق‌گیری دارند و در محاوره و ضرب‌المثل‌ها به شکل مستمر استفاده می‌شوند. این خود بر گسترش دانایی و تسهیل رابطه‌ی بین انسان ها با یکدیگر، و انسان‌ها با محیط اطرافشان می‌افزاید. برای بسیاری از مفاهیمی که امروز در بیان آن‌ها دچار مشکل هستیم و باید با توضیح فراوان، مخاطب را متوجه منظور خود کنیم؛ در زبان فارسی واژه وجود دارد. واژه‌هایی چون کوره‌راه و یا کوتار نمونه‌های این دست واژه‌ها هستند.

به‌کارگیری این واژه‌ها می‌تواند بر غنای هرچه بیشترِ ادبیات بومیِ رشته‌ی شهرسازی در کشور کمک نماید.

بدین ترتیب هر کلمه باری معنایی-نمادین را با خود حمل می‌کند که علاوه بر کمک به سخنگویان یک زبان برای تبدیل اشیاء فیزیکی به عناصری نشانه‌ای در محیط اطراف خود (که لازمه‌ی زندگی و بقای انسان‌ها در جامعه‌ی بشری است)، به مثابه چراغی است که از زاویه‌ای خاص، بر فراز یک عنصر محیطی روشن می‌شود. اگر به گنجینه‌ی فوق، زبان‌ها و گویش‌های محلی و کلماتی که آن‌ها برای پدیده‌ی «راه» دارند را اضافه کنیم جهانی معنایی به‌دست خواهد آمد که نظیر آن کمتر به چشم خورده است. ولی در اینجا تأکید ما فقط نگاه زبان‌شناسانه به محیط‌زیست از پس کلمات و اصطلاحاتِ موجود نیست بلکه نظر این است که ما هم چون گذشتگان به ارزش این گنجینه پی‌برده و به بسط، توسعه و تعمیق آن بپردازیم.

جمع‌بندی و نتیجه‌گیری

یکی از مشکلاتی که در حال حاضر در حوزه‌ی تخصص شهرسازی با آن روبه‌رو هستیم، آشفتگی مفهومی در اصطلاحات مرتبط با عناصر محیطی است. برای مثال همان‌طور که در توضیحات واژه‌ی برزن مشاهده کردیم، این واژه هم در معنای محله و هم کوچه آمده است. البته این‌که این دو مفهوم چه ارتباطی با یکدیگر دارند و آیا برزن دربرگیرنده‌ی هردوی آن‌ها است یا نه (همان رابطه‌ای که تحت عنوان شمول معنایی در فصل چهارم بخش اول مطرح شد) را فعلاً به کناری می‌گذاریم. به نظر می‌رسد که این مسئله می‌تواند با بهره‌گیری از زبان فارسی (و حتی دیگر زبان‌ها یا گویش‌های رایج در ایران) و توسعه‌ی آن‌ها، حل شود و حتی از این طریق دانش محیطی مردم نیز گسترش داده شود. به عنوان نمونه می‌توان از واژه‌های «کوتار»، «کوره‌راه» و «گدار» نام برد، که استفاده از هر یک از این واژه‌ها، می‌تواند برخی از مسائل موجود در اصطلاحات را حل کند. در طراحی‌ها و برنامه‌ریزی‌های امروز برای جبران این کمبود از اصطلاحاتی چون راه (شریانی) درجه یک، دو و مانند این‌ها استفاده می‌شود. البته همان‌طور که در بخش یکم نیز یاد کردیم، ترجمه (نه صرفاً ترجمه‌ی نشانه‌های زبانی) یکی از عوامل پویایی

فرهنگ است، و در این‌جا هم منظور ما رد هرآنچه که در این سازوکار ممکن است مفید باشد، نیست. اعتقاد ما بر آن است که در این موارد رویکرد مـا، بـا آنچـه کـه مواجـه آن شده‌ایم «نه خود بلکه دیگری» بوده است و نه «هم خود و هم دیگری». در این ارتباط طرح‌های ما زمانی می‌تواند معنی‌دار، موفق و بومی‌شده باشد که از پدیده‌هـا و سـاختارها در فرهنگ خود شناخت داشته باشیم و با درونی کردن آن‌ها و همچنین آن‌هـایی کـه از سازوکار ترجمه بدست می‌آیند، به طراحـی و برنامه‌ریزی اقدام کنیم. شاید بتوان بومی‌سازی صحیح را در گروی توجه به همین نکته دانسـت، چراکـه بـومی‌سازی تنهـا انطباق طرح‌های دیگران با اقلیم خود نیست و مسائل فرهنگی نقش عمده‌ای دارند.

در تاریخ کشور ما، «راه» تنها یک مسیر که دو نقطه را به یکدیگر متصـل مـی‌کنـد تلقی نمی‌شده بلکه ابعاد مختلف آن نیز اهمیت داشته است. این جنبه‌های مختلف (کـه بیشتر از نوع کیفی بوده) در معانی و مفاهیم مختلف واژه‌ها نمایان است. مروری کوتاه بر معانی و مفاهیم واژه‌های مرتبط با این حوزه (همچون خیابان، چمن، کوچه‌باغ، کوتـار و غیره) می‌تواند راه‌گشا و راهنمای بسیاری از طراحی‌های امروز ما باشد. مشکلی که امـروز بیشتر در وابستگی شدید به مسائل کمی و عدم توجـه بـه مسـائل کیفـی مـی‌دانیـم، بـا مراجعه به این مفاهیم تا حدودی قابل حـل اسـت. مـی‌تـوان گفـت مهـم‌تـرین و قابـل توجه‌ترین عاملی که راه‌های امروز را در ادبیات تخصصی رشته‌ی شهرسازی از یکدیگر جدا می‌سازد، عرض آن‌هاست. با نگاه به مفاهیم و معانی یاد شده از واژه‌ها، تنها جنبه‌ای که کمتر بدان پرداخته شده همین موضوع است. شاید «عرابه‌رو» از معـدود نمونـه‌هـایی باشد که به صورت نسبتاً واضحی به عرض راه اشاره کرده است. دیگر واژه‌هـا بـا معـانیِ کیفی‌تری چون باریک یا فراخ و غیره به آن پرداخته‌اند.

مفاهیم موجود در واژه‌های مرتبط با حوزه‌ی معنایی فضاهای حرکتی را می‌تـوان بـه صورت جدول زیر دسته‌بندی کرد (جـدول شـماره‌ی ۲). ایـن دسـته‌بنـدی مـی‌توانـد در طراحی‌های امروز استفاده داشته باشد؛ چراکه مـی‌تـوان متوجـه شـد در جهانِ زبـانی-فرهنگی ایرانی به چه مواردی بیشتر توجه و از چه جنبه‌هایی به موضوع نگاه مـی‌شـده است و از این طریق بر پایه‌ی تجربیات گذشته و فرهنگ کشورمان بـه نیازهـای آینـده پاسخ گفت.

جدول شماره‌ی ۲: تقسیم‌بندی مفاهیم و معانی مرتبط با حوزه‌ی معنایی «فضاهای ارتباطی»

مفهوم قابل برداشت	ویژگی (های) مورد توجه	نمونه‌ی واژه‌ها
فیزیکی	اندازه و مقیاس	شاهراه، جاده، کوچه، عرابه‌رو[۲۴]
کاربردی	راه آبی، راه زمینی، راه هوایی و غیره	گدار، معبر، چمن
معنوی / ارشادی	هدایت معنوی، تعالی انسان	نهج، نجد، صراط
نمادین	استفاده به عنوان اسم خاص و نمادین (مثلاً اشاره به راه خاصی در بهشت)	سبیل، صراط
کیفی	جنبه‌هایی چون چگونگی دید و منظر، جنس راه، امکان استفاده‌ی تفریحی	خیابان، چمن، مسیر، شوسه
موقعیتی	در کوه، در شهر، در ده، در بازار، در باغ و غیره	گدوک، انبوب، تونل، زیوار، خیابان، راسته

مأخذ: نگارندگان

۲۴. برخی از واژه‌ها به دلیل مفهوم گسترده‌ی خود می‌توانند در چند دسته نیز قرار بگیرند.

فصل ۴: حوزه‌ی معنایی فضاهای سبز مصنوع

مقدمه

در این فصل به حوزه‌ی معنایی «فضاهای سبز مصنوع» و یا همان «فضـاهای سـبز طراحی شده» می‌پردازیم. در حوزه‌ی معماری و شهرسازی شاید بتوان یکی از مهم‌تـرین واژه‌های این حوزه‌ی معنایی را «باغ» دانسـت. در طراحـی‌هـای امـروزی از بـاغ تقریبـاً چیزی جز تقسیم فضا به چهار قسمت و درختکـاری و ایجـاد مسـیری بـرای آب، بـاقی نمانده است. ولی آیا مفهوم باغ تنها همین است؟ علاوه بر این، با ورود واژه‌ی پـارک بـه این حوزه‌ی معنایی، بسیاری از واژه‌های دیگر به دست فراموشی سپرده شدند و مفـاهیم آن‌ها دیگر مورد توجه قرار نگرفته است. این فصل به همین منظور بـه مـواردی از ایـن دست و به بررسی واژگان مرتبط با این حوزه خواهد پرداخت. علاوه بـر ایـن در قسـمت پایانی فصل، الگویی زبانی–ذهنی را معرفی خواهیم کـرد کـه در بسـیاری از جنبـه‌هـای زندگی و همچنین در عناصر محیطی انسان‌ساخت ما (از جمله باغ) وجود دارد.

بررسی واژگان حوزه‌ی معنایی «فضاهای سبز مصنوع»

آبسال: اسم مرکب فارسی و جمع آن آبسالان، و به مفهوم باغ و حدیقـه یـاد شـده است (دهخدا، ۱۳۷۷، ج.۱: ۵۵).

باغ: روضه، گلستان، حدیقه. محوطه‌ای که نوعاً محصور است و در آن گل و ریاحین و اشجار مثمر و سبزی‌آلات و جز آن‌ها غرس و زراعـت مـی‌کننـد. همچنـین بـه معنـی آبسال و بوستان. واژه‌ی باغ هم در فارسی و هم در عربی به صورت اسم بـه کـار رفتـه است (جمع آن در عربی بیغان است). به دلیل اهمیت این واژه در این‌جا بـه ریشـه ایـن کلمه و معادل‌های آن در دیگر زبان‌ها و گویش‌هـا مـی‌پـردازیم. ایـن واژه در پهلـوی و سغدی «باغ»، در گیلکی و سرخه‌ای و شهمیرزادی «باک» و در نطنزی «بـاگ» اسـت. باغ جایی است که در آن درختان میوه‌دار و گل‌آور باشد. عُلجـوم بـه معنـای بـاغ بسـیار درخت، و مَغلوبَه به مفهوم باغ به‌هم نزدیک و درهم و پیچیده درخت آمده است.

این واژه کنایه از چهره‌ی محبوب و همچنین بهشت و در شکل صفت نیز به مفهـوم دلگشای، دلفریب و آراسته است. به نظر فردوسی در «به‌باغ انـدر آوردگـاهی گرفت...» بـاغ را به معنای محوطه‌ای وسیع نظیر میدان‌های ورزشـی آورده اسـت. بـاغ بـدیع کنایـه از بهشت است و باغ رنگین یا باغ سخا به مفهوم گیتی و جهان. بَغ در لغت‌نامه بـه معنـای بهره، نـرخ، بخـش، پـاره و حصـه (دهخـدا، ۱۳۷۷، ج.۳: ۴۵۳۵) و همچنـین در مفهـوم خداوند، دادار و آفریدگار آمده است. بنابراین می‌توان گفت باغ از نظر مفهومی عـلاوه بـر آن‌که ریشه‌ای آسمانی و مقدس دارد به مفهوم تقسیم شده به چند بخش نیز هست.

واژی باغ در زبان فارسی به صورت بسیار گسترده‌ای در ترکیب‌ها و عبارت‌ها بـه کـار رفته است. برخی از این ترکیب‌ها اسم مرکب خاص هستند همچون بـاغ ارم (دهخـدا، ۱۳۷۷، ج.۳: ۴۱۸۰)، باغ پیروزی، باغ دلگشا و باغ جهانشاهی و برخی دیگر اسم مرکـب همچون باغ بهشت که همان بهشت و رضوان است و مجازاً به معنی باغ بسیار باصفا و باطراوت و سبز و خرم که از خرمی همانند بهشت باشد (دهخـدا، ۱۳۷۷، ج.۳: ۴۱۸۳) و باغ خلد که آن هم باغ بهشت و باغ جنان است (همان، ج.۳: ۴۱۸۹).

باغچه: مصغر باغ است. باغ کوچک. باغ خرد. باغچه قطعه زمینی است دارای گل و درخت. همچنین باغِ واقع در سرای‌ها و خانه‌ها. هر کرتی از باغ و نیز قسمت مجزا شده از زمین مشجر و با گل باغ را باغچه می‌گویند. باغچه به معانی گلشن و گلزار هم آمده است (دهخدا، ۱۳۷۷، ج.۳: ۴۱۸۵).

باغستان: اسم مرکبی است به معنی جایی که باغ یا باغات بسیار در آن باشد. باغستان به معنای رز، رزستان و تاکستان نیز هست (دهخدا، ۱۳۷۷، ج.۳: ۴۱۹۲).

باغِ سرای: ترکیب اضافی و اسم مرکبی دیگر که امروز به آن باغچه هم می‌گویند و باغی است که به خانه متصل باشد (دهخدا، ۱۳۷۷، ج.۳: ۴۱۹۲).

باغک: اسم مصغر و به معنی باغِ خرد، باغچه و باغ کوچک (دهخدا، ۱۳۷۷، ج.۳: ۴۱۹۹).

باغ وحش: اسم مرکب و در معنای باغ وحوش و جایی خاص برای نگهداری دام و دد و پرندگان و خزندگان بحری و بری و ماهیان است (دهخدا، ۱۳۷۷، ج.۳: ۴۲۰۹).

باغِ هشت در: ترکیبی وصفی و کنایه از بهشت است و همچنین کنایه از قالب انسان (دهخدا، ۱۳۷۷، ج.۳: ۴۲۰۹).

بُست: اسم فارسی به معنای گلزار و بستان است. باغی که در آن گل یا میوه یا هر دو باشد، در این صورت لفظ مذکور مخفف بوستان (جای بو) است که در معنی باغ استفاده می‌شود؛ چه در باغ چیزهای خوش‌بو از میوه و گل است. بَست از لفظ بستان آمده است (دهخدا، ۱۳۷۷، ج.۳: ۴۷۴۰).

بستان: گلزار و گلستان را گویند و مخفف بوستان نیز هست. جایی را گویند که بوی گل و ریاحین در آن‌جا بسیار باشد. حدیقه و فردوس از واژگان هم‌معنی بستان است. هر محوطه که شامل درختانی که دور از هم غرس شده باشند تا بتوان در فواصل آن‌ها کشت و کار کرد را نیز بستان گویند. امرزوه بستان در معانی پالیز و جالیز و مزارع صیفی هم هست. در اصطلاح فقها، هر زمین که دیواری آن را احاطه کند و در آن

درختان خرمای پراکنده و تاک و درختان دیگر باشد، چنان که بتوان در میان درختان آن زراعت کرد، بستان است. اما اگر در چنین زمینی درختان در هم پیچیده باشند و کشت و زرع در آن امکان‌پذیر نباشد، آن را کَرم خوانند. بستان افروز به معنی بهار، بستان‌سرا یا سرابستان و بستان کردن به معنی بوستان درست کردن، از ترکیب‌های این واژه است (دهخدا، ۱۳۷۷، ج.۳: ۴۷۴۲).

بستان‌چه: اسم مصغر و به معنی باغچه، باغ کوچک و بستان کوچک است (دهخدا، ۱۳۷۷، ج.۳: ۴۷۴۴).

بستان‌سرا (بستان‌سرای): خانه و سرایی است که در بستان ساخته شده است. البته امکان دارد که این لفظ قلب سرابستان به معنی باغچه و صحن خانه باشد (دهخدا، ۱۳۷۷، ج.۳: ۴۷۴۵).

بوستان: اسم مرکب، متشکل از بو (بوی، رایحه) و ستان (ادات مکان) است. جایی که گل‌های خوشبو در آن بسیار باشد. باغ باصفا را نیز بوستان می‌گویند. جایی که درختان گل و درختان که میوه‌هاشان خوشبو باشد (همچون سیب و امرود و ترنج و نارنج و امثال این‌ها). همچنین در متنی کهن از بوستان به معنی معدن بوی یاد شده است (دهخدا، ۱۳۷۷، ج.۴: ۵۰۷۲).

بهشت: به معنای فردوس، خلد، مینو و دارالسلام آمده است. جایی است خوش آب‌وهوا و فراخ نعمت و آراسته که نیکوکاران پس از مرگ در آن باشند (دهخدا، ۱۳۷۷، ج.۴: ۵۱۲۰). بهشت که در اوستا به صورت «وهیشت» آمده است، صفت عالی است به معنی بهترین از صفت «انگهو» که در فارسی «وه» یا «به» گفته می‌شود که به معنی «خوب» است (ن.ک. به: اوشیدری، ۱۳۷۱: ۱۸۱). با واژه‌ی بهشت ترکیبات بسیاری از جمله بهشت‌آسا، بهشت‌رو، بهشت‌زار و بهشت‌وار وجود دارد (دهخدا، ۱۳۷۷، ج.۴:۵۱۲۰-۵۱۲۲).

پارک: از کلمات فرانسه است که وارد زبان فارسی شده است، به معنی باغ وسیع و پردرخت که گردش و شکار و جز آن را بکار است، مانند پارک مخبرالدوله، پارک اتابک و

پارک امین‌الدوله (دهخدا، ۱۳۷۷، ج.۴: ۵۳۴۴). البته شکل اولیه و معنای پارک در فرانسه و اروپا، زمین سبزی بوده که برای نگهداری از حیوانـات وحشـی یـا اهلـی دور آن را بـا حصار محصور می‌کرده‌اند (ن.ک. به: براتی و دیگران، ۱۳۸۰).

پالیز: به معنی باغ، بوستان، جالیز و گلستان است. همچنین پالیز به معنای کشتـزار، مزرعه، خربزه‌زار، خیارزار، کدوزار، هندوانه‌زار و ترهزار نیز هست. پالیز مزارع صیفی‌کاری را گویند، یعنی آن جای‌ها که هندوانه، خربزه و گرمک و طالبی و امثال آن‌هـا را کارنـد (دهخدا، ۱۳۷۷، ج.۴: ۵۳۸۹).

پردیس: واژه‌ای است مأخوذ از زبان مادی به معنی باغ و بستان و پـالیز فارسـی و فردوسی (معرّب) از همین لغت است. گزنفون گوید: «در هرجا کـه شـاه (هخامنشـی) اقامت کند و به هرجا که رود، همیشه مراقب اسـت، در همـه‌جـا بـاغ‌هـایی باشـد پـر از چیزهای زیبا، که زمین می‌دهد. این باغ‌ها را پردیس می‌نامند. اگر هوا مانع نباشد، شـاه اکثر اوقات خود را در این‌گونه باغ‌ها بسر می‌برد.» اردشیر دوم در کتیبه‌ای در شوش ایـن جمله را نقش کرده است: «اردشیرشاه گوید: به فضل اهورمزدا این قصر پردیس زندگانی را من ساختم...» (دهخدا، ۱۳۷۷، ج.۴: ۵۴۹۵)

جنت: اسم عربی و به معنی بستان است. جنت به بستانی گفته می‌شود که درختـان آن زمین را پوشیده باشد، چه در هـر لفـظ عربـی کـه جیـم و نـون باشـد معنـی خفا و پوشیدگی در آن ملحوظ باشد، همچون جن (پری از آن جهت که پوشیده است) و جنـین (به معنی بچه که در شکم پوشیده باشد). جنت همچنین به معنای بهشت است. برخی از ترکیبات این واژه در اصطلاحات صوفیه به کار مـی‌رود همچـون جنـتِ افعـال (بهشـت صوری که مؤمنان در ازای اعمال نیک بر طریـق ثـواب پـاداش مـی‌برنـد)، جنـت ذات (مشاهده‌ی جمال احدیت) و جنتِ صفات (بهشـت معنـوی از تجلیـات اسمـاء و صفـات خداوندی). (دهخدا، ۱۳۷۷، ج.۵: ۷۸۶۹)

چارباغ (چهارباغ): باغ‌های چهارگانه در کنار هم که با خیابان‌ها از هم جدا شوند یـا در پیرامون عمارتی باشند. همچنین دو رشته خیابان موازی یکدیگر را گوینـد کـه در دو طرف دارای درختکاری بوده و در وسط به‌وسیله‌ی یک رشته پیاده‌رو یا گردشگاه از هـم

جدا باشند. البته چارباغ به معنی کوشک و قصر هم به کار رفته است (دهخدا، ۱۳۷۷، ج.۵: ۷۹۶۵).

چمن: راهی است میان باغ و بوستان. همچنین راه راست که در میان درختان ساخته شده باشد و از هر دو پهلوی راه درخت نشانده و جای نشستن گذاشته باشند. صحن باغ و خیابان و بلندی‌های اطراف زمینی که در آن چیزی کاشته باشند. این واژه در معنای نشستنگاه باغ نیز آمده است. نشستنگاهی که گرد به‌گرد آن درختان سایه‌دار باشد. مسیری در باغ یا بوستان که زمین آن را جابجای سبزه یا گل کاشته و دو طرف درختان سبز یا میوه‌دار نشانده باشند. کوچه باغ. چمن به معنی باغ و بستان و گلزار نیز به کار رفته است. بدین ترتیب عبارتست از جایی که در آن انواع درخت یا بوته یا گل کاشته باشند. زمین سبز و خرم را نیز گویند. در تداول عامه نام سبزه و گیاهی معروف است که در زمین وسط خیابان‌ها و میدان‌های شهر یا در باغ‌ها و منازل می‌کارند، تا سبزی خوش‌رنگ و بادوام آن چشم‌اندازی خرم و طرب‌انگیز به وجود آورد (دهخدا، ۱۳۷۷، ج.۶: ۸۲۵۱–۸۲۵۲). چمن همچنین به راه رفتن با ناز نیز گفته می‌شود و سرو چمان اشاره به معشوق سروقامتی است که می‌خرامد.

حدیقه: اسم عربی و به معنی بستان، بوستان و باغ است. حدیقه باغی است که گرداگرد او آن دیوار باشد یا پیرامونش محاط باشد به چوب و خار. بستان دیوار کشیده. باغ که درختان خرما و غیر آن داشته باشد. هر حصار یا دیوار از بستان و جز آن. همچنین به معنی قطعه‌ای از نخلستان هرچند که محاط نباشد. مرغزار با درخت (دهخدا، ۱۳۷۷، ج.۶: ۸۸۱۱).

خیابان: اسم فارسی به معنای گلزار و چمن است. خیابان رسته‌ای است که در باغ می‌سازند برای عبور مرور و کنارهای آن را گلکاری می‌کنند. همچنین راهی در میان صحن چمن‌ها باشد. خیابان به معنای راه ساخته شده در میان دو صف درختان باغ نیز آمده است. هر کوی راست و فراخ و دراز که اطراف آن درخت و گل باشد (دهخدا، ۱۳۷۷، ج.۷: ۱۰۱۷۳).

درهم: حدیقه. مرغزار با درخت و بوستان با دیوار (دهخدا، ۱۳۷۷، ج.۷: ۱۰۷۱۷).

راغ: این اسم به معنی دامن کوه که به جانب صحرا باشد، و در معانی صحرا و سبزه‌زار نیز آمده است. راغ زمین نشیب و فرازی است کـه چمنـزار و شـکوفه‌زار باشـد. واژه‌های دیگری که در توضیح این واژه یاد شده‌اند عبارتند از: مرغزار، تفرجگاه، سبزه‌زار، جنگل، کشت و بن کوه. در ضمن این واژه به معنای عمارت ییلاقی نیز هست. باغ و راغ به باغستان‌ها و دشت‌های سبز و خرم اطلاق مـی‌شـود (دهخـدا، ۱۳۷۷، ج.۸: ۱۱۷۴۱- ۱۱۷۴۲).

رضوان: اسم خاص عربی به معنی نگاهبان بهشت و نـام فرشـته‌ای کـه موکـل و نگهبان بهشت است (دهخدا، ۱۳۷۷، ج.۸: ۱۲۱۲۱).

روضه: اسم عربی و به معنی باغ و مرغزار و سبزه‌زار است. در بلاد عرب روضه‌های فراوان یافت می‌شود و روضه عبارتست از زمین‌هایی که به واسطه‌ی سیراب شدن، گیـاه و سبزه می‌رویاند. همچنین به معنی آب اندک و باقی آب که در حوض بماند آمده است. واژه‌های باغچه و چمنزار و همچنین گور، قبر و تربت نیز در توضیح این واژه یاد شده‌اند. (دهخدا، ۱۳۷۷، ج.۸: ۱۲۳۸۹-۱۲۳۹۰)

فردوس: اسم معرب از ایرانی و به معنی بهترین جـای در بهشـت اسـت. در اوسـتا دوبار به کلمه‌ی پایری دئزه (pairi-daeza) برمی‌خوریم کـه مرکـب اسـت از دو جـزء: پیشاوند پیری یا پایری به معنی گرداگرد و پیرامون و دئزا به معنـی انباشـتن و روی هـم چیدن و دیوار گذاشتن. در زمان هخامنشیان در ایران‌زمین بـزرگ و در سراسـر قلمـروی آنان به‌خصوص در آسیای صغیر پئیـری دئزهـا یـا فـردوس‌هـا، کـه بـاغ‌هـای بـزرگ و پارک‌های باشکوه پادشاه و حاکمان و بزرگان ایـران بـوده شـهرتی داشـته اسـت. ایـن محوطه‌ها درختان انبوه و تناور داشتند و آب در میان آن‌هـا روان بـود و چارپایـان بسـیار برای شکار در آن‌ها پرورش می‌یافتند. این‌گونه پارک‌ها کـه در سـرزمین یونـان وجـود نداشت، ناگزیر انظار یونانیان را متوجه خود کرد و آنان نیز همان نام ایرانی را به صـورت پرادیزس به کار بردند. در تورات چندین بار «پاردس» عبری به کار رفته است. این کلمه در آن‌جا هم به معنی باغ و بستان آمده، اما به تدریج در نوشته‌های آنان مفهوم معنوی و روحانی گرفته و به معنی بهشت یا جای پاداش ایزدی و اقامت‌گاه نیکان و پاکان به کـار

برده شده است. با این واژه ترکیبات بسیاری در زبان فارسی ساخته شده است، از جمله: فردوس اعلی، فردوس برین، فردوس‌رو (آن‌که رویش به زیبـایی فـردوس را مانـد)، فردوس‌لقا، فـردوس‌کـردار، فـردوس‌مجلـس و فـردوس‌منظـر. (دهخـدا، ۱۳۷۷، ج.۱۲: (۱۹۱۷۴

گلزار: اسمی است مرکب از گل+زار (=سار که پسوند مکان است) در معنی گلستان و گلشن و جای بسیار گل. لفظ «زار» در واژه‌ی گلزار از عالم لالـه‌زار و کشـت‌زار بـرای کثرت و ظرفیت می‌آید (دهخدا، ۱۳۷۷، ج.۱۲: ۱۹۲۱۶).

گلستان: اسم مرکب دیگری از گل+ستان (پسوند مکـان) و جـایی اسـت کـه گـل بسیار باشد. محل دمیدن گل و سبزه (دهخدا، ۱۳۷۷، ج.۱۲: ۱۹۲۱۹)

گلشن: جای گل است و مرکب از گل و شـن کـه کلمـه‌ی نسـبت اسـت. مـرادف گلستان و گلزار. گلشن همچنین به معنای خانه به کار رفته است (دهخـدا، ۱۳۷۷، ج.۱۲: .(۱۹۲۳۹

گلناک: گلزار و گلستان و باغ گل سرخ را گویند (دهخدا، ۱۳۷۷، ج.۱۲: ۱۹۲۲۴).

مِحجَر: در عربی اسم و به معنی بوستان و باغ است. این واژه در معنای علفزاری که حکام برای چهارپایان خود از غیر منع کننـد، یـاد شـده اسـت. همچنـین گرداگـرد دِه را محجر گویند (دهخدا، ۱۳۷۷، ج.۱۳: ۲۰۳۶۸).

مَخرَفَه: اسمی است عربی به معنای بستان. همچنین رسته‌ی میان دو قطار خرمابن (دهخدا، ۱۳۷۷، ج.۱۳: ۲۰۴۹۰).

مَدونه: به لغت زند و پازند مینو را گوینـد کـه همـان بهشـت باشـد و بـه عربـی جنـت خوانند (دهخدا، ۱۳۷۷، ج.۱۳: ۲۰۵۵۶). واژه‌ی مینو در زبـان پهلـوی مینـوک و صـورت اوستایی آن مئینیو به معنی روان، خرد و روح است (اوشیدری، ۱۳۷۱: ۴۴۶).

مرغزار: اسم مرکب و به معنی سبزه‌زار و زمینی است که در مرغ در آن بسیار رسته باشد. همچنین زمینی که در آن گیاه مرغ فراوان باشد و سبزه‌زار و علفزار و چراگاه. مـرغ

در واقع نوعی گیاه سبز است که حیوانات چرنده آن را به رغبت تمام خورند و به‌غایت سبز و خرم و درهم روئیده باشد. سرعت انتشار این گیاه بسیار زیاد است و به سهولت مزارع را اشغال می‌کند (دهخدا، ۱۳۷۷، ج.۱۳: ۲۰۶۷۵).

مزرعه: اسمی دیگر عربی به معنی کشتزار و محل کشت و زرع. صحرای آماده شده برای کشت و درو. مزرعه در معنای قبر و گور به کار رفته است. مزرعه‌ی خاک کنایه از زمین است (دهخدا، ۱۳۷۷، ج.۱۳: ۲۰۷۵۳).

نارنجستان: اسم مرکب و به معنی جایی که در آن درخت نارنج و دیگر مرکبات را عمل آورند. همچنین باغ‌های سرپوشیده به شیشه که در سردسیر برای درختان مرکبات دارند (دهخدا، ۱۳۷۷، ج.۱۴: ۲۲۱۲۱).

وارکار: به معنی پالیز و فالیز و زمینی که در آن خربزه و هندوانه و جز آن کشته‌اند. همچنین به معنی یک قطعه از باغ و خانه‌ی محقر است و همچنین رزستان (دهخدا، ۱۳۷۷، ج.۱۵: ۲۳۰۶۷).

الگوهای ذهنی-زبانی از ساختارهای کالبدی

همان‌طور که در فصل اولِ بخش نخست کتاب بحث کردیم، زبان در فرایند ادراک نقش مهمی دارد و بر آن تأثیر گذار است. در این‌جا می‌خواهیم به تأثیر دیگرگونه‌ای از زبان بپردازیم که در فرایند خلق الگوهای ذهنی از فضای زیستی وجود دارد. برای بررسی این تأثیر متقابل یک نمونه‌ی موردی را در زبان فارسی بررسی می‌کنیم و در نهایت ارتباط آن را با طراحی باغ ایرانی مطرح می‌کنیم. این الگو، الگوی ذهنی «بالا و پایین» و یا «فراز و فرود» در زبان فارسی است. اگر بر مبنای آنچه که در بخش نخست درباره‌ی نشانه‌ها یاد شد، بپذیریم که محیط انسان‌ساخت مجموعه‌ای از نشانه‌هاست، فرایند ارتباط و درک محیط (که شاید بتوان لذت بردن از محیط و احساس امنیت در آن را وابسته بدان‌ها دانست) آن‌گاه کامل می‌شود که دلالت‌های نشانه‌ها را بدانیم و بدان‌ها پی‌ببریم. مسلماً در طراحی باغ‌های ایرانی از گذشته تا کنون نشانه‌های بسیاری به کار برده شده است که تعداد زیادی از آن‌ها برای فردی که سابقه‌ی فرهنگی و زبانی

مشترکی با نظام آن‌ها دارد، به صورت ناخودآگاه قابل درک است. همان‌گونه که قبلاً هم ذکر کردیم، میزان آشنایی و آگاهی از این نظام‌ها می‌تواند ارتباط و درک آن‌ها را در سطوح متفاوت ممکن کند و گاه حتی تعبیرهای مختلفی را از یک محیط واحد باعث شود.

برای شروع بحث اجازه دهید در لغت‌نامه‌ی دهخدا به واژه‌های بالا و پایین مراجعه کنیم:

بالا: فراز. مقابل نشیب. بر. فوق. روی. مقابل زیر. مقابل پایین. بلندپایه. اول. بلند. نفیس. برگزیده. سرچشمه. به همین ترتیب بالادست نیز به معنی هرچیز نفیس، بهتر، کامل، نیکو و گران‌مایه است. آن حصه‌ی هرچیز که طرف اعلی و فوق است نیز در معانی بالا یاد شده است. «فَر» که در معانی بالا نیز آمده، خود به معنی شأن، شوکت، رفعت، شکوه، نور و عدل و فروغ است.

در لغت‌نامه‌ی بزرگ سخن در معنی بالا این‌گونه آمده است: دورترین قسمت اتاق یا سالن و مانند آن نسبت به در. دارای کیفیت مطلوب. قسمتی از رود که به سرچشمه نزدیک‌تر است. دارای موقعیت و مقام والا. جهان برین و همچنین جهان مقدسی که در آسمان‌ها وجود دارد. (انوری، ۱۳۸۱: ۷۹۵) بدین ترتیب «فرهنگ» از ترکیب فر (پیشوند) و هنگ (کشیدن، هوش و فراست، عقل و خرد و آموزش و پرورش) به مفهوم بالا کشیدن و در بالا قرار دادن است. (لوح فشرده‌ی لغت‌نامه‌ی دهخدا، ذیل کلمه‌ی فرهنگ)

در فصل سومِ بخش نخست درباره‌ی فرهنگ و مفهوم مورد نظر این مطالعه مطالبی گفته شد. در این‌جا به جنبه‌ای دیگر از آن می‌پردازیم. فرهنگ در زبان فارسی بنابر آنچه در بالا یاد شد دارای مفهومی مختص به خود است. هرچند که شاید در زبان‌های دیگر معادل‌هایی برای این واژه یافت شوند ولی به احتمال بسیار، مفهوم آن‌ها متفاوت خواهد بود. فرهنگ در زبان فارسی قصد بالاکردن و حرکت به سوی بالا است، حرکت به سوی کمال و معرفت و فراست. بدین ترتیب اهمیت واژه‌ی بالا در مقابل پایین در نظام نشانه‌ایِ فرهنگی ما مشخص می‌شود. برای مثال ما در روابط اجتماعی خود، اگر

شخصی محترم و عزیز وارد منزل و یا مجلسی شود، او را به جایی از اتاق یا تالار که «بالا» می‌نامیم، هدایت می‌کنیم. در موقعیت‌های رسمی نشستن چنین فردی در جایی که پایین (مقابل بالا) نامیده می‌شود، تقریباً نامممکن است. با اندکی دقت، چنین نشانه‌ی فرهنگی را می‌توان در بسیاری امور دیگر زندگی ایرانیان مشاهده کرد. در زبان فارسی هرآنچه که گرانقدر، عزیز و ارزشمند باشد با واژه‌ی «بالا» آورده می‌شود و همچنین عبارات و امثال بسیاری با این واژه ساخته شده است، همچون «بالای سر ما جا دارد»، «به بالا برشدن» و جز این‌ها. بنابراین می‌توان نتیجه گرفت در ذهن فارسی‌زبانان «فراز و فرود» و یا «بالا و پایین» یک الگوی تثبیت شده‌ی ذهنی-فضایی را شکل می‌دهد. این الگو بر دو مفهوم اشاره دارد: نخست آن‌که «بالا» از ارزش مکانی و فضایی ویژه‌ای برخوردار است، و دوم آنچه که در بالا قرار داده می‌شود، نشانگر اهمیت و ارزش نسبی آن است. البته باید توجه داشت که این الگو از نظر فضایی همیشه به جهتی عمودی ارتباطی ندارد. برای مثال در اتاق، بالا و پایین در سطح مطرح است و یا در مورد سجاده‌ای که برای نماز گسترده شده است، اگر از یک شخص (فارسی زبان) بپرسیم که بالای آن کجاست، با وجود آن‌که هیچ اختلاف سطحی در آن مشاهده نمی‌شود، جایی را نشان خواهد داد که مهر در آن قرار گرفته است (و به همین ترتیب جایی که پای انسان بر روی سجاده قرار می‌گیرد را پایین محسوب می‌کند). در عرفان ما نیز همین نظام بالا و پایین در راه رسیدن به کمال وجود دارد؛ پایین آغاز حرکت و آغاز سیر به سوی کمال، معرفت و یا همان «بالا» است: ما ز بالاییم و بالا می‌رویم... (مولوی، ۱۳۸۷: ۸۷۸).

در نمونه‌های طراحی ما نیز این الگو قابل مشاهده است. برای مثال در طراحی ساختار فضایی مساجد، همیشه ورودی (پایین) در مقابل محراب (بالا) در نظر گرفته می‌شده است. محراب مسجد «بالا» است نه تنها از نظر فضایی بلکه به لحاظ منزلت و قداست. یکی از قابل توجه‌ترین نمونه‌های این الگو، طراحی مسجد شیخ لطف‌الله است. در مورد این بنا تا کنون بحث‌های بسیاری صورت گرفته است که در این‌جا به همان موضوعات ولی از جنبه‌ای دیگر نگاه می‌شود. طراح در این بنا با توجه به ورودی مسجد از داخل میدان نقش جهان و همچنین محل محراب با توجه به جهت قبله، سعی داشته که این نظام ارزشی «بالا-پایین» را همچون سایر بناهای شبیه به آن حفظ کند.

بنابراین با چرخشی که در مسیر قرار داده است، فرد درست در مقابل محراب و از «پایین» به فضای اصلی وارد می‌شود.

تصویر شماره‌ی ۵: مسجد شیخ لطف‌الله، اصفهان. چرخش مسیر برای حفظ نظام ارزشی «بالا و پایین»

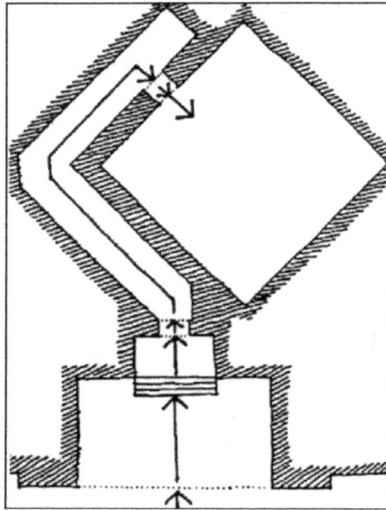

مأخذ: توسلی و بنیادی، ۱۳۸۶: ۱۹

در طراحی باغ‌های ایرانی که خود واجد ارزش‌های والا و آسمانی بوده است، در کنار سایر نشانه‌ها و الگوهای فضایی-ساختاری، چنین الگوی «بالا و پایین» نیز وجود دارد. در اکثر باغ‌ها ورودی در پایین قرار دارد (و یا شاید ورودی پایین بودن را نشان می‌دهد). البته «پایین» در مفهوم منفی و یا زشت نیست، بلکه در پایین ماندن و متوقف شدن، ناپسند است. بدین ترتیب ناظر در بدو ورود متوجه «بالا» می‌شود، به دعوت آن پاسخ می‌دهد و حرکت می‌کند. باغ شازده در ماهان (حوالی شهر کرمان) یکی از بهترینِ این نمونه‌ها است. بیننده در آغاز و در هنگام ورود به مجموعه خود را در پایین و یا همان مقابل بالا (جایی که کوشک قرار دارد) می‌بیند. در این باغ این «بالا و پایین» قرار داشتن با شیب زمین مجموعه مورد تأکید واقع می‌شود. جاری بودن آب خود نیز «نشانه»ای است که بر وجود چشمه در بالا دلالت دارد (نشانه‌های نمایه‌ای در

تقسیم‌بندی پیرس (ن.ک. به: فصل دومِ بخش نخست، صفحه‌ی ۴۷). همان‌طور که یاد شد واژه‌ی بالا به معنای سرچشمه نیز هست. حوضی که در مقابل کوشک (چـون اکثـر باغ‌ها) قرار دارد خود نشانه‌ی دیگری است که به سرچشمه و منبع فیض اشاره دارد. ناظر با گذر از مسیر از پایین تا بالا فضاهای گوناگونی را تجربه می‌کند و در هنگام رسیدن به بالا احساس خوشایندی از سیر و سلوک خود دارد. وی در باغ شازده به دلیل ارتفاع بـالا نسبت به پایین با چشم‌انداز و منظره‌ای بدیع نیز روبه‌رو می‌شـود. چگـونگی تأثیرگـذاری این فضا و خصوصیات آن نیاز به مطالعه‌ای جداگانه دارد که در حوصله‌ی ایـن پـژوهش نیست.

تصویر شماره‌ی ۶: باغ شازده ماهان، کرمان. وجود کوشک در قسمت بالا و وجود آب دلالت به وجود چشمه.

مأخذ: نگارندگان

تصویر شماره‌ی ۷: باغ شازده ماهان، کرمان. کوشک و حوض مقابل آن در «بالا» به عنوان منبع و سرچشمه.

مأخذ: نگارندگان

بنابراین همان‌طور که در فصل نخست بخش اول نیز یاد شد، دیدیم که نشـانه‌هـای زبانی (در این‌جا واژه‌ها) چگونه با ادراک محیط و طراحـی آن در رابطـه‌ای متقابـل قـرار می‌گیرد. این ساختارها هرچند که ممکن است به صورت ناخودآگاه وجـود داشـته باشـند ولی طراح و برنامه‌ریز باید از آن‌ها آگاهی داشته باشد و بـا دانسـتن چنـین نظام‌هـای نشانه‌ای و دلالت‌ها به طراحی و برنامه‌ریزی بپردازد.

جمع‌بندی و نتیجه‌گیری

آنچه از آثار گذشتگان (به ویژه آثار مکتوب) بجای مانده اسـت نشـان مـی‌دهـد کـه سرزمین ایران از گذشته‌های دور با محدودیت برخی منابع طبیعـی از جملـه آب، روبـه‌رو بوده است. بنابراین حفظ منابع طبیعـی در راسـتای آنچـه کـه امـروز بخشـی از مباحـث توسعه‌ی پایدار را تشکیل می‌دهد، از مهم‌ترین گـرایش‌هـا در ایـن جامعـه بـوده اسـت. گونه‌ای از پاسخ خرد ایرانیان به این موضوع، قداست‌بخشی به محیط و اجزا و عناصر آن است. ایرانیان با دادن تقدس به محیط آن را پاس می‌داشتند و بدین ترتیب پایداری آن را تضمین می‌کردند. فضاهای سبز و باغ‌ها در ایران (کشوری عمدتاً گرم و خشک و کـم آب) می‌باید نه به صورت مکانیکی و فرمایشی، بلکه بنا بر اعتقـادات و باورهـای عمیـق

فردی و اجتماعی، مورد حفاظت و حمایت قرار می‌گرفتند. چه حمایتی قابل اعتمادتر از حمایتی که ریشه در عمق جان مردم داشته باشد؟

باغ و فضای سبز از دیرباز در کشور ما نشانه‌ای از بهشت و قداست آسمانی بوده است. پس از اسلام نیز این مفاهیم با ظرافت تمام به دین جدید پیوند می‌خورند. باغ به چهار قسمت با نهرهای آب که خود نشانه‌ای از چهار سوی گیتی است تقسیم می‌شود، ضمن آن‌که نظام ارزشی دیگری یعنی بالا و پایین نیز بر فضا حاکم است. تلاشی در جهت پیوند جهان بالا با جهان پایین. بنابراین شاید بتوان واژه‌ی «پردیس» را از مهم‌ترین واژه‌های این حوزه‌ی معنایی دانست، که ریشه‌ی بسیاری از واژه‌های مشابه در زبان‌های دیگر است. مفهوم این واژه در حوزه‌ی طراحی می‌توانست توسعه یابد و فضاها و معانی نو و تازه‌تری را بیافریند، در عین آن‌که مرتبط به دستگاه نشانه‌ای و فرهنگی باشد. ولی ملاحظه می‌کنیم که مفهومی چون «پارک» احتمالاً از دوره‌ی قاجاریه به بعد -و در پی دنباله‌روی از غرب در توسعه و ساخت محیط- به سادگی جای این واژه و ده‌ها واژه‌ی دیگر را می‌گیرد و آن عناصر را در محیط به کناری می‌اندازد. پردیس ضمن تداعی مجموعه‌ای از آب و گیاه و درختان، همان بهشت است: بهشت در معنای جهان، زندگی، بود و هستی. چنین فضایی یک فضای سبز و با طراوت، با ارزش و مقدس است؛ تنها یک کاربری شهری صرف نیست که طراح و ناظر با آن به مثابه شیئی مکانیکی برخورد کنند. باغ، جهان است و به واسطه‌ی دلگشا، دلفریب و آراسته بودن نشانه‌ای است از چهره‌ی محبوب. گلشن نیز که در مفهوم باغ به کار رفته است، علاوه بر آن به معنای خانه نیز هست. شاید این موضوع تأکیدی بر آن باشد که فرهنگ ایرانی، خانه را همچون باغ نشانه‌ای از جهان، آن‌گونه که می‌دیده و می‌شناخته، تلقی می‌کرده است.

بوستان و گلستان علاوه بر شکل و عملکردی که به آن دلالت دارند، شاید همچون واژه‌های عربی که در فارسی هم استفاده می‌شوند، به اندازه فضای سبز نیز اشاره داشته‌اند. در توضیح واژه‌ی بوستان یا بستان می‌بینیم که علاوه بر وجود گل‌ها، درختان و به‌خصوص درختان میوه که دارای بوی خوش هستند، طرح کلی چنین فضاهایی نیز ترسیم شده است؛ در حقیقت فاصله‌ی درختان می‌بایست در حدی باشد که بتوان در میان آن‌ها کشت و کار کرد. در صورتی که چنین عملی را نتوان در این فضا انجام داد،

نام آن به «کَرم» تغییر می‌یابد. به بیان دیگر در نظام تمایزی نشانه‌ها جایگاه این واژه‌ها متفاوت است. اما امروزه مشاهده می‌کنیم که بسیاری از این تمایزات را کنار گذاشته و تقریباً به تمام فضاهای سبز طراحی شده و انسان‌ساخت، با هر شکل و اندازه و عملکردی «پارک» می‌گوییم.

از واژه‌های دیگری که باید بیشتر مورد توجه قرار گیرد، خیابان، چمن و چهارباغ است که به دلیل بررسی این واژه‌ها در فصلِ حوزه‌ی معنایی فضاهای ارتباطی، از بیان نکات پیرامون آن‌ها در این‌جا خودداری می‌کنیم.

در میان واژه‌های عربی که در زبان فارسی نیز استفاده می‌شوند، نکات قابل توجهی وجود دارد. در این واژه‌ها متوجه خواهیم شد که فضاهای سبز مصنوع در مقوله‌های مختلفی همچون مکان قرارگیری، اندازه، طرح، عملکرد و مانند این‌ها قرار می‌گیرند. در این واژه‌ها محصوریت و قداست از جمله‌ی مهم‌ترین ویژگی‌ها است و بسیاری از آن‌ها در معنای بهشت نیز هستند.

با آنچه که گذشت می‌توان نتیجه گرفت که تداوم در فرایند تولید و زایشِ فضاهای انسان‌ساخت، در یک زمینه‌ی فرهنگی (در آن معنای دستگاه نشانه‌ای) و همان جهانِ زبانی-فرهنگی، نه تنها تکامل بخشیدن به محیط انسان‌ساخت است، بلکه قدمی در راه اعتلای کلیت آن ساختارها و همچنین اعتلای عناصر فرهنگ بومی نیز هست. حرکتی که مسلماً به توسعه‌ای پایدار در جامعه دست خواهد یافت.

فصل ۵: حوزه‌ی معنایی فضاهای سکونتی

مقدمه

در این فصل به حوزه‌ی معنایی «فضاهای سکونتی» خواهیم پرداخت که مهم‌ترین واژه‌ی آن را برای این مطالعه می‌توان «خانه» دانست. وقتی واژه‌ی «خانه» بـه گـوش می‌رسد، آنچه در ذهن تداعی می‌شود بدیهی و بی‌نیاز از تفسیر به نظـر مـی‌رسـد؛ ولـی هرچند از نظرگاه‌های مختلف تعاریف گوناگونی درباره‌ی خانه عرضه شده اسـت، هنـوز این پدیده جای بحث بسیار دارد. تعاریف و تفاسیر مفهوم خانه، در ظاهر در همـه‌ی دنیـا کم‌وبیش به یک صورت است (برای مطالعه‌ی بیشتر ن.ک. به: براتـی، ۱۳۸۲پ). امـا در حقیقت نگاه جوامع و فرهنگ‌های مختلف به پدیده‌ای به نام «خانه» متفاوت اسـت و در طی تاریخ تحولات بسیاری یافته است. امروزه پرداختن مکرر و مستمر به مقولاتی چون خانه‌سازی انبوه و خانه‌سازی صنعتی و اقتصاد مسکن، مـا را از مفهـوم خانـه بسـیار دور کرده است و دیگر تقریباً کسی به چیستی و معنا و فلسفه‌ی «خانه» نمی‌اندیشد. ما خانـه می‌سازیم زیرا صرفه در خانه ساختن است. گاه نیز خانه تبدیل به کالای مصرفی سودآور می‌شود. این سودآوری ایجاب می‌کند که تا حد ممکن در مصرف مصالح صرفه‌جـویی و از الگوهایی استفاده شود که ساخت آن را در کوتاه‌ترین زمان عملی می‌سازد. ایـن طـرز نگرش قطعاً در حساب‌گری تجـاری مفیـد اسـت، ولـی آیـا مصـالح و حیـات جامعـه و ارتباط‌هایی که این فضا با آن‌ها دارد، چنین نگاهی را می‌پذیرد؟ نگاهی کـه سـکونت و هستی و حرمت انسان را به نازل‌ترین حد ممکن کاهش مـی‌دهـد و از او ابـزاری بـرای تحقق منافع مادی می‌سازد که می‌باید زندگی در قفس‌های زیبا یا مخروبه ولی بی‌ریشـه و بی‌ارتباط با ارزش‌ها و احساسات و عواطف خود را به جان بخرد.

اهمیت فرهنگی «خانه»

مسلماً در میان همه‌ی اقوام و ملل و فرهنگ‌های جهان، خانه جایگاهی ویژه دارد. از آنجا که این مکان نوعی از هم‌زیستی گروهی در بین انسان‌هایی است کـه بـا یکـدیگر نسبت‌های مشخص دارند، می‌توان آن را پس از سرپناه‌های اولیه، از قدیمی‌ترین امـاکن بشری برشمرد (براتی، ۱۳۸۲پ: ۲۵). ایمس راپاپورت اندیشمند معروف حوزه‌ی معمـاری و شهرسازی، در این باره می‌گوید که خانه بیش از آن که ساختاری کالبدی باشد، نهـادی است با عملکرد چند بُعدی. از آنجا که ساخت خانه خود امری فرهنگـی اسـت، شـکل و سازمان آن نیز طبعاً متأثر از فرهنگی است که خانه محصـول آن اسـت. از گذشـته‌هـای بسیار دور، خانه برای انسان چیزی بیش از سرپناه بوده و جنبه‌های معنوی و مـذهبی در همه‌ی مراحـل سـاخت خانـه تـا اسـتقرار در آن و اسـتفاده از آن کـاملاً مشـهود است (Rapoport, 1969: 46). هرچند خانه و جای آن تابعی از شرایط اقلیمی و دسترسی به منابع و شکل زمین و امنیت بوده است؛ تنوع فراوان طرح‌های آن در جهان نشان می‌دهد که آن‌چه نوع زندگی یا نوع مسکن را تعیین مـی‌کـرده تنهـا محـل، آب‌وهـوا و مصـالح ساختمانی نبوده است. این امر در مناطقی که شرایط فیزیکی و مادی آن‌ها همسان و یـا بسیار شبیه به یکدیگر است ولی خانه‌ها دارای تفاوت‌های شکلی، سازمانی و عملکـردی هستند، به وضوح قابل مشاهده است (ibid: 42).

فرهنگ‌ها و جوامع در گذشته از دو نوع نظام بـرای نظـم‌دهـی محـیط خـود سـود می‌جسته‌اند: یکی نظم هندسی و دیگری نظم مقدس (قدسی). البته این دو نظـم جـدا و منفک از یکدیگر نبوده‌اند؛ ولی امروزه ما شاهد جانشینیِ نظم‌های فناورانـه هسـتیم کـه بدون ارتباط با نیازهای انسان و خـارج از اراده و خواسـت وی، بـه شـیوه‌ی زنـدگی و خواست‌های او شکل می‌دهند (راپاپورت، ۱۳۶۶: ۳۴).

راپاپورت همچنین معتقد اسـت کـه در جوامـع سـنتی، خانـه و شـکل و سـازمان و تقسیمات فضاییِ آن را قبل از آن که اقلیم، مصالح و فناوری تعیین کنند، درک انسان‌هـا از جهان و حیات و نیز فرهنگ آنان (شامل اعتقادات مـذهبی، سـاختار قبیلـه و خـانواده، سازمان اجتماعی، روش زندگی و شیوه‌ی ارتباطات اجتماعی افراد) تعیین می‌کرده است.

مسلماً جوامع در ساخت‌وسازهای خود، امکان انتخاب‌های متعدد از میان الگوهای مختلف را داشته‌اند. آن‌چه در نهایت انتخاب شده فقط به واسطه‌ی محدودیت‌ها و امکانات فیزیکی و بیولوژیکی نبوده است، بلکه فرهنگ نقش مؤثری در آن داشته است و در غیر این صورت، چنین تنوعِ ساخت در خانه‌های دنیا وجود نمی‌داشت (Rapoport, 1969: 47).

ولی چرا و چگونه انسان تا این حد به جنبه‌های غیرمادی در ساخت خانه توجه داشته است؟ راپاپورت در این مورد به آراء لوئیس مامفرد اشاره می‌کند. مامفرد بر این نظر است که انسان قبل از آن‌که حیوانی «ابزارساز» باشد حیوانی «نمادساز» است. دلیل ادعای او آن است که انسان بسیار پیش‌تر از آن‌که در ساخت ابزار مهارت پیدا کند، به اسطوره و مذهب و آیین پرداخته و بیشتر توان خود را در این راه صرف کرده است. به همین علت شاید برای تحلیل شکل خانه‌های انسان‌های ابتدایی باید به‌جای معیارهای فیزیکی، معیارهای نمادین و غیرمادی اختیار کرد (Ibid: 42). رابرت ردفیلد نیز در این‌که نظم اخلاقی و معنوی جوامع اولیه بر نظم فناورانه‌ی آن‌ها پیشی داشته با مامفرد هم‌عقیده است: من خود قبل از این، از جوامعی امروزی یاد کرده‌ام که از لحاظ مصالح و امور فنی توسعه نیافته‌اند ولی از حیث آداب و رسوم بسیار توسعه یافته هستند (Ibid: 43).

این‌ها همه در حالی است که مکتب‌های فکری معاصر، عمدتاً به خانه به چشم دستگاه یا ماشینی کاربردی نگریسته‌اند و مفهوم خانه نیز با توجه به کاربردهای آن تبیین شده است. به همین سبب، بحث خانه‌ی استاندارد شده -که بتوان آن را تولید صنعتی و انبوه کرد- اهمیت خاص یافته است. با این نگاه، درباره‌ی انواع عملکردهای جزئی و تقسیمات و اندازه‌های خانه به تفصیل بحث شده است، بی‌آنکه نیازی به پاسخِ این سؤال بسیار مهم و اساسی احساس شود که خانه ماهیتاً و از دیدگاه فرهنگی چیست یا چه باید باشد؟ (ن.ک. به: شوای، ۱۳۷۵) در بررسی‌های مربوط به خانه در دنیای ماشینی امروز، برای نشان دادن اهمیت و نقش آن در زندگیِ انسان اغلب به سه جنبه توجه و اشاره شده است: ۱. تأمین سرپناه؛ ۲. تأمین مکانی امن از لحاظ اجتماعی و اقتصادی؛ ۳. تأمین کالایی سرمایه‌ای (عابدین درکوش، ۱۳۷۷: ۵۵-۶۴). ولی آیا واقعاً

خانه در همین سه جنبه خلاصه می‌شود؟ و آیا معنا و مفهومِ خانه در همین محدوده قابل تبیین است؟

سکونت و مسکن به روایت مارتین هایدگر

از جمله فیلسوفانی که ضمن نقد خانه‌ی صنعتی و ماشینی، به تبیین نظر خاص خـود در این رابطه پرداخته‌اند، فیلسوف آلمانی مارتین هایدگر است. هایدگر در جـایی ازتولیـد ماشینی برای رفع نیازهای بشر انتقاد کرده و گفته است: «در جهـان تـوده‌ای امـروز، بـا تولیدات انبوه و وسایل ارتباط جمعی و انواع سرگرمی‌های گسترده، جامعه‌ی جهـانی بـه شکلی ناپیدا حق انتخاب را نه تنها از افراد، بلکه از فرهنـگ‌هـا نیـز مـی‌گیـرد و نـوعی یک‌شکلی و هم‌شکلی یکنواخت به همه تحمیل می‌شود.» (مـک‌کـواری، ۱۳۷۶: ۶۵) او در جایی دیگر طرز تفکر حساب‌گر و جزءنگر را علت چنین رونـدی در جهان دانسته است. از نظر او، تفکر حساب‌گر تفکـری اسـت کـه مشخصـه‌ی علـوم امـروز و فعالیـت‌هـای روزمره‌ی ما است. تفکر حساب‌گر، کل (وجود) را به شیء عینی بـدل و از هـم متلاشـی می‌کند. این تفکر معطوف به تصرف اشیای جهان و سلطه بر آن‌ها است؛ و البته تفکـری است که با «هست‌ها» مرتبط است و نه با «هستی» و «وجود». هایدگر حتی تردید دارد که این نوع تفکر را اصولاً بتوان «تفکر» نامید. این همان تفکری اسـت کـه مثـال بـارز عصر فناوری است و مسلماً آن نوع تفکری است که بیش از پیش ماشین‌هـا بـرای مـا انجام می‌دهند (همان: ۱۲۴–۱۲۵).

هایدگر از نادر فیلسوفانی است که توجه خاصی به مفهوم واقعی و چیستی خانه دارد. او در ضمن اشاره به مفهوم مسکن در زبان آلمانی، چنین نتیجه می‌گیرد که در این زبان، «ساختن» به معنای «پروراندن» و «سکونت» نیز هست. او از سکونت‌گـاه‌هـای فعلـی انتقاد می‌کند و معتقد است که ما معنای دقیق فعل پروراندن (سـاختن)، یعنـی سـکونت گزیدن را از دست داده‌ایم. در ادامه‌ی این بحث و با اشاره به معانی و ریشـه‌هـای واژه‌ی «ساختن» در زبان آلمانی، به هم‌مفهومیِ «سکونت» و «بودن» اشاره مـی‌کنـد و نتیجـه می‌گیرد که در زبان آلمانی، «بودن»، «کاشتن (گیـاه) و مراقبـت (از آن)»، «سـاختن» و «سکونت» همه در مفهوم واژه‌ی «مسکن» مستتر است (شوای، ۱۳۷۵: ۴۳۴–۴۳۵).

هایدگر در تلاش خود برای توجیه چیستی مسکن و سکونت به واژه‌ی گوتیک «wunian» اشاره می‌کند که به معنای «منزل کردن» و «اقامت‌گزیدن» و در ضمن «خوش‌حال بودن» و «در آرامش بودن» و «در صلح و صفا زیستن» است. هایدگر این «صلح» را نیز با رجوع به ریشه‌ها و مترادف‌های آن در زبان آلمانی به معنای شخص آزاد و محفوظ از آسیب‌ها و تهدیدها و در نهایت، اداره‌ی شرایط حیاتی زندگی انسان می‌یابد. بدین ترتیب، مدعی می‌شود که واژه‌های «مسکن»، «حمایت»، «صلح» و «آزادی» در ابتدا (حداقل در زبان آلمانی) یکی بوده است (نوربرگ شولتز، ۱۳۵۳: ۶۸). سپس ادعا می‌کند که مسکن به آن علت به امر سکونت تحقق می‌بخشد که ما می‌توانیم بسازیم و در این ساختن است که قدرت و توان انسان متمرکز می‌شود و ساختن خانه سبب می‌شود تا زمین و آسمان و باقی‌ها و فانی‌ها با سادگی خود در آن گرد آیند. هایدگر سپس نتیجه می‌گیرد که حیات مادی و معنوی انسان در خانه شکل می‌گیرد و جریان می‌یابد (شوای، ۱۳۷۵: ۴۳۶-۴۳۷).

از نظر هایدگر، سکونت خود نشانه‌ی روشن و بارز وجود است؛ وجودی که انسان در نسبت با آن فانی است. وی تفکر را امری ضروری در پدیده‌ی سکونت و مسکن می‌یابد و می‌گوید که سکونت کردن حاصل اندیشیدن و ساختن است. ولی اگر این دو (اندیشه و ساختن) در کنار یکدیگر قرار نگیرند، سکونت تحقق نخواهد یافت. بدین ترتیب سکونت در اشکال امروزی آن از نظر هایدگر بی‌ریشه است و تا به مفاهیم عمیق و ریشه‌های واقعی خود متصل نشود، ممکن نخواهد شد (شوای، ۱۳۷۵: ۴۳۷-۴۳۹).

«هستی» و «خانه»

از حدود صد سال پیش، روان‌شناسان بحثی در تعریف محیط و فضا طرح کرده‌اند که هدف از آن نشان دادن این موضوع است که فضا و ماهیت آن، در ضمن آن‌که یک جنبه‌ی تفکیک‌ناپذیر فیزیکی دارد، به فرآیندهای روان‌شناختی و فرهنگی مربوط است (ن.ک. به: نوربرگ شولتز، ۱۳۵۳: ۷-۱۴). با این نگره‌ی جدید، مشخص می‌شود که فضای زیست انسان، به ویژه خانه و مسکن، معنایی فراتر از سرپناه برای او دارد؛ به‌طوری که هستی او با هستی این نوع فضاها عجین شده است. از آن‌جا که فضا به

مفهوم فیزیکی و ریاضیِ آن تنها اندکی از نیازهای انسان را برطرف می‌کند، در نتیجه با توجه صرف به آن، بخشی از موجودیت بشر (علایق، احساسات و ارزش‌ها و عواطف مربوط به محیط زیست او) رو به نابودی می‌نهد. مسکن، مهم‌ترین فضای زیستی انسان است که ابعاد متعددی دارد؛ ابعادی که برخی از آن‌ها در نظام‌های برنامه‌ریزی و طراحیِ فعلی نادیده گرفته شده است.

اگر بخواهیم مسکن را در نسبت با هستیِ انسان بررسی کنیم، باید ابتدا به این نکته توجه کنیم که چون درک بشر از محیط خود وابسته به موضوع مراکز محیطی و ارتباط‌های ذهنی-عینی آن‌ها با یکدیگر است، اهمیت خانه به عنوان اولین و مهم‌ترین نقطه در جهان برای کودک جایگاهی بسیار مهم می‌یابد، به نحوی که می‌توان خانه را مرکز دنیای فرد نامید. در واقع، کودک دنیای ناشناخته و تا حدی هراس‌انگیز بیرون از خانه را به شرطی می‌شناسد که خانه، نقطه‌ی عطف و تنها مرکز شناخته شده و مطمئن جهان باشد (نوربرگ شولتز، ۱۳۵۳: ۳۱-۳۲). بنابراین او خود را در خانه محور جهان می‌یابد و در این قلمروی ذهنی، به ادراک و شناخت جهان می‌پردازد. این امر نشان‌دهنده‌ی این واقعیت است که خانه از نظر محیطی و فضایی، نقطه‌ی معلوم و ثابت و مهم‌تر از همه، معیار شناخت هستی و جهان است. علاوه بر این، خانه فضایی است که کودک در آن‌جا یاد می‌گیرد که وجود خود را در دنیا دریابد و هویت خود را بشناسد (همان: ۵۷).

بنابراین می‌توان نتیجه گرفت که هستیِ بشر همان فضای هستی است که به شکل و نقش محیط زیستِ قابل فهم بستگی دارد. چنین محیطی به واسطه‌ی مفهوم بودن خود، قابل تفسیر و تأویل خواهد بود. تجربیات علمی نشان داده‌اند که محیط غنی و توسعه‌یافته، در افزایش قوای دماغی و هوش مؤثر است. شاید به همین علت باشد که انسان‌ها، محیط‌های پیچیده و ترکیبی را بر محیط‌های ساده ترجیح می‌دهند (نوربرگ شولتز، ۱۳۵۳: ۶۲). از نظر هایدگر تأویل نیز همیشه بر اساس فهمی پیشینی صورت می‌پذیرد. ما قبل از آن‌که بتوانیم تأویل کنیم، باید نوعی چارچوب مرجع داشته باشیم. این امر را می‌توان شیوه‌ی خاصی از دیدن و تصور کردن پدیدارها نامید (مک‌کواری، ۱۳۷۶: ۷۸). بر اساس آنچه در بخش اول یاد شد، زبان با هستی و بنابر آنچه در این‌جا

دیدیم، خانه با سکونت انسان، در ارتباط است. با پذیرفتن این روابط اهمیت شناخت «خانه» در زبان (و در این مورد: زبان فارسی) آشکار می‌شود.

بررسی واژگان حوزه‌ی معنایی «فضاهای سکونتی»

در این قسمت، نخست به واژه‌هایی که به طور کلی در حوزه‌ی معنایی «خانه» قرار می‌گیرند خواهیم پرداخت؛ در قسمت دوم، واژه‌های موجود در این حوزه به لحاظ نوع مصالح و در قسمت سوم از نظر اندازه و کمیت و کاربری مورد بررسی قرار خواهند گرفت.

بَیتا: به لغت زند و پازند به معنای خانه است. پهلوی این واژه «خانک» (خانه) است (دهخدا، ۱۳۷۷ج.۴: ۵۱۴۲). ظاهراً ریشه‌ی این واژه به زبان پهلوی باز می‌گردد و در چند زبان دیگر با کمی تغییر وجود داشته است (عریان، ۱۳۷۷: ۵۵).

بیت: این واژه در عربی و در فرهنگ‌های *ناظم‌الاطبا*، *ترجمان‌القرآن* و *آنندراج* به معنای خانه آمده است. «بیت» همچنین به سرای و مسکن و محل سکونت و جای‌باش اطلاق شده است (دهخدا، ۱۳۷۷، ج.۴: ۵۱۴۱). در *غیاث*، به معنای خانه است و این خود مأخوذ است از بیتوته‌ای که به معنی شب گذرانیدن باشد چون اکثر اوقات بیتوتت در خانه می‌باشد بنابراین خانه را بیت گفتند. بیت همچنین مصدری عربی به معنای زناشویی کردن نیز آمده است. جمع این واژه «بیوت» است. به عنوان اسم خاص به معنای کعبه هم به کار می‌رود؛ و همچنین به معنای گور، قبر، فرش‌خانه، عیال و خانگیان مرد، دودمان، قصر، کوشک، شرف، مرد شریف و در اصطلاح نجومی، برج یا بروجی که قوت حال کواکب در آن برج یا برج‌ها باشد. و در معنایی که بسیاری با آن آشناییم: دو مصراع از شعر (همان، ج.۴: ۵۱۴۲-۵۱۴۱).

جا: اسم فارسی است و به مفهوم مکان و مقام به کار می‌رود. همین‌طور به معنای محل، مستقر و موضع آمده است (دهخدا، ۱۳۷۷، ج.۵: ۷۳۱۱-۷۳۱۳). «جا» را به صورت «جای» نیز آورده‌اند که اسم فارسی است و به معنای جا و مقام و نیز مطلق

مکان است. مکان، خانه، محل، منزل، بقعه، آرامگاه، موضع، مأوا، موقـع، مقـر و مجلـس نیز در توضیح این واژه یاد شده‌اند (همان، ج.۵: ۷۴۶۲-۷۴۶۶).

جای‌باش: اسم مرکب و به معنای خانه و سرا و منزل و مجازاً به معنای وطن آمده است (دهخدا، ۱۳۷۷، ج.۵: ۷۴۶۶).

جایگاه (جایگه): اسم مرکب و به معنای مکان استقرار، مکان، مسکن، خانه، مقام، منزل، جا و محل به کار رفته است. هر محلی که در آن چیزی ثابت شود یا محلـی کـه شامل چیزی باشد، «جایگاه» است. این واژه همچنین به معنـای منزلـت، مرتبـه، مقـام، مکانت، پایه، مقدار، رتبت، مرتبت، منصب، پایگاه، قدر، میزان، فرصت، مجـال و وقـت آمده است (دهخدا، ۱۳۷۷، ج.۵: ۷۴۶۹-۷۴۷۱).

خانه: جایی است که آدمی در آن سـکنی مـی‌کنـد (دهخدا، ۱۳۷۷، ج.۶: ۹۴۴۵-۹۴۵۶). «خانه» در قدیم به معنای «بیت» عربی و «اتاق» امروزی استفاده می‌شده است و سرای به معنی «دار» عربی و «خانه»ی امروزی. در شرح خانه واژه‌هـایی چـون سـرا، منزل، دربار پادشاهی، سرای سلطنتی، خانواده، دارالحکومه، محبس، دنیـا، مقبـره، گـور، همسر، میدان، آشیانه، کعبه، وطن و بلد نیز یاد شده‌اند (همان).

«خان» و مخففِ آن «خَن» از واژه‌های هم‌مفهوم خانه هستند. «خن» خانه و بیت است، خواه در روی زمین باشد و خواه در زیر زمـین. خان همچنـین بـه معنـای دکـان، بازارگاه و کاروان‌سرای نیز به کار رفته است (دهخدا، ۱۳۷۷، ج.۶: ۹۴۰۴).

چادر، خیمه، خرگاه، سراپرده، سوراخ، لانه‌ی جانوران، کوره‌ی گچ‌پزی، پوشش و برج از دیگر واژه‌هایی هستند که در توضیح خانه آمده‌اند.

دار: اسم عربی و به معنای خانه است. «دور»، «دیار» و «دوران» از جمله واژه‌هـای جمعِ آن هستند. «دار» به معنای دیوان، اداره و جهان نیز به کار می‌رود؛ چنان‌که گـوییم دار دنیا، دار آخرت، دار فنا و غیره. شهر و قبیله از جمله معانی دیگر این واژه‌اند (دهخـدا، ۱۳۷۷، ج.۷: ۱۰۲۶۲-۱۰۲۶۳).

دهکده: اسم مرکب است و به معنای خانه‌ای در دِه. این واژه به معنـای قریـه، ده و روستا نیز هست (دهخدا، ۱۳۷۷، ج.۸: ۱۱۳۲۰)

رَبع: اسم عربی و به معنای سرای؛ همچنـین بـه معنـای خانـه در هـر کجـا باشـد. فروآمدن‌گاه، منزل، محله و آن‌چه در اطراف خانه باشـد و جـای اقامـت در ایـام بهـاری است؛ و به معنای بستان‌سرای معشوق و قبیله و یاران و جماعت مردم هـم آمـده اسـت (دهخدا، ۱۳۷۷، ج.۸: ۱۱۸۹۷).

سرا (سرای): از پارسی باستان «سراده» است و به معنای خانـه، کوشـک، قصـر، بنای عالی، بارگاه، منزلگاه و حرم است. سرای که بیشتر به معنـای «مسـافرخانه» رایـج شده است، ظاهراً درست نیست و به جای آن «مهمان‌سرای» باید گفت (دهخدا، ۱۳۷۷، ج.۹: ۱۳۵۴۱). همانطور که دیده می‌شود «سرا» و «سرای» از لحـاظ کیفـی در درجـات بالاتری از مدلول واژه‌های پیشین قرار داشته و به دربار شاهان و بناهـای عـالی و حتـی جهان نیز گفته می‌شده است. در مقابل واژه‌ی «دربار» علاوه بر معانیِ عمارت و بارگاه و سرای، به معنای بیت و خانه و مسکن یاد شده است (همان).

واژه‌ی سراچه، اسم مصغر از سرای است و به معنای سرای خـرد و خانـه‌ی کوچـک است. نوعی از قفس مرغان، خیمه‌ی کلان از دیگر معانی سراچه و همچنین کنایه از دنیا است (دهخدا، ۱۳۷۷، ج.۹: ۱۳۵۵۱).

شَم: خانه‌ی زیرزمینـی، کـاروان‌سـرای، خانـه ای کـه در آن از میهمانـان پـذیرایی میکنند، و نیز جای‌باش ستور است (دهخدا، ۱۳۷۷، ج.۹: ۱۴۴۴۴).

قرارگاه: اسم مرکب که به معانی مسکن، منزل، خانه، مأوا و جایی کـه در آن قـرار گیرند آمده است. جای استراحت و آرامش، آرامگاه و آن‌جا از خانه که محـل اسـتراحت و آرامش است را نیز قرارگاه گویند (دهخدا، ۱۳۷۷، ج.۱۱: ۱۷۴۸۴).

کاز: زمین کنده‌ای است که چهارپایان را در آن‌جا کنند. موضعی که در کوه و بیابـان برکنند تا به شب مردم و چهارپایان در آن‌جا باشند. همچنین خانه‌ای را گویند که از چوب و نی و علف باشد و مانند خانه‌ای است که مزارعان و پالیزبانان بر کنـار زراعـت و پـالیز

سازند (دهخدا، ۱۳۷۷، ج.۱۲: ۱۷۹۹۵). بعید نیست که بخصوص این کلمه و امثال آن از ابتدایی ترین کلماتی باشند که برای نامیدن یک فضای قابل سکونت در زبان فارسی بکار رفته باشد.

کازه: نشستن‌گاهی است که پالیزبانان از چوب و گیاه سازند جهت آن‌که به وقت باران در آنجا نشینند. سایبان، کومه، کوخ، خرپشته و صومعه در توضیحات این واژه آمده است. کمین‌گاه صیاد که از شاخ درخت سازند را نیز کازه گویند (دهخدا، ۱۳۷۷، ج.۱۲: ۱۸۰۰۱).

کاژه: به معنای خانه، منزل، مقام و کمین‌گاه صیاد است (دهخدا، ۱۳۷۷، ج.۱۲: ۱۸۰۰۳).

کاشانه (کاشان): به معنای طرز، رواق، خانه، خانه‌ی زمستانی، دارالشفا و خانه‌ی کوچک و محقر یاد شده است. این واژه را برای آشیانه‌ی مرغان نیز به کار می‌برند. در لغت‌نامه آمده است که در اصل به معنی خانه‌ای است که شیشه‌ها را برای روشنی در تابدان[۲۵]های آن تعبیه کرده باشند (دهخدا، ۱۳۷۷، ج.۱۲: ۱۸۰۱۸).

کاشه: همان کاژ است و به معنای کازه؛ و آن خانه‌ای باشد علفی که بر کنار کشت و زراعت سازند (دهخدا، ۱۳۷۷، ج.۱۲: ۱۸۰۲۸).

کاط: به معنای کاشانه است (دهخدا، ۱۳۷۷، ج.۱۲: ۱۸۰۳۲).

کَد (کت): به معنی خانه است. این واژه همچنین به معنای دِه، دهکده و تخت نیز آمده است (دهخدا، ۱۳۷۷، ج.۱۲: ۱۸۲۰۸). این واژه به صورت پیشوند بر سر اسم‌ها می‌آید و معنای خانه و محل و ده می‌دهد، چون کدخدا (خداوند خانه و ده و غیره)، کدبانو (بانوی خانه)؛ و به صورت پسوند معنای محل و جا و مقام می‌دهد، همچون واژه‌ی بتکده (همان).

---

۲۵. روزنی است که در عمارت و برای آمدن روشنی آفتاب گذارند (دهخدا، ۱۳۷۷، ج.۴: ۶۰۸۸).

کهنبار (گهنبار، گاهنبار، گاه‌باره): به معنای خانه و منزل و بیت آمـده اسـت و بارگاه را نیز گویند (دهخدا، ۱۳۷۷، ج.۱۲: ۱۸۷۹۱).

مان: خانه را گویند و نیز خان و مـان و اتبـاع اسـت. در پهلـوی واژه‌ی «مـان» بـه معنای خانه و مسکن و در پارسی باستان «مانیا» به معنای خانه و سرای اسـت. «مـان» اسباب و ضروریات خانه را نیز می‌گویند. خداوند، آقا، ارباب، اهل و عیال و خانـدان، مـال موروثی و میراث از دیگر مفاهیم این واژه هستند. «مان» به صـورت پسـوند در کلمـات مرکب هم به معنای خانه و محل و جای آمده است (مانند دودمان) و هم به معنای منش و اندیشه (مانند شادمان) (دهخدا، ۱۳۷۷، ج.۱۳: ۲۰۰۰۹). این واژه در اوستا بـه صـورت «نمان» و «دمانه» آمده که به معنای خانه است و «نمانیه» نام ایزدی است که نگهبانی مان یا خانواده سپرده به اوست (اوشیدری، ۱۳۸۱: ۴۲۲). «خان‌ومان» اسم مرکبی اسـت که به معنی خانه با اثاثیه و اهل آن است (دهخدا، ۱۳۷۷، ج.۶: ۹۴۰۴).

مأوا: به معنی جای بودن است و با «دادن»، «ساختن» و «گرفتن» بـه کـار مـی‌رود. همچنین خانه، لانه، جایگاه، جای اقامت و سکونت و مکان نیز در توضیح ایـن واژه یـاد شده‌اند (دهخدا، ۱۳۷۷، ج.۱۳: ۲۰۰۸۵).

مَباءَه: به معنای جای‌باش، منزل، آرامش جا، خانه، خانه‌ی زنبور عسل در کوه، جای بچه در رحم و جای‌باش گاو و شتر آمده است (دهخدا، ۱۳۷۷، ج.۱۳: ۲۰۰۸۶).

مَثوا: مقامگاه و منزل و جای‌باش است. به جای آرام و قرارگاه نیز اطـلاق مـی‌شـود (دهخدا، ۱۳۷۷، ج.۱۳: ۲۰۲۷۶).

مَحَط: اسم عربی و به منزل و جای و محل فرود آمدن گفته شده است (دهخـدا، ۱۳۷۷، ج.۱۳: ۲۰۳۹۳).

مَسکَن: به معنای جای‌باش و خانه است. جای سکونت، مقام، آرام، آرامگـاه، جـای، نشیمن و مقر نیز معنی می‌دهد (دهخدا، ۱۳۷۷، ج.۱۳: ۲۰۸۸۰). «مُسَکِّن» نیز به معنای دردفشاننده و آرام‌بخش و ساکن کننده است (همان، ج.۱۳: ۲۰۸۸۱).

مَعان: منزل، جایگاه، محل، مکان و جای‌باش است (دهخدا، ۱۳۷۷، ج.۱۳: ۲۱۱۰۳).

مقام: مصدر عربی و به مفهوم اقامت و آرام کردن به جایی و ایستادن است. «مقام» همچنین اسم ظرف و به معنای جای ایستادن و جای اقامت است. این واژه به موضع و محل و مکان نیز اطلاق می‌شود. «مقام» زمان اقامت نیز هست (دهخدا، ۱۳۷۷، ج.۱۴: ۲۱۲۹۵-۲۱۲۹۸).

مکان: به مفهوم جای، جایگاه و جای بودن استفاده می‌شود. مشتق است از «کَون» که به معنای بودن است و مطلق جا را می‌رساند. مکان در معنای گور هم به کار رفته است. «مکان هندسی» از ترکیبات این واژه است و آن شکلی است که جمیع نقاطش دارای یک خاصیت مشترک هستند و نقاط خارج از آن شکل فاقد آن خاصیت. این واژه در معنای مقام و منزلت و جاه نیز به کار رفته است (دهخدا، ۱۳۷۷، ج.۱۴: ۲۱۳۷۹-۲۱۳۸۱).

منزل: به معنای جای فرود آمدن و جایی است که مسافران جهت خواب و آرام در آن فرود آیند. همچنین مرحله، مقامات و مدارج و مراحل سلوک نیز یاد شده است. واژه‌ی «منزل» کنایه از عالم بالا و همچنین مقام الاهی و مرتبت فنا در معشوق است. «منزل حزن» و «منزل خاکی» کنایه از دنیا و روزگار است. مسافت بین دو استراحت‌گاهِ کاروان را نیز منزل می‌گویند. مقصد مسافر، هدف، سرای، خانه، مسکن و کاشانه، بودباش، مقام، مهمان‌خانه، خوردن‌گاه، مکان، محل، قرارگاه، جایگاه و درجه از جمله مفاهیم این واژه یاد شده‌اند (دهخدا، ۱۳۷۷، ج.۱۴: ۲۱۶۲۵-۲۱۶۲۹).

مَنقَلَه: واژه‌ای عربی و به معنای منزل و فروآمدن‌گاه و مسافر است (دهخدا، ۱۳۷۷، ج.۱۴: ۲۱۶۹۵).

موضع: جای، محل، موقع، مورد، مکان و جایگاه است و همچنین مهر و دوستی. در اصطلاح صرفی، اسم ظرف مکان است (دهخدا، ۱۳۷۷، ج.۱۴: ۲۱۸۰۴).

موقع: جای و جایگاه افتادن و واقع شدن است؛ و نیـز جـای افتـادن بـاران و جـای فرونشستن ستاره. همچنین در معنای ارزش، اعتبار، اهمیت، مقام و پایگاه نیز به کار رفته است. در معنایی دیگر «موقع» اتفاق و عارضه است و انقلاب زمانه؛ همچنین هنگـام و زمان وقوع. در توضیحات این واژه لایق، سزاوار و شایسـته نیـز یـاد شـده‌انـد (دهخـدا، ۱۳۷۷، ج.۱۴: ۲۱۸۱۲).

انواع خانه به لحاظ نوع مصالح

در این قسمت به انواع خانه از جنبه‌ی مصالحِ عمده‌ی سازنده‌ی آن می‌پردازیم.

تاژ: خیمه، چادر و سایبان است (دهخدا، ۱۳۷۷، ج.۴: ۶۲۶۴).

تالار: تخت یا خانه‌ای است که از چوب و تخته، بر بـالای چهـار سـتون یـا بیشـتر می‌سازند. به عبارتی دیگر تالار همان اتاق چوبی است که بر بالای چهـار سـتون چـوبی ساخته می‌شود. چنین اتاقی در شهرهای مرطوب ایران برای خواب شب تابستان استفاده می‌شود که هم بادگیر است و هم جانوران درنده را به آن راه نیست. «نفـار» نیـز همـین معنی را می‌دهد. در ادامه آمده است که «تالار» اتاق بسیار بزرگی است که برای پذیرایی مهمان و غیر آن استفاده می‌شود (دهخدا، ۱۳۷۷، ج.۴: ۶۲۸۴).

توارہ: نشیمن، خانه یا دیواری است که از نی و علف ساخته شـود (دهخـدا، ۱۳۷۷، ج.۵: ۷۰۸۴).

چَپَر: خانه و دیواری است که از چوب و علف و نی می‌سازند. خانه‌ی ساخته شـده از چوب و علف را «کپر» نیز گویند. پرچین. همچنین به معنای حلقه و دایره‌ای است که از مردم و حیوانات دیگر کشیده شده باشد و مجازاً حلقه هم گفته شـده اسـت. در برخـی از فرهنگ‌ها نیز به معنی دیواری از چوب و خاک است که در برابر قلعـه بـرای تسـخیر آن می‌سازند و در پناه آن جنگ می‌کنند (دهخدا، ۱۳۷۷، ج.۶: ۸۰۵۸).

خُص: خانه‌ای است نیین که از چوب مسقف باشد (دهخدا، ۱۳۷۷، ج.۷: ۹۸۳۴).

خَیمه: هر خانه‌ای که از چوب‌های درخت ساخته شده باشد. همچنین سه یا چهار چوب که بر آن گیاه اندازند و در گرما به سایه‌ی آن می‌نشینند. خیمه در معانی آلاچیق، چادر، تاژ، سراپرده‌ای که از پارچه سازند، منزلگاه قابل حمل‌ونقل، خرگاه و سیاه‌چادر نیز آمده است. خیمه همچنین کنایه از آسمان و فلک است (دهخدا، ۱۳۷۷، ج.۷: ۱۰۲۱۷).

فَنزَر: خانه‌ای که بر یک چوب سازند جهت طلایه و دیده‌بانی (دهخدا، ۱۳۷۷، ج.۱۱: ۱۷۲۲۶).

کَبس: به معنای خانه‌ی گلی آمده است و همچنین خاک که برای انباشتن چاه و جوی به کار رود (دهخدا، ۱۳۷۷، ج.۱۲: ۱۸۱۳۹).

کوخ: خانه‌ای است که آن را از چوب و نی و علف می‌سازند؛ به خلاف کاخ، که خانه‌ی عالی را می‌گویند. خانه‌ی بی‌روزن را نیز کوخ گویند (دهخدا، ۱۳۷۷، ج.۱۲: ۱۸۶۸۶).

کومه: خانه‌ای است از چوب و علف که گاه پالیزبانان (جهت محافظت پالیز) و گاه صیادان (در کمین صید) در آن می‌نشینند (دهخدا، ۱۳۷۷، ج.۱۲: ۱۸۷۵۰).

نَی‌انبا: خانه‌ی ساخته شده از نی (دهخدا، ۱۳۷۷، ج.۱۵: ۲۲۹۳۳).

انواع خانه از نظر اندازه و نحوه‌ی استفاده

بروار (برواره): این واژه که به صورت‌های پربار، پرباره، پربال، پرواره و فرواره نیز آمده است، به معنای خانه‌ی تابستانی (که به غایت سرد باشد) است. همچنین خانه‌ی تابستانی است که در آن گوسفند و غیره فربه کنند (دهخدا، ۱۳۷۷، ج.۳: ۴۶۵۳). در توضیحات واژه‌ی فروال آمده خانه‌ای تابستانی و بالاخانه‌ای است که اطراف آن درها و پنجره‌ها قرار دارند (همان، ج.۱۱: ۱۷۱۰۸).

توشمان: این واژه در مفهوم کوشک و قصر یاد شده است و به میان خانه هم گفته می‌شود (دهخدا، ۱۳۷۷، ج.۵: ۷۱۳۴).

درخانه: خانه‌ی سلاطین و امراست که در عـرف هنـد «دربـار» گوینـد. در معـانی خانه‌ی شاه، دربار شاه و دارالحکومه نیز استفاده شده است. در یادداشت‌های دهخدا بـه معنای اداره‌ی دولتی و خانه‌ی امیری و رئیسی نسبت به زیردستان و چاکران آمده است (دهخدا، ۱۳۷۷، ج.۷: ۱۰۵۶۸).

راغ: خانه و عمارت ییلاقی و نیز به معنای باغ، چمن، صحرا، جنگل و نیز تیـغ کـوه است (دهخدا، ۱۳۷۷، ج.۸: ۱۱۷۴۱).

رواق: خانه‌ای است که به خرگاه یا سایبان ماند. سقفی که در مقدم خانه می‌سازند و خود سقف را نیز رواق گویند. از مفاهیم دیگر این واژه می‌توان به پرده‌ای اشاره کرد کـه از مقدم خانه از بالا تا زمین آویخته باشند. همچنین خانه‌ای که بـر یـک سـتون کـه در وسط آن برافرازند قائم باشد. رواق در معنای پیشگاه خانه و ایـوانی کـه در مرتبـه‌ی دوم سازند نیز هست (دهخدا، ۱۳۷۷، ج.۸: ۱۲۲۸۳).

شش‌خان (شش‌خانه): عمارتی که دارای شش درگاه باشد. خیمه‌ی مدور و گرد که آن را «گنبدی» نیز گویند. «چادر قلندری» چنین خیمه‌ی گنبـد ماننـد را گوینـد کـه یک ستون در میان دارد (دهخدا، ۱۳۷۷، ج.۹: ۱۴۲۷۲).

کاخ: همان کوشک است. همچنین کوشک و قصر و عمارت بلند و عـالی را گوینـد. به معنای اتاق، خانه، خانه‌های چند روی هم برافراشته و قصر در بستان نیز آمـده اسـت (دهخدا، ۱۳۷۷، ج.۱۲: ۱۷۹۲۳).

کلبه: خانه‌ی کوچک و تنگ و تاریک و یا خانه‌ی محقر و بی‌برگ. به معنای حجـره و دکان نیز هست. «کُلبک» و «کُلپک» که صورت‌های دیگر این واژه هستند به معنـای بالا و همچنین خانه‌ی کوچکی که بر کنار کشت‌ها سازند از جهت محافظت از خـرمن و باد، آمده‌اند. دکان می‌فروش، می‌کده و خانه‌ی خمـار نیـز از مفاهیم واژه‌ی کلبـه اسـت (دهخدا، ۱۳۷۷، ج.۱۲: ۱۸۴۷۵).

کوشک: بنای بلند، قصر و هر سرای عالی را گویند. کلاه‌فرنگی بالای بنا، اتاق تابستانی، شهرپناه، قلعه، حصار، نوعی ایوان که از قبه‌ای پوشیده و اطراف آن باز است و همچنین برج نیز از معانی این واژه هستند (دهخدا، ۱۳۷۷، ج.۱۲: ۱۸۷۲۱).

کنام: آرامگاه و آشیانه‌ی آدمی و سایر حیوانات است. در معنای آسایشگاه نیز آمده (دهخدا، ۱۳۷۷، ج.۱۲: ۱۸۶۰۹).

کِهنی: خانه‌ی زمستانی و گرم‌خانه است؛ و گرم‌خانه، خانه‌ای است که در زیر زمین برای سکونت ایام سرما می‌سازند و همچنین به معنای گل‌خانه و محل پرورش گل و گیاه در زمستان و یا حجره‌ی دواسازان که در آن دارو می‌خشکانند، است (دهخدا، ۱۳۷۷، ج.۱۲: ۱۸۷۹۹).

کَریج (کُریج): به معنای خانه‌ی کوچک و همچنین کومه است که از نی و علف سازند. کلبه، حفره، مغاک و چاله از معانی دیگر این واژه هستند (دهخدا، ۱۳۷۷، ج.۱۲: ۱۸۳۰۷). کُریج نیز به معنای خانه، مسکن، تالار خانه، چاه زندان و همچنین خانه‌ای در زیر زمین که کسی بر آن واقف نباشد، آمده است (همان، ج.۱۲: ۱۹۱۲۴).

مُبَلَّط: به معنای خانه‌ی سنگ‌فرش گسترده است (دهخدا، ۱۳۷۷، ج.۱۳: ۲۰۱۱۷).

مُشکو (مَشکو، مشکوی): به معنای بت‌خانه و همچنین کنایه از حرم‌سرای پادشاهان است. آرامگاه و همچنین مطلق کوشک و بالاخانه (خواه کوچک و خواه بزرگ) را نیز مشکو گویند (دهخدا، ۱۳۷۷، ج.۱۳: ۲۰۹۶۸).

مَصیف: خانه و جای تابستانی است که در آن اقامت کنند (دهخدا، ۱۳۷۷، ج.۱۳: ۲۱۰۳۱).

مَعهد: به منزلی گفته می‌شود که همیشه بدان بازگردند، از هرکجا که رفته باشند. همچنین به معنای محل عهد بستن است (دهخدا، ۱۳۷۷، ج.۱۴: ۲۱۱۹۶).

مُقَبَّب: به معنای خانه‌ی قبه دار است (دهخدا، ۱۳۷۷، ج.۱۴: ۲۱۳۰۳).

مَقصوره: حجره‌ی کوچک و اتاق کوچک است و همچنین جای ایستادن امام در مسجد. در معنایی دیگر و متفاوت، مقصوره به عنوان سرای وسیع یاد شده است (دهخدا، ۱۳۷۷، ج.۱۴: ۲۱۳۴۲).

منزلگاه: اسم مرکب و به معنای کاروان‌سرا و جایی است که مسافر در آن منزل می‌کند. علاوه بر این مفهوم که بر نوعی از مکان دلالت دارد، به معنای مسکن، اقامتگاه و مأوا نیز آمده است (دهخدا، ۱۳۷۷، ج.۱۴: ۲۱۶۳۰).

فضاهای خانه

در این قسمت به رابطه‌ی جزءواژگی از لحاظ معنایی خواهیم پرداخت. بدین معنا که «خانه» به عنوان کل در نظر گرفته شده و اجزاء آن مورد بررسی قرار گرفته‌اند.

اَصید: به معنای فضا و صحن خانه است (دهخدا، ۱۳۷۷، ج.۲: ۲۸۲۸).

اتاق (اطاق، اتاغ): یک حجره از حجرات خانه را گویند. در اصل زبان فارسی، خانه را «سرا» و اتاق را «خانه» می‌گفتند. خانه، خیمه، جایی که آدمی در آن آسایش کند و همچنین محلی که در آن رخت و سامان و اسباب خانه را می‌گذارند؛ از معانی اتاق هستند (دهخدا، ۱۳۷۷، ج.۱: ۱۰۰۷). همان‌طور که ملاحظه می‌شود این واژه در فارسی به یکی از فضاهای خانه گفته می‌شود که اکنون در جلوی واژه‌های تعریف هر کاربری قرار می‌گیرد، مانند اتاق پذیرایی، اتاق خواب و غیره.

بَهو: به معنای صفه، ایوان، کوشک و بالاخانه است. همچنین به رواق، قصر، ایوان نشیمن و پیشگاه سرای «بهو» می‌گویند (دهخدا، ۱۳۷۷، ج.۴: ۵۱۳۱).

بیغوله: گوشه‌ی خانه و کنجی از آن را گویند. زاویه (دهخدا، ۱۳۷۷، ج.۴: ۵۲۴۱).

چارطاق: اتاقی است که در بالای سرای‌ها بر چهار ستون بنا می‌کنند و همچنین طاقی که بر چهار پایه استوار باشد بی‌دیوار. این واژه همچنین به معنای نوعی از خیمه‌ی چهارگوشه و خیمه‌ی مطبخ نیز هست (دهخدا، ۱۳۷۷، ج.۵: ۷۹۸۲).

درگاه: اسم مرکب از «در» و «گاه» به معنای جایی از خانه که «در» در آن‌جا قـرار دارد، مقابل پیشگاه. مدخل، جای در ورودی، فرجه‌ی دیوار کـه «در» پـس از آن نصـب می‌شود. همچنین به معنای پیشگاه خانه‌ی بزرگان، آستانه‌ی ملوک و محل عبـادت نیـز هست (دهخدا، ۱۳۷۷، ج.۷: ۱۰۶۴۱-۱۰۶۴۳).

درون‌خانه: خانه‌ی اندرونی، در مقابل بیرونی (دهخـدا، ۱۳۷۷، ج.۷: ۱۰۶۹۳). ایـن بخش از خانه، خود به فضاهای دیگری تقسیم می‌شده است.

ساحت: میان سرای، گشادگی میان سرای‌ها، فراخنای خانه و حیاط اسـت. عرصـه، میدان و درگاه نیز معنی شده است (دهخدا، ۱۳۷۷، ج.۹: ۱۳۲۰۵).

سرسرا: محوطه‌ای در مدخل سرای که مسقف است. همچنین به معنای گشـادگی که در چند اتاق در راهروها بدان باز می‌شود (دهخدا، ۱۳۷۷، ج.۹: ۱۳۵۹۸).

صحن: به معنای میان سرای و ساحت آن به کار رفته اسـت. «صـحن» در معـانی دیگری چون عرصه، فضا، میدان و ساحت آمده است (دهخدا، ۱۳۷۷، ج.۱۰: ۱۴۸۷۲).

قاحه: گشادگیِ میان سرای (دهخدا، ۱۳۷۷، ج.۱۱: ۱۷۲۹۴).

قاعه: گشادگی و گشادگی میان سرای (دهخدا، ۱۳۷۷، ج.۱۱: ۱۷۳۷۷).

کنّه: به معنای سایبان، یعنی پوشش بالای درِ خانه یا سـایبان بـالای در. همچنـین سرای و خانه را کنه گویند (دهخدا، ۱۳۷۷، ج.۱۲: ۱۸۶۵۲).

نشیمن: به معنای قرارگاه و جای نشستن است. از دیگـر معـانی ایـن واژه، منـزل، مسکن، آرامگاه و جای فرود آمدن است (دهخدا، ۱۳۷۷، ج.۱۴: ۲۲۵۱۳).

ترکیب‌های ساخته شده با واژه‌ی «خانه»

به دلیل تعداد بسیار زیاد این ترکیب‌ها و طولانی شدن مطلب، تنها برخی از نمونه‌هـا که به نظر دارای اهمیت بیشتری رسیدند، یاد می‌شود.

خانواده: خاندان و تبار، اهل خانه (دهخدا، ۱۳۷۷، ج.۶: ۹۴۳۸).

خانوار: جمعیت یک خانه (دهخدا، ۱۳۷۷، ج.۶: ۹۴۴۴).

خانه‌ی شش در: کنایه از دنیا (دهخدا، ۱۳۷۷، ج.۶: ۹۴۶۳).

خانه‌گاه: خانقاه، بقعه‌ی اهل صلاح و خیر (دهخدا، ۱۳۷۷، ج.۶: ۹۴۶۵).

نیم‌خانه: کنایه از گنبد است (دهخدا، ۱۳۷۷، ج.۱۵: ۲۲۹۸۹).

چله‌خانه: خانه‌ای که مرتاضان ایام چله را در آن به سـر مـی‌برنـد (دهخـدا، ۱۳۷۷، ج.۶: ۸۲۳۱).

مال‌خانه: خانه‌ای که مال و متاع در آن نهند (دهخدا، ۱۳۷۷، ج.۱۳: ۱۹۹۹۲).

یتیم‌خانه: جای پرورش یتیمان (دهخدا، ۱۳۷۷، ج.۱۵: ۲۳۷۳۵).

جمع‌بندی و نتیجه‌گیری

تعدد و تنوع واژه‌های زبان فارسی برای حوزه‌ی معنایی «خانه» مایه‌ی شگفتی است؛ و شگفت و افسوس آن‌که در دوره‌ی حاضر (با وجود بسیاری از پیشـرفت‌هـا و تغییـرات) نه‌تنها بر این گنجینه‌ی ارزشمند چیزی افزوده نشده است، بلکه بسیاری از ایـن واژه‌هـا بلااستفاده و فراموش شده‌اند. این مجموعه و تعدد واژه‌های موجود در آن را مـی‌تـوان نشان بر توجه خاص فرهنگ ما به این پدیده دانست. با توجه به این‌که هر یـک از ایـن واژه‌ها به جنبه‌ای از «خانه» و حوزه‌ی معناییِ آن اشاره دارد، با مطالعه‌ی آن‌ها می‌تـوان به تصویر نسبتاً کامل و روشنی از خانه در زبان فارسی و فرهنگ ایرانی رسید.

نکته‌ی بسیار مهم دیگـر برابـری «خانـه» اسـت بـا مفـاهیمی چـون مانـدن، بقـا و جای‌باش بودن. بنابراین سکونت کردن در فرهنگ ما عین «بـودن» اسـت و انسـان بـا ساختن و اقامت در مسکن و خانه «هست» می‌شود. این مطلب بیانگر این موضوع است که اهمیت خانه فرای سرپناهی ساده و موقت است.

می‌توان ادعا نمود که خانه به یک معنا همان «فضا-زمان» است؛ هم‌معنایی خانه بـا واژه‌هایی چون مقام، مکان، ساحت، گاه و غیره ما را به این نکته رهنمون می‌سازد. خانـه

در واقع به نوعی مصداق کامل فضا و مقیاس اندازه‌گیری آن است. وجود واژه‌های مرکب بسیار که از ترکیبات خانه هستند گواه محکمی بر این ادعاست: سربازخانه، گـل‌خانـه، کتاب‌خانه، مریض‌خانه و غیره. به عبارت دیگر این واژه‌ها نشان از آن دارند کـه چـون انسان خانه را از مدت‌ها پیش، فضایی کامل و مرکز هستی مـی‌شناختـه اسـت، آن را مقیاس اندازه‌گیری و یا تصور فضایی خود گرفته است. بی‌توجهی بـه ایـن موضـوع، بـه نحوه‌ی ادراک و شناخت انسان امروز از فضا و چگـونگی ارتبـاط متقابـل او بـا محـیط لطمه‌ی جدی وارد می‌کند.[۲۶] اهمیتی که خانه در فرهنگ ما دارد، تبدیل مجدد خانـه بـه سرپناه نوعی بازگشت و نادیده گرفتن تلاش و دسـتاوردهای پیشـینیان ماسـت کـه بـر حسب تجربه و تعقل و در طی سالیان به دست آمده است. ایـن امـر در تـوان بـالقوه‌ی فرهنگی ما در ادراک و ارزیابی و تفسیر دیگر فضاها به شدت تأثیرگذار است.

دیگر نکته‌ای که باید بدان اشاره کرد و اهمیت بسیاری دارد، رابطه‌ی شمول معنـایی «خانه» و واژه‌هایی نظیر «جهان»، «آرامگاه»، «دنیا» و نمونه‌هایی چنین است. بنـابراین خانه فقط فضایی همچون دیگر فضاها نیست. خانه جهانِ انسـان و نماینـده‌ی تعبیـر و تفسیر او از جهان است. در نتیجه الگوی کلی خانه در هر فرهنگ و جامعـه را مـی‌تـوان تبلور جهان‌بینی اعضای آن و انگاره‌ی ذهنی و فرهنگـی آنـان از جهـان دانسـت. بـدین ترتیب خانه به نوعی تأویل ما از جهان است. بنابراین خانه را در جوامعی چون ایـران بـه درستی می‌توان «نقش جهان» خواند. علت این امـر بـه دوران کـودکی بـاز مـی‌گـردد. «جهانِ کودک» در سال‌های نخست زندگی، همان «خانه» است. این جهان سـپس بـه جهانِ خارج از خانه گره می‌خورد؛ ولی مفهوم عمیق خانه و احساس فرد از این مفهوم تا پایان عمر با اوست. همچنان که دوری از خانه (و به تعبیری دوری از زادگاه و کشورش) چون آن است که فرد از دنیایش دور شده باشد. این تصور را می‌توان در عبـاراتی چـون «خانه خراب شدن» نیز یافت. این امر در ایران و خانه‌های ایرانیان که بسیاری از آیین‌ها در آن برگزار می‌شود، اهمیتی خاص می‌یابد.

---

۲۶. بررسی این نکته در زبان‌های دیگر (غیر از فارسی) می‌تواند نکات جدید و ارزشمندی را در اختیار گذارد.

دیگر موردی که در رابطه‌ی شمول معنایی «خانه» و دیگر واژه‌ها مطرح است، همانا شرایط لازم و کافیِ کمتر خانه نسبت به آن‌هاست. به شکلی دیگر می‌توان گفت «خانه» به گونه‌ای ماهیت همه‌ی آن‌هاست. خانه از «کپر» تا «کاخ» را شامل می‌شـود؛ و در رابطه‌ای دیگر «خانوار» و «دودمان» و غیره را که نهادهای پایه‌ای جامعه هستند. این امر نوعی کل‌نگری را تداعی می‌کند که امروزه جای آن در طراحی‌های جزء‌نگر و صـرفاً کمی غایب است. همچنین توجه به الگوی کلی خانه (همراه با تغییرات بایسته) را مطرح می‌سازد که برنامه‌ریزان و طراحان باید همواره در نظر داشته باشـند. در حقیقـت بسـط مفهوم خانه به معنای تسری جهان و حیات انسان به تمامی فضاهای زیستی اوسـت. در معماری ایران در ساخت فضاهایی غیر از خانه (همچون باغ، مسجد و مدرسه) گـویی در همه از الگوی کلی و بنیادین خانه استفاده شده است. این حرکـت هدفمنـد بـه نـوعی وحدت و انسجام نامریی خوشایند منتهـی شـده بـود. آن‌چـه کـه در شـهرهای امـروزی مشاهده نمی‌شود و جای خود را به آشفتگی، پراکندگی، کثرت، سـردرگمی و سـرگردانی داده است. چنین حالتی همه جا را غریبه و تحمل‌ناپذیر کرده است.

اهمیت آن‌چه که یاد شد، آن‌جایی بیشتر مشخص می‌شود که بدانیم انحطاط معنایی در خانه به نوعی به انحطاط حس انسان از فضا و از دست دادن حـس زیبایی‌شناسـی و اغتشاش در انگاره‌های ذهنی (که برخی آن را زبان فضا نامیده‌انـد) مـی‌انجامـد. درک فضایی انسان به واسطه‌ی نقشی که خانه در زندگی او از ابتـدای تولـد دارد، بـه شـدت وابسته به چگونگی و چیستی این فضاست. به یقین این امر در زندگی فردی و بـه ویـژه اجتماعی، و همچنین در شکل‌گیری فضا اثر خواهد گذاشت. نکته‌ی مهم دیگر آن اسـت که واژه‌ی خانه می‌تواند ظرفیت بسیار زیادی را برای شکل دادن به مفاهیم یا فـرم‌هـای تازه در محیط زیست انسانی در کشور ما بوجود آورد.

جمع‌بندی و نتیجه‌گیری نهایی

زبان، فرهنگ و محیط انسان‌ساخت ارتباطی تنگاتنگ و تفکیک‌ناپـذیر دارنـد، کـه عموماً در حوزه‌ی طراحی و برنامه‌ریزی کمتر به آن توجه شده است؛ چراکه در گذشته، و در کشورهایی چون ایران، این ارتباطِ متقابل در شکل‌دهی و ساماندهی به روش سنتی و بومی، کاملاً طبیعی، بدیهی و شاید ناخودآگاه بوده است. اما در دوران سلطه‌ی مـدرنیزم، زبانِ معماری و شهرسازی از تاریخ، فرهنگ و زبان‌های بومی جـدایی گزیـده و آن‌هـا را مورد انکار قرار داد. بدین ترتیب، می‌توان گفت ارتباط زبان با محیطِ مصنوع، در مـورد زبان فارسی تقریباً به‌کلی قطع شده است. در این کتاب در حد توان سعی شد تـا هـم در بعد نظری و هم در یک مورد خاص (در اینجا زبان فارسی) ارتباط یاد شده مـورد تأکیـد قرار گیرد.

برای تحقق این هدف، در بخش اول ابتدا به ماهیت زبان و ارتباط آن با تفکر از دیـد اندیشمندان و نظریه‌پردازان حوزه‌های مرتبط اشاره شد. سـپس بـه ارتبـاط متقابـل بـین تفکر، ادراک و شناخت (محیط) پرداختیم. به‌این‌ترتیب، این نتیجه حاصل شد کـه ادراکِ محیط حاصل فرایند تلاقی داده‌ها و اطلاعـات اخـذ شـده از محـیط (از طریق حـواس مختلف) با اطلاعاتی است که فـرد در طـول زنـدگی و از راه‌هـای گونـاگون دریافـت، و براساس الگوهای فرهنگیِ جامعه‌ی زیستی خود و همچنـین دانـش، باورهـا و تجربیـات شخصی، طبقه‌بندی کرده است. به بیان دیگر انسان در فرایند ادراک تنهـا ضبط‌کننـده نیست، بلکه موجودی پویا است. در ادامه به ارتباط متقابل زبـان و فرهنگ و در نهایـت «شناخت»، به عنوان منبعی عظیم برای تعبیر و تفسیر جهان و محیط اطراف پـرداختیم. بنا بر مطالبی که مطرح گردید، ارتباط بین آنچه در بیرون ذهن وجود دارد، نحوه‌ی تـأثیر آن‌ها بر سیستم احساس و ادراک انسان و خودِ ذهن، پیچیده‌تر و مؤثرتر از آنـی بـه‌نظر می‌رسد که در گذشته تصور می‌شد، به‌گونه‌ای که ارتباط تعیین‌کننده‌ای را می‌تـوان بـین زبان، ادراک و محیط مشاهده نمود. در فصل‌های بعـدیِ بخـش اول، موضـوع نشـانه و فرهنگ از ابعاد مختلف مورد مطالعه قرار گرفتند. نشانه در نظر سوسور الگویی دووجهـی داشت و مفهوم «ارزش» که رابطه‌ای افتراقی است، از مهم‌ترین نظریات وی بـرای ایـن پژوهش بود. همچنین با معرفی الگوی سه‌وجهی پیرس از نشانه، به دیگر جنبـه‌هـایی از موضوع پرداختیم. در این میان پساساختگرایان و بیشتر از همه دریدا و بـارت متـأخر بـه

طرح مدلول به تعویق افتاده پرداختند و معنا را دست‌نیافتنی و متن را کانون وفور معنا دانستند. سپس با طرح مفهوم فرهنگ، نگاه خود را به این موضوع مشخص نمودیم. نگاهی که در آن فرهنگ یک دستگاه نشانه‌ای است و نشانه‌ها به هیچ‌وجه محدود نیستند. در انتها نیز با معرفی نشانه‌شناسی لایه‌ای و مفاهیم مرتبط با آن به بررسی حوزه‌های معنایی در حکم متن پرداختیم و لایه‌های دخیل در آن را برشمردیم؛ این‌گونه، زمینه برای ورود به بخش دوم کتاب فراهم گردید.

در بخش دوم (به عنوان نمونه) به قسمتی از واژه‌ها در حوزه‌های معناییِ با اهمیت در زبان فارسی در ارتباط با برخی از عناصر واجد ارزشِ محیطی اشاره شد. به‌طور خلاصه از این بخش می‌توان چنین برداشت کرد که زبان فارسی طبقه‌بندی و درکِ خاص و منحصر به فردی از جهان و محیط را برای سخنگویان بازگو می‌کند و یا به نمایش می‌گذارد. فضا و مکان، شهر، راه، خانه و باغ هر کدام از یک سو در رابطه‌ای افتراقی میان خود و سایر واژه (نشانه)ها ارزشی ویژه و از سوی دیگر ماهیت و نگاهی دوسویه به آسمان و زمین (بلندی و پستی) دارند. در این جهانِ زبانی-فرهنگی، فضا و اجزای آن امری قدسی تلقی می شوند که هر کدام نشانه‌ای زمینی پیدا کرده‌اند؛ تا آن‌جا که گویی در این جهانِ زبانی-فرهنگی، فضا و عناصرش تا تقدس پیدا نکنند رسمیت و پذیرش نمی‌یابند. فضا، هم بخش تهی بین عناصر است و هم تخت و سریر و بارگاه و درگاه و هم پایتخت و جا و گاه. شهر، بارگاه و پایتخت پادشاه است، که خود سایه‌ی خداست، و ساکنان آن نه صاحبخانه، که میهمان‌اند. خانه، نقشی و تصویری از جهان است و باغ نمادی از جهانِ جاودان قدسی. مسلماً مقصود در این کتاب آن نیست که جامعه به گذشته بازگردد، بلکه هدف اصلی آن است نشان داده شود که فرهنگ و مفهوم و معنی قابل قبولِ ادراکی-شناختیِ مردم از محیط احتمالاً در چه حوزه‌ای شکل می‌گیرد و اگر بخواهیم ارتباط عناصر فوق را، این‌بار به شکل خودآگاه، برقرار کنیم، از کجا باید شروع کرد. ضمن آن‌که مشخص شد تا چه میزان برقراری ارتباط‌های فوق ضروری هستند و چرا بسیاری از فضاها و عناصر محیطی که معماران و شهرسازان ما، با اتکا به مقوله‌ی ادراک در زبان‌های دیگر برای عامه‌ی جامعه آفریده‌اند، از سوی استفاده‌کنندگان محلی و بومی، به شکلی کاملاً متفاوت، ادراک، تعبیر و تفسیر می‌شوند. همچنین امکان

یافتن راه‌هایی برای حل برخی از مشکلاتی که طراحی و برنامه‌ریزی ما امروزه بـا آن‌هـا دست به گریبان است (چه در حوزه‌ی نظر و چـه در حـوزه‌ی عمـل) بـا اتکـا بـه زبـان، می‌توان متصور شد. علاوه بـر ایـن موضـوعات، بسـیاری از مفـاهیمی کـه در حـوزه‌ی تخصصی معماری و شهرسازی به الگوبرداریِ آن‌ها از دیگر نقاط جهان پرداختـه‌ایـم، در فرهنگ و زبانِ ما به صورت بسیار همخـوان‌تـر بـا طبیعـت و عـادات و رسـوم مـردم و سرزمینِ ما وجود دارد؛ و یا حتی یک گام فراتر، مفاهیمی در فرهنگ جامعه‌ی ما و زبـان فارسی وجود دارد که شاید در هیچ‌کجای دیگر نتوان مشابه آن‌ها را یافت؛ آنچه که شاید بتواند قدمی باشد در راه طراحی بومیِ پایدار.

نمایه‌ی نام‌ها

فهرست منابع

آریان‌پور کاشانی، منوچهر. (۱۳۷۸). *فرهنگ همراه پیشرو آریان‌پور (انگلیسی-فارسی).* تهران: جهان رایانه.

آشوری، داریوش. (۱۳۸۹). *زبانِ باز.* تهران: نشر مرکز.

آقاگل‌زاده، فردوس. (۱۳۸۲). «نگاهی به تفکر و زبان». *تازه‌های علوم‌شناختی،* ۱۷: ۵۷-۶۴.

احمدخانی، محمدرضا. (۱۳۸۶). «درباره‌ی نسبت زبان‌شناسی و نشانه‌شناسی». *نامه‌ی فلسفه،* ۱۴و۱۵: ۱۹۹-۲۱۲.

احمدی، بابک. (۱۳۸۹الف). *از نشانه‌های تصویری تا متن.* تهران: نشر مرکز.

احمدی، بابک. (۱۳۸۹ب). *ساختار و تأویل متن.* تهران: نشر مرکز.

اسلامی‌ندوشن، محمدعلی. (۱۳۵۴). *فرهنگ و شبه فرهنگ.* تهران: انتشارات توس.

افخمی، علی. (۱۳۷۸). «رابطه‌ی زبان و فرهنگ». *نامه فرهنگ،* ۳۴: ۶۰-۶۵.

افراشی، آزیتا. (۱۳۷۸). «نگاهی به مسئله‌ی هم‌معنایی مطلق در سطح واژگان». *نامه فرهنگ،* ۳۴: ۱۶۶-۱۷۱.

البرزی، پرویز. (۱۳۸۶). *مبانی زبان‌شناسی متن.* تهران: انتشارات امیرکبیر.

انوری، حسن. (۱۳۸۱). *فرهنگ بزرگ سخن.* تهران: اتشارات سخن.

اوشیدری، جهانگیر. (۱۳۷۱). *دانشنامه‌ی مزدیسنا.* تهران: نشر مرکز.

بارت، رولان. (۱۳۸۹). *لذت متن.* ترجمه‌ی پیام یزدانجو. تهران: نشر مرکز.

بارت، رولان. (۱۳۹۰). «نشانه‌شناسی و فضای شهری». ترجمه‌ی عظیمه ستاری. *ماهنامه‌ی سوره،* ۵۰و۵۱: ۱۹۹-۲۰۳.

بارت، رولان. و دوشان ویون، ریمون. (۱۳۸۱). *برج ایفل.* ترجمه‌ی موگه رازانی. تهران: نشر و پژوهش فرزان روز.

باطنی، محمدرضا. (۱۳۸۵الف). *پیرامون زبان و زبان‌شناسی.* تهران: نشر آگه.

باطنی، محمدرضا. (۱۳۸۵ب)، *چهار گفتار درباره‌ی زبان.* تهران: نشر آگه.

باطنی، محمدرضا. (۱۳۸۷). *مسایل زبان‌شناسی نوین*. تهران: نشر آگه.

براتی، ناصر. و متـدین، حشـمت‌الله. (۱۳۸۰). اجـزا و عناصـر محیطـی در زبـان فارسـی و مقایسه‌ی لغات نمونه در زبان‌های فارسی، انگلیسی و فرانسه (گـزارش تحقیـق منتشـر نشـده). تهران: دانشکده‌ی هنرهای زیبا، دانشگاه تهران.

براتی، ناصر. (۱۳۸۲الف). *زبان، تفکر و فضا*. تهران: انتشارات سازمان شهرداری‌های کشور.

براتی، ناصر. (۱۳۸۲ب). «نگاهی نو به مفهوم شـهر از نظرگـاه زبـان و فرهنـگ فارسـی». *فصلنامه‌ی هنرهای زیبا*، ۱۳: ۴-۱۵.

براتـی، ناصـر. (۱۳۸۲پ). «بازشناسـی مفهـوم خانـه در زبـان فارسـی و فرهنـگ ایرانـی». *فصلنامه‌ی خیال*، ۸: ۲۴-۵۵.

براتی، ناصر. (۱۳۸۳). «باغ و باغ‌سازی در فرهنگ ایرانی و زبان فارسـی». *فصلنامه‌ی بـاغ نظر*، ۲: ۳-۱۵.

براتی، ناصر. و زرین‌قلم، فرزاد. (۱۳۹۱). «بازشناسی مفهوم راه از دیدگاه یک جهانِ زبانی- فرهنگی». *فصلنامه‌ی باغ نظر*، در دست چاپ.

بشیریه، حسین. (۱۳۷۹). *نظریه‌های فرهنگ در قرن بیستم*. تهـران: مؤسسـه‌ی فرهنگـی آینده پویان.

پالمر، فرانک ر. (۱۳۸۷). *نگاهی تازه به معنی‌شناسی*. ترجمه‌ی کورش صفوی. تهران: نشـر مرکز.

توسلی، محمود و بنیادی، ناصر. (۱۳۸۶). *طراحی فضای شهری*. تهران: انتشارات شهیدی.

چامسکی، نوآم. (۱۳۸۸). *زبان و اندیشه*، ترجمه‌ی کورش صفوی. تهران: نشر هرمس.

چامسکی، نوآم. (۱۳۸۹). *زبان‌شناسی دکارتی*. ترجمه‌ی احمد طاهریان. تهران: نشر هرمس.

چامسکی، نوآم. (۱۳۹۰الف). *زبان و ذهن*، ترجمه‌ی کورش صفوی. تهران: نشر هرمس.

چامسکی، نوآم. (۱۳۹۰ب). *معماری زبان*. ترجمه‌ی محمد فرخی یکتا. تهران: نشر روزبهان.

حبیبی، محسن. (۱۳۸۴). *از شار تا شهر*. تهران: انتشارات دانشگاه تهران.

داوری اردکانی، رضا. (۱۳۷۸). «ویتگنشتاین متفکر زبان». *نامه فرهنگ*، ۳۴: ۱۴۴-۱۵۳.

دهخدا، علی‌اکبر. (۱۳۷۷) *لغتنامه‌ی دهخدا*. تهران: انتشارات دانشگاه تهران.

راپاپورت، ایمس. (۱۳۶۶). *منشأ فرهنگی مجتمع‌های زیستی*. ترجمه‌ی راضیه رضازاده. تهران: جهاد دانشگاهی دانشگاه علم و صنعت.

روبینز، رابرت هنری. (۱۳۸۷). *تاریخ مختصر زبانشناسی*. ترجمه‌ی علی‌محمد حق‌شناس. تهران: نشر مرکز.

سجودی، فرزان. (۱۳۹۰الف). *نشانه‌شناسی کاربردی*. تهران: نشر علم.

سجودی، فرزان. (۱۳۹۰ب). *نشانه‌شناسی: نظریه و عمل*. تهران: نشر علم.

سورل، تام. (۱۳۷۹). *دکارت*. ترجمه‌ی حسین معصومی همدانی. تهران: طرح نو.

سوسور، فردینان دو. (۱۳۸۹). *دوره‌ی زبان‌شناسی عمومی*. ترجمه‌ی کورش صفوی. تهران: نشر هرمس.

شعیری، حمیدرضا. (۱۳۸۸). «از نشانه‌شناسی ساختگرا تا نشانه-معناشناسی گفتمانی». *فصلنامه‌ی تخصصی نقد ادبی*، ۸: ۳۳–۵۱.

شوای، فرانسواز. (۱۳۷۵). *شهرسازی، تخیلات و واقعیات*. ترجمه‌ی محسن حبیبی. تهران: انتشارات دانشگاه تهران.

صافیان، محمدجواد. (۱۳۷۸). «تفکر و شعر و زبان در نظر هیدگر». *نامه فرهنگ*، ۳۴: ۴۰–۵۵.

صفوی، کورش. (۱۳۸۱). «درک نشانه». *فصلنامه‌ی خیال*، ۴: ۴۸–۵۹.

صفوی، کورش. (۱۳۸۲). «نگاهی به آرای فیلسوفان زبان در طرح نظریه‌های معنایی». *فصلنامه‌ی دانشکده‌ی ادبیات و علو انسانی تبریز*، ۱۸۶: ۸۶–۱۱۷.

صفوی، کورش. (۱۳۸۳). «نگاهی به نظریه‌ی حوزه‌های معنایی از منظر نظام واژگانی زبان فارسی». *مجله‌ی علوم اجتماعی و انسانی دانشگاه شیراز*، ۴۰: ۲–۱۱.

صفوی، کورش. (۱۳۸۸). عملکرد نشانه‌ی زبان در آفرینش متن ادبی. *فصلنامه‌ی زبان و ادب پارسی*، ۴۱: ۹–۲۱.

صفوی، کورش. (۱۳۹۰). *درآمدی بر معنی‌شناسی*. تهران: انتشارات سوره مهر.

صلحجو، علی. (۱۳۸۸). *گفتمان و ترجمه*. تهران: نشر مرکز.

عابدین درکوش، سعید. (۱۳۷۷). «نقش مسکن به عنوان یک نوع دارایی و امنیت اقتصادی برای خانوار ایرانی». *مجله‌ی معماری و شهرسازی*، ۴۴–۴۵: ۵۵–۶۵.

عریان، سعید. (۱۳۷۱). *متون پهلوی (ترجمه، آوانوشت)*. تهران: کتابخانه‌ی ملی جمهوری اسلامی ایران.

عریان، سعید. (۱۳۷۷). *واژه‌نامه‌ی پهلوی-پازند*. تهران: پژوهشگاه فرهنگ و هنر اسلامی.

علوی‌مقدم، مهیار. (۱۳۸۶). «فرایند دلالت نشانه بر معنا در فهم متن ادبی». *نشریه‌ی ادب و زبان پارسی، دانشکده‌ی ادبیات و علوم انسانی دانشگاه شهید باهنر کرمان*، ۲۲: ۱۹۱-۲۰۹.

عموزاده مهدیرجی، محمد. (۱۳۸۲). «زبان، شناخت و واقعیت». *پژوهشنامه‌ی علوم انسانی*، (۱ (۳۷)): ۹۷-۱۱۵.

فکوهی، ناصر. (۱۳۸۵). انسان‌شناسی شهری. تهران: نشر نی.

قمری، محمدرضا. و حسن‌زاده، محمد. (۱۳۸۹). «نقش زبان در هویت ملی». *دوفصلنامه‌ی زبان پژوهی*، ۳: ۱۵۳-۱۷۲.

قیطوری، عامر. (۱۳۷۸). «زبان، نشانه و معنی». *نامه فرهنگ*، ۳۴: ۸۸-۱۰۷.

کالر، جاناتان. (۱۳۸۶). *فردینان دوسوسور*. ترجمه‌ی کورش صفوی. تهران: نشر هرمس.

کیانی، محمدیوسف. (۱۳۶۸). *شهرهای ایران*. با همکاری احمد تفضلی و دیگران. تهران: جهاد دانشگاهی.

لنگ، جان. (۱۳۹۰). *آفرینش نظریه‌ی معماری*. ترجمه‌ی علیرضا عینی‌فر. تهران: انتشارات دانشگاه تهران.

مارتینه، آندره. (۱۳۸۷). *مبانی زبانشناسی عمومی*. ترجمه‌ی هرمز میلانیان. تهران: نشر هرمس.

مک‌کواری، جان. (۱۳۷۶). *مارتین هیدگر*. ترجمه‌ی محمدسعید حنایی کاشانی. تهران: نشر گرّوس.

مولوی، جلال‌الدین محمد بن محمد. (۱۳۸۷). *غزلیات شمس تبریز*. مقدمه، گزینش و تفسیر: محمدرضا شفیعی کدکنی. تهران: انتشارات سخن.

نجومیان، امیرعلی. (۱۳۹۰). «پیش‌گفتاری بر نشانه‌شناسی و فضای شهری». *ماهنامه‌ی سوره*، ۵۰و۵۱: ۱۹۷-۱۹۸.

نوربرگ شولتز، کریستیان. (۱۳۵۳). *هستی، فضا و معماری: مفاهیم جدید معماری*. ترجمه‌ی محمدحسن حافظی. تهران: انتشارات و کتاب‌فروشی تهران.

هارلند، ریچارد. (۱۳۸۸). *ابرساختگرایی: فلسفه‌ی ساختگرایی و پساساختگرایی*. ترجمه‌ی دکتر فرزان سجودی. تهران: انتشارات سوره مهر.

هنله، پل. (۱۳۷۲). «زبان، اندیشه و فرهنگ». *ماهنامه‌ی کلک*، ۴۵–۴۶: ۷۷–۹۷.

یاکوبسن، رومن. (۱۳۸۵). *روندهای بنیادین در دانش زبان*. ترجمه‌ی کورش صفوی. تهران: نشر هرمس.

Arnold, M. (1889). *Culture and Anarchy*: An Essay in Political and Social Criticism. London: Smith, Elder.

Barati, Naser. (1997). *Holistic Reading into Structure of the Environment: Case Study of Tehran*. Unpublished thesis. Edinburgh: Heriot-Watt University.

Barthes, R. (1972). *Mythologies*. Translated from the French by Lavers, A. New York: Noonday Press.

Barthes, R. (1974). *S/Z*. London: Cape.

Barthes, R. (1977). *Image, Music, Text*. Translated by Heath, S. London: Fontana Press.

Bloom, W. (1993). *Personal Identity, National Identity and International Relations*, Cambridge University Press.

Carroll, D. W. (2008). *Psychology of Language*. 5th edition. Cengage Learning.

Chandler, D. (2007). *Semiotics: The Basics*. 2nd edition. London: Routledge.

Chomsky, N. (2009). *Cartesian Linguistics: A Chapter in the History of Rationalist Thought*. James McGilvray (Editor), Third edition. Cambridge University Press.

Derrida, J. (1998). *Of Grammatology*. Translated by Spivak, G. C. Maryland: The Johns Hopkins University Press.

Hall, E. T. (1966). *The Hidden Dimension*. New York: Doubleday.

Hawkes, T. (2003). *Structuralism and Semiotics*. 2nd edition. London: Routledge.

Hobsbawm, E. (1996). Language, culture, and national identity. *Journal of Social Research*, 63.

http://en.wikipedia.org/wiki/Fountain_(Duchamp) (Accessed 5 June 2012)

Johansen, J. D. & Larsen, S. E. (2002). *Signs in Use*. Translated by Gorlee, D. L. & Irons, J. London: Routledge.

Jakobson, R. (2004). On linguistic aspects of translation. In *The Translation Studies Reader*. 2nd edition. Edited by Venuti, L. New York: Routledge.

Kramsch, C. (1998). *Language and Culture*. Oxford University Press.

Levi-Strauss, C. (1963). *Structural Anthropology*. Translated by Jacobson, C. New York: Basic Books.

Lyons, J. (1977). *Semantics*. Cambridge: Cambridge University Press.

Lyons, J. (1981). *Language and Linguistics: An Introduction*. Cambridge University Press.

Martin, L. (1986). Eskimo words for snow: a case study in the genesis and decay of an anthropological example. *Journal of American Anthropologist*, 88:418–423.

Nöth, W. (2004). Semiotics of Ideology. *Semiotica - Journal of the International Association for Semiotic Studies*, 148:11–21.

Peirce, Ch. S. (1998). *The Essential Peirce: Selected Philosophical Writings*, Volume 2. Houser N. (Editor). Indiana University Press.

Rapoport, A. (1969). *House Form and Culture*. Englewood Cliffs: Prentice-Hall

Saeed, J. I. (2003). *Semantics*. 2nd edition. Blackwell Pub.

Saussure, F. DE. (2011). *Course in General Linguistics*, Meisel, P. & Saussy, H. (Editor). Translated by Baskin, W. New York: Columbia University Press.

Shohamy, E. (2006). *Language policy: hidden agendas and new approaches*. London: Routledge.

Silverman, K. (1983). *The Subject of Semiotics*, Oxford University Press.

I0141909

Steinberg, D. D. & Sciarini, N. V. (2006). *An Introduction to Psycholinguistics*, 2nd edition. Pearson Longman.

Tomasello, M. (1995). Language is not an instinct. *Cognitive Development*, 10:131-156.

Yule, G. (2006). *The Study of Language*, 3rd edition. Cambridge University Press.